Xiron Poetry Club
磨铁读诗会

任洪渊

1937—2020

任洪渊纪念文集

李静 编

一个人的创世纪

四川文艺出版社

目录

第一辑　当代诗歌中的踽踽独行者

第三辑　生命与美的双重拥抱

第一辑 当代诗歌中的踽踽独行者

滂沱大雨，送诗人任洪渊远行

吴思敬

8月18日是送别诗人任洪渊的日子。当我赶到北京大学首钢医院告别室的时候，瓢泼大雨下得正急，告别室外的凉棚被诗歌界的朋友和北师大的师生挤得满满的。告别仪式进行期间，大雨如注，天人同哀。望着躺在鲜花丛中任洪渊消瘦的遗容，我不禁悲从中来，想起他那坎坷而又散发着诗意光芒的一生。

我是1979年认识洪渊的，当时我们都在北京师范学院（今首都师范大学）分院执教，他教古代文学，我教文艺理论。那时他还没结婚，没有自己的家，就跟学校借了一间办公用房权当宿舍。那个阶段我们接触最多。我每到校上课、开会之余，常去他那蜗居里与他聊天，听他谈自己的新作，朗诵自己的诗。他有个习惯，每天醒得很早却不起身，而是在床上反复琢磨他的诗，等腹稿酝酿成熟，一篇完整的诗就能一字不差地背诵出来了。他要结婚了，向学校申请房子，学校解决不了，他提出调到他的母校北京师范大学，那里答应给他一居室的房子。他搬走后，我就难得听他背诵新作了，但我们还是能经常见面。我们都是北京作家协会诗歌创作委员会的成员，他是主任，我是委员，常有机会一起参加诗歌活动。后来北大诗歌研究院和首都师范大学诗歌研究中心举行学术活动，也总会向他发出邀请。我们私下的交往一直未断。20世纪80年代，我住在王府井菜厂胡同7号，地处闹市，交通方便，我家遂成为诗人们常来常往的地方。诗人们聚在一起，免不了要谈诗、朗诵诗。有一次我爱人下班回来，推着自行车刚进院子，就听见我屋子里传出高亢的朗诵声，一推门，原来是任洪渊诗情爆发了。

20世纪50年代，任洪渊就读于北京师范大学，学生时代开始诗歌创作。他俄文非常好，酷爱普希金、莱蒙托夫、叶赛宁、帕斯捷尔纳克、阿赫玛托娃等俄罗斯诗人。他对诗歌的挚爱与早期积累，使他一旦找到出口，喷薄的诗情便夺口而出。1977年他开始发表诗歌，与朦胧派诗人差不多同时登上了诗坛。由于年龄与环境的限制，他未能像朦胧派诗人一样瞬间放出夺目的光彩。在诗坛他默默地坚守着。他极有个性与辨识度的诗歌与《女娲的语言》《墨写的黄河：汉语文化诗学导论》《汉语红移》等著作，标志着他在当代诗坛的独立存在。他不属于任何诗群或流派，却用自己的诗歌与理论著述为汉语诗歌注入了新的语言和活力。在朦胧诗论争中，他对朦胧派诗人保持了一种友好的态度。他知我与江河、顾城、杨炼等人交好，便让我安排在我家与他们相见。他对支持朦胧诗的谢冕先生十分尊敬，几次提出让我带他去看望谢冕。1983年8月10日，利用暑期，我和他一同前往北大。我骑车，他坐公交车，我比他先到了20分钟。此时正是批判"三个崛起"[1]的高潮时期，谢冕的处境很困难，他说下学期要给研究生开"近年来诗歌创作"。对于当时的诗歌论争，谢冕说已经认

---

1 "三个崛起"指20世纪80年代初期发表的三篇为朦胧诗辩护的文章，包括谢冕的《在新的崛起面前》、孙绍振的《新的美学原则在崛起》和徐敬亚的《崛起的诗群》。

识清楚的问题再退回去，是可悲的。他表示决不后退，直到嘴被完全封上为止。洪渊赞赏谢冕的见识与人格，自此与谢冕结下了深厚的友谊。

诗有真诗、假诗之辨，诗人亦有真诗人、假诗人之分。任洪渊无疑是一位真诗人，有个性，有棱角，他的诗歌是其内心世界的真实袒露。同时，任洪渊又是性情中人，诗人的傲骨、狷介的个性，工作中难免会得罪人，从而使他职务、职称的解决一再蹉跎，而他却坦然面对，我行我素。由性格导致的生活中的逆境，通过潜意识的酝酿，升华到诗歌创作中，使他常常与诗坛固有的东西逆向而行。日本学者在《中国古典诗的春秋与夏冬》一文中指出了一个有趣的现象：中国古典诗歌中写春秋的诗要比写夏冬的诗多得多。在他看来，这是由于春秋蕴含着变化流逝的属性，因此被人们认为是更适合诗歌表现的季节。但任洪渊却与古代诗人大异其趣。他偏偏钟情于夏天，他有一首诗的题目就叫《我选择夏天》。在诗人看来，夏天是蕴藏着无限生机的季节，一切都在生长，一切都在膨胀：洪水在泛滥，云在翻涌，雷"已经轰轰隆隆地长大了"，雨点"也结得不能再饱满"。就在这万物竞生，连天空都感到拥挤的背景下，诗人重点描绘了充溢着生命力的莲荷：那又大又圆的荷叶，"风一样飘起，追逐所有张开来的翅膀"；那箭一样的一枝枝花苞，"对直地射向青天／在蔚蓝的深处，铿然有声地／溅落了，溅落成／一团团的白雪／一团团的火焰／星一样盛开的莲"。在这里，莲荷不只是一种夏日盛开的名花，更是旺盛生命力的一种象征。由此可见，"选择夏天"，不只是任洪渊对季节的偏好，更是他艺术独立的宣言。

任洪渊结婚很晚，他的爱人小方，是洪渊诗歌的崇拜者，也是他诗歌的第一读者。1983年9月，我出席了他们在新侨饭店宴会厅举行的婚礼，记得还有邵燕祥、刘再复、谢冕、江枫等朋友为他们祝福。洪渊非常爱小方，他的副标题"给F.F"的爱情诗就是写给小方的。20世纪80年代初，北京知识界开始流行呢子大衣，我托同院在红都服装厂工作的郑景森师傅在该厂定做了一件。洪渊看了，觉得做工、款式都好，便请我帮忙联系郑师傅给他和小方各做一件。我们约定在红都服装厂门口见面。我是书呆子脾气，一边等人，一边窝个地方看书。结果洪渊和小方来了半个多小时才找到我，我只能连声道歉。见到郑师傅，我特别嘱咐要给小方做得好一些。郑师傅瞄了小方一眼，说就这个身条，怎么做穿上都好看。洪渊和我聊天，话题总离不开诗歌和小方。等到他的女儿任汀出生后，聊女儿就多于聊小方了。女儿如何聪明可人，如何学小提琴，如何考级，及至上大学、出国留学、回国工作……全是通过洪渊的口告诉我的。我在告别仪式上对任汀只来得及说一句话："好孩子，你父亲以你为骄傲！"他女儿的泪水唰地就流下来了。

任洪渊喜欢夏天。夏天刚刚过去他即离世，也许是天意，也许是他的选择。夏天过去了，秋天来了，此时告别厅外大雨滂沱，厅内的泪水与厅外的雨水，交织在一起送诗人任洪渊远行。

2020年8月19日

吴思敬，首都师范大学教授，曾与任洪渊先生同事。

纯正刚健的中国诗人
——任洪渊先生二三事

王一川

2020 年 8 月 12 日晚间，北京遭遇一场疾风骤雨，电闪雷鸣，第二天才知，任洪渊先生其时去世了。我不知这是否属天人感应，但确实联想到，这位诗人的去世，完全当得起老天对他如此情深义重而有力的礼赞和痛悼！悲痛中想写点什么以表哀思，但万语千言间总觉词不达意，就只能写点零星感受了。

爱诗如命的人

我与洪渊先生是忘年交。这位长辈待我这个四川小老乡没任何架子。我那时喜欢欣赏新诗以及做点评论，时常与他在北师大校园里夜间散步。常常是从他住的乐育楼出来，在昏黄的路灯下徐行，绕过小学校园，再进到教学区，转过图书馆、四合院等，再折返回去，一圈又一圈，直到兴尽。散步的核心或唯一的内容是谈诗，多是他的诗，没别的，只因他和我一样都不善于甚至不会谈别的。这小老头平时不怎么说话，但一谈起诗来却总是声音洪亮，两眼放光。随口朗诵自己的诗歌，是他每次散步时喜欢做的事。他的诗，词语并不生僻，多是一组组精心淬炼的、看起来清晰易懂但又蕴藏深意的高雅书面语，适合以普通话朗诵。不过，也有一点不可小觑的微妙区别：看似平常的词语，当其被一般读者阅读时是一个样，但一旦由他自己大声朗读出来，于声情并茂间增添诸多姿态语言的神助，则宛如携带惊雷闪电一般，会迅速释放出超常的生命意味来！我至今记得他每次谈诗、诵诗时的特别情景。

为什么会这样？因为他是一个用全部生命热情去拥抱诗歌的人，也就是爱诗如命、拿诗当命的人。不过即便如此，他总以纯正之心待诗，从无半点歪心或江湖气。

纯正刚健之诗风和为人

从他的诗集和著作可知，洪渊先生年轻时就博览群书，熟读人文社会科学和自然科学书籍，结合他身处的政治文化语境，对亲身经历的政治时事加以反思，进而融会贯通，从中提炼出语句简练、篇幅短小、思维充满张力的诗篇来。《没有一个汉字抛进行星椭圆的轨道》这样说："我从不把一个汉字 / 抛进　行星椭圆的轨道 / 寻找人的失落 // 俑　蛹 / 在遥远的梦中　蝶化 / 一个古汉字 / 咬穿了天空也咬穿了坟墓 / 飞出　轻轻扑落地球 / 扇着文字　旋转 / 在另一种时间 / 在另一种空间 / 我的每一个汉字互相吸引着 / 拒绝牛顿定律。"这里的词语异常简洁，措辞纯正，节奏刚健有力，在抒情基调中凝练地叙述古代汉语参酌西方语言转变为现代汉语惊心动魄的历程，以及中国古典文化面对西方现代科学而展开艰难对话的轨迹，最终发出"我的每一个汉字互相吸引着／拒绝牛顿定律"的有力宣言。与此同时，这种宣言的字里行间，闪耀着明确而浓烈的中国特性或中国立场。由此，把他的诗风简洁地概括为纯正刚健，应当是适宜的。一位诗风纯正刚健的中国现代诗人！

他的文人风骨与他的诗风同样纯正刚健，纯正刚健得从不会处理通常的人情世故，一心只在诗上。他的朋友中，根本没有酒肉朋友，只有诗友。凡是喜欢诗的人，无论年纪长幼，都可以跟他成为朋友。作为大学中文系教师，他的课总是讲诗，学生特爱听，听完后意犹未尽，追到家中再听。他乐育楼的家里，曾是中文系历届诗歌爱好者聚会之所。据我所知，83 级、84 级和 85 级等年级的大学生诗友们总去他家中，毫无拘束地谈诗论文、谈天说地，尽兴而返。他们中的一些人也常来我的宿舍聊美学和诗，其间谈起洪渊先生都充满敬意。

词语燃烧成的学术

不过，他在大学教师里却属于"另类"，从来不写那种所谓的学术论文，而是写诗以及写文体独特的学术随笔——把自己的所思所想写成燃烧着生命火焰的诗意反思语句，连带着自己写的热情如火的诗歌，两者汇为一体，给人以心灵深处的震撼。不妨信手摘引一段这种学术随笔："直到 1987 年，王维的长河落日依旧圆在我的黄昏。阅读，书写，我竟自以为在检阅一场又一场光华夺目的语言仪式——直到被词语压倒的一天，我才惊觉，我不过是在被阅读与被书写，而且在被别人的词语阅读与书写而已。当**王维把一轮落日，升到最圆的时候，长河再也长不出这个圆，黎明再也高不过这个圆。**王维的落日照临在我的天边。在语言的照耀下，我是谁？我在哪里？一轮王维落日的落日。词语的落日亮着，我光芒四射地消失。"[1]

这里的宋体字部分是散文句式，楷体字部分则是诗体或诗句的自我摘引，两者之间呈现出学术反思与诗意描摹的自如连接。它似乎不同于一般的学术，但又胜似学术，可谓学术性、散文性和诗性三者间的豁然贯通，宛如水乳交融。像这样风格特别的诗意化学术，在他这部著作中是常态。这种称得上词语燃烧成的学术，理当胜过多少以学术名义横行江湖的东西啊！

至于这样做的原因，他自述说："我十分厌弃'书房写作'图书馆写作'。我只喜欢记下已经变成感觉的汉字。我想试试，把'观念'变成'经验'，把'思索'变成'经历'，把'论述'变成'叙述'，是不是一种理论的可能。"显然，他是雄心勃勃和一往无前地行走在自己开辟的理论历险与诗歌历险相交融这一独特的先锋道路上。能做"书房写作"或"图书馆写作"的大学教授成千上万，但擅长他这类体验式著述或诗意写作之人，在当代实乃凤毛麟角，弥足珍贵。好在那时的北师大中文系不乏爱诗、懂诗、卫护诗人的大家、名家：我曾从董晓萍教授那里得知

1　任洪渊：《墨写的黄河：汉语文化诗学导论》，北京：北京师范大学出版社1998年版，第153页。

自身就是诗人的钟敬文先生对他的嘉许，亲眼见到出版过长篇小说的童庆炳老师如何为他的事多方奔走，以及从他本人的记述中了解到刘锡庆先生对他的尊重和引荐。一位令人敬重、诗风纯正刚健的诗人和学者，配得上这种关爱和卫护。

寻找"第三个眼神"

尽管已退休 20 多年，他从未停止自己的诗意写作探索——用他自己的话说，就是一种"汉语文化诗学"写作。记得其间有几次，他来电话，讲述自己即将开始的南方之旅，旅游、写诗和讲诗，一个富有兴味的庞大计划，但后来似乎未能付诸履行。前年初冬某天傍晚，天气有些寒冷了，就连接听电话时持手机的左手手掌和五根指头都能感到阵阵寒意，我正在颐和园附近准备坐车回家，突然接到他打来的不短的电话。年逾八旬的他，说起新的写作及旅行计划，包括诗歌专辑《第三个眼神》、教案《中国智慧》和个人传记材料等，依然是当年那般兴致勃勃，可以想象电话那端老头儿神采飞扬的情状（当然其语调比之当年还是略微沉静些了）。他要我就他的新作和计划提点意见。我自己并非诗歌研究专家，过去也只是业余兴趣而已，这些年又忙于应对本学科那点事，早已远离诗歌，对他提的问题想回应却又迟疑难定，不敢妄加判断，总想专门找机会当面讨教。想不到老人家竟这么快就走了，现在想来追悔莫及，满心伤痛。

这两天又匆匆找出他发来的诗歌专辑电子版（想必都是待刊

稿），再看打头的《太阳　眼睛》："……太阳望着每一双眼睛／太阳寻找第三个眼神／我是什么眼神？问太阳还是问眼睛？"诗人或太阳似乎不满足于每双眼睛透露出的第一、二个"眼神"，而是渴望从中"寻找第三个眼神"——我想这应当是那种能够穿透通常的天地、时空、古今、中西、文理、文艺等界限的，可以洞悉它们背后幽微真理的那种瞬间灵光乍现。其第三首诗《眼睛　太阳》这样说："而太阳等来莫奈的早晨／改变了太阳下的颜色，甚至阳光／因为他改变了自己的眼睛／／而雷诺阿的眼睛，返照女性人体／阳光流艳的华丽与华贵／那性感的光谱，色韵的音阶／而凡·高的眼睛环顾成近日的赤道／不在他人的光下也就不在他人的影下／孤独，他是自己日出本土的浮世绘／／他的14朵向日葵，不能再多一朵／明丽得遮蔽几代人的太阳和眼睛／他怒潮到涨破天空的星夜／／幽蓝的旋转，喧器，碰击／渴求着撞沉今宵的喜悦／他最后的麦地也不近黄昏／／抗拒怒卷的暗云，麦芒与光芒一色／浓墨乱点的鸦群，仿佛太阳黑子／自焚自明的黑色的火炬……"这里在集中回忆叙述他对莫奈、雷诺阿、凡·高等西方画家独创艺术的反思时，其词语和句子虽然依旧简洁、明快，但毕竟多了一些雅词或生僻词组，如"返照""流艳""音阶""明丽""环顾""遮蔽""怒潮""幽蓝""怒卷""暗云"等。这样更具表意曲折度和理解难度的修辞方式选择，以及这样的语词、意象及思想组合方式，仿佛一同透露出他这些年来始终不懈地投入诗意反思的执着之心，及其挑战思维及美学极限这一个人旅程的艰难程度。我不知如我这般滞后而又浅陋的解读，是否能达到他的期待之万一，但可以有把握地说，他直到晚年仍痴迷于寻找"第三个眼神"及"中国智慧"，孜孜不倦地行走在"汉语文化诗学"旅程的途中，对之不离不弃，梦萦魂牵……

　　谨以此文悼念任洪渊先生，一位洋溢着纯正刚健诗风、生命不息写作不止的中国现代诗人！他走了，带走和留下的不仅有他纯正刚健的诗风，还有注定无法重复、不可遗忘和需要频频回首的一代人文风景、一种中国现代"斯文"。

2020 年 8 月 15 日凌晨于北京

王一川，北京师范大学教授，任洪渊先生的晚辈和忘年交。

活在记忆中的先生

方宁

即使到了今天，任洪渊先生已经复归于尘土，我却依然难以相信他的离去。在这个庸碌且拥挤的世界，晚年的先生其实正如他的中青年时期，始终沉静于喧嚣难以抵达的边缘处。一个为这个世界留下了诸多似乎一时难以索解的文字的人，从来没有放弃过以自己的思想和生命，来坚韧地表达他沉浸已久的哲学和淬炼一生的诗歌。他在冷清的思考中所写下的激扬文字，或许一时难以说服或影响普遍意义上的大众及听者，但是先生的执念如一却令许多同道不能不为之肃然。

我是先生长达41年的学生，在20世纪70年代末的大学本科阶段，他是我们这届学生公认的"诗人哲学家"，作为一个教师的身份，倒反而退居其次了。那个时候，先生40岁出头，还怡然地过着单身生活，住在距离教室不远的一间小屋里——狭小、幽暗，却是最能吸引我们这些学生的乐园。先生时而沉静，时而健谈，往往会因人而异，尤其是在涉及他所感兴趣的话题时，声音会立刻变得高亢起来。

有一次，新一期的《诗刊》到了。那个时候的刊物少，随便一本文学杂志，都能有动辄数十万、上百万的发行量，每期新刊一到，立刻成为大家争抢的对象。而在这一期《诗刊》上，我们居然看到了署名"任洪渊"的一组诗，而且题头还配着一张诗人英气逼人的肖像，在我的印象中，似乎是用铅笔画的速写。那个时候，一个普通教师能让自己的作品登上《诗刊》这座全国最高的诗歌"殿堂"，那种荣耀，远非现在的人们所能想象。更何况那幅传神的肖像画又为他增加了诗以外的魅力！我们在一起观赏并议论着那幅肖像，在那个时候，似乎他的诗写的什么内容都已经不重要了，重要的是眼前这个活生生的人！先生以他惯有的俏皮语气说："感觉怎么样？拿着它，是不是可以去谈一场恋爱呀？"话说完，我们都禁不住哈哈大笑起来。

20世纪80年代，在我们的生命中，有太多值得记忆的东西，都是时代留下的印痕。而任洪渊先生，从我最初认识他的那个瞬间，就让我的80年代开始具有了独特的意义。我们在一起讨论过很多话题，当然，大都是先生主谈，从康德的"头顶的星空到心中的道德律"到解构主义大师德里达，从杰姆逊的《后现代主义与文化理论》到余振翻译的《莱蒙托夫诗选》。先生是一个领悟力很强且自视极高的人，很少人能入他的法眼而不被调侃或针砭。他的俄语很好，据先生自己说，甚至超过很多俄语专业的人。有一次聊起我正在读的《莱蒙托夫诗选》，先生对余振的翻译很不以为然，摇着头说："他那个译本不行！将来我要重新翻译莱蒙托夫！"

他不仅是一个诗人，也是一个对理论有着极高敏锐度的学者。对于那些在20世纪八九十年代陆续进入中国的西方理论家，先生开始大都是报以通常难得的首肯的。比如说起德里达，他的语气中对之怀有发现新大陆一般的景仰，我第一次从他那里知道了所谓的"解构主义"理论。杰姆逊那本后来走红我国学界的

《后现代主义与文化理论》小册子，他一开始就注意到了，并如获珍宝地向我推荐："你该看看，杰姆逊那种理论的穿透力！"

80年代初，在中文系举办的一次学术论坛上，先生在台上激切地阐释康德哲学与美学，语气像在述说他自己的思想。规定的时间到了，他似乎还没有完全进入正题，在起身与留下之间，气氛顿时显得有些尴尬。那一刻，先生定了定神，意犹未尽地说："我的时间到了，我必须下台！"显然，他留给了在场的所有学生一个强大的思想背影……

也正是从那次开始，我成了他那间小屋里的一个"常客"。

历史刚刚进入改革开放的新时期，"思想解放"正在从一句时兴的口号变成各种政治与学术的实践运动。而先生一开始就是带着自己的声音参与了新时期的文学艺术重建的，他让我们看到的是文学的真正魅力。在课堂上，他所表达的每一个观念、每一种思想，都生长在他对于历史、文化与自然的独特感受之上。在他那里，几乎全部的知识都可以找到现代与古代思想的交会点。

1988年，我有幸成为他的第一个硕士研究生，那时他刚刚得到副教授的身份。对于已经进入中年的先生而言，这种所谓的"资格"来得有些太晚。先生在北师大的校园里，沿着自己的轨道去构筑内心的宇宙，他自己就是一片独特的风景。

读研的三年时间转瞬即逝。在我的印象中，先生每次上课，对象都只是属于不同导师的寥寥三两个学生，大家任意探讨，从不设疆界。当然，此时的先生，已经逐渐将他的视线延伸到了中国古老文化与思想的深层矿脉之中。他愿意阐述自己最近思考的兴趣点而绝不会勉强学生跟着他的方向走，但既然是任洪渊的学生，大体方向总还是需要贴近"诗"的。

当我将自己的论文题目（《模式的重构与解体：1986—1988中国实验诗运动》）报给他的时候，开始却遭到先生的反对，他的理由很直率："这三年的实验诗本不值得为它作论。"事实上，能入先生法眼的诗及诗人，在中国当代文学中似乎还没有诞生，而论文答辩的时间已经日渐临近。

让我深怀感念的是，先生对于我的论文选题，反对归反对，但是到了关键时刻，他还是同意了——"先写出来再说吧！"先生去世后，为了写这篇怀念的文字，我特意翻看了那段时间的日记，当时的情景，立刻重现眼前：

"上午9时开始进行硕士学位论文答辩，主席：蓝棣之；委员：刘锡庆、任洪渊、李复威、蔡渝嘉。记录：傅琼。经蓝棣之主席宣布，答辩会开始。先由任导师介绍我的情况，他于是从在北师大分院与我的交往及印象谈起，直至论文答辩当天。评价颇高，令我汗颜。导师讲后，即由我向各位委员汇报论文的基本情况。我即按照昨夜构想的提纲展开来谈，从任导师不住地点头和微笑中，我感到他很满意我的这番论道。终于，他借着补充发言夸奖了我刚刚的陈述，认为'很精彩，如果能融到论文中去，那就非常好了'！于是各位委员开始对我实施'问题'轰炸。刘、李、蓝提出的问题都处于我所能把握的范围，虽心怀忐忑，却不失平静。但任导师却坐不住了，先我而起反驳质疑，他难以抑制的激昂，恰似一个斗士。而此时的我，却成了一个十足的旁观者……"

当然，事情最终还是按照规则回到了正常轨道，而导师的举动，却成了此次答辩的一个意外花絮。我回到家里，记下当天的答辩过程之后，发了一段感慨："先生的举动，让我今生难忘。他的奋不顾身，真是太可爱了！"

这些年和先生有过几次电话长谈，他开始构想着在老家四川邛崃建一个书院，据说有一位素仰先生大名的商人愿意出资兴建，但因为经济环境的改变而没能等到实施的那一天。又过了一段时间，先生与他在四川大学主政文学院的学生商量着，要在川大开办系列学术讲座，并由四川电视台播出，先生很高兴地邀我参与策划和主持，并约我找个时间去聊上一天。我知道，先生是一个充满激情的人，脑子里纷至沓来的想法太多，而一旦说起来，会瞬间进入忘我的状态，在电话中尚且如此，如果见面放开了说，一天怕是也聊不完的。所以一直期待着把手边的事情忙完了，有更多的时间和先生畅谈。

电话中的约定，因为庚子年突发的疫情而拖延了下来，当时还觉得我们今后有的是时间聊天，不必非要赶在禁忌颇多的时候见面。

现在，轮到我深深地懊悔了！

我们太容易被时间和表象所欺骗，正如先生充满爆发力的激情，会让我们完全意识不到他已是83岁的年纪，甚至每次放下电话的时候，都丝毫不会感觉到这是一个正在走进生命暮年的老者！他的音调永远是昂扬和亢奋的，他给人的印象是永远年轻而充满激情的——正如80年代初期一样。

在我的记忆中，先生的性格充满天真和孩子气，当然，他更爱惜自己的声望。有的时候会让我想起王朔说起他逝去的挚友梁左的话："他对虚荣有一种孩子似的喜爱。"其实这也是一种真率！先生是一个天真的诗人，他的天真里，包含了对于荣誉和声望的在意。但是，先生又是一介不谙世事的书生，在他的价值观与世界观里，首先是以自己的看法与感受为中心的。所以当他说自己是"侧身走过同代人的身边"时，或许他就知道，自己的思想并不如他出发之时想象中那样，可以被人们广泛理解，可以在文学与诗的领地里开疆拓土。他一出场，年纪就显得有些尴尬——从辈分上说，他已经不属于新时期那一代闪亮登场的诗人，甚至已经没有机会能够正面赢得历史的关注了。

当 20 世纪 80 年代刚刚到来的时候，他还可以模糊地从新时期的众声喧哗之中跨越而过，有的时候甚至能成为一个独标高格的诗人。但是，他显然缺乏同时代那些年轻诗人的机运和声气相求的集体无意识。因此，作为一个特立独行的诗人，一个对这个世界有着自己深切感受与深刻看法的思想者，他注定会无辜而寂寞——他与这个世界始终保持着若即若离的状态。

他的天真，使他在处理与这个时代的复杂关系时，仅凭着一厢情愿的善念。比如在先生晚年去医院看病的时候，他也会带上自己的书，向一些对于思想和诗完全隔膜的医生，述说自己的想法。而在那些医生的眼里，这位病人的举动显得有些难以理解。无论是《墨写的黄河：汉语文化诗学导论》，还是《女娲的语言》，或是《任洪渊的诗》，在那些医生看来，都是另外一个世界的语言。

而这恰恰就是我最可敬爱的老师，一个一辈子执守内心信念的书生。写到此处，我想起了俄罗斯诗人茨维塔耶娃说过的那句话："人在地球上的唯一使命是忠实于自己。真诗人总是他们自己的囚徒，这堡垒比彼得保罗要塞更坚固。"从这个意义上说，先生的确是一个真诗人。

　　举世滔滔中，唯愿先生不朽！

方宁，文艺评论家，《文艺研究》杂志原社长、主编，现为名誉主编。任洪渊先生的学生，北京师范大学中文系本科生（1979—1983）、硕士研究生（1988—1991）。

与任老师交往的三件憾事

布克

　　1981年考入北师大时，大学还没有现在的驻校作家和驻校诗人制度，北师大却俨然坐拥不少前辈诗人教授：钟敬文、黄药眠、郑敏等。而被年轻学子追捧的，当推新时期崛起于诗坛又正值盛年的任洪渊。我们1981级的"当代文学"课由任老师讲授诗歌部分，此后我还选修了任老师的"诗歌创作论"。毕业论文我写的是何其芳，很幸运这个选题被分配给了任老师指导。因此我一直自认为在同级同学中受教于任老师最多。讲台上的任老师绝对是一个另类，当他热泪盈眶地把我们带进郭小川的团泊洼、甘蔗林和青纱帐时，我的第一感觉是：居然还有40多岁了依旧这么率真的人！

　　不仅受教于任老师多，可能我中老师的"毒"也最深。任老师曾经自嘲是带着三分之二的逃课史走上大学讲台的，并且说过诗人是创造性写作，不需要藏书。毕业后第二年，接到老师来信，说"当代教研室通过了硕士招生资格认证，你准备准备政治和外语考回来吧"。我趁着在北京出差的机会，当面向老师解释了不考研的理由。任老师不无遗憾地问我为什么要待在这样的学校。我说，我是大城市里的小市民，我喜欢安逸。为了说服我，任老师向我讲述了他自己在电大兼职代课的一段经历。20世纪80年代，中央广播电视大学"当代文学史"课程用的是北师大当代文学教研室主编的教材，教研室老师自然被聘请为电大这门课的主讲教师。一次当他同样热泪盈眶地在讲郭小川时，发现底下喝茶的喝茶，织毛衣的织毛衣，更有三三两两大摇大摆地走过讲台到阶梯教室外抽烟聊天的。从此他拂袖而去，辞别了电大讲台。任老师不仅纯粹率真，而且孤傲。而我，站在讲台上浑浑噩噩直到今天。只不过为了避免老师曾经的尴尬，我转向了工商管理专业的教学。

现在想来，是我严重歪曲了老师自嘲的"逃课史"和"不藏书"。身为学院派诗人，他对"书房写作"或者"图书馆写作"的厌弃，才是"创造性写作"的真谛。从他集成了东方古典智慧和西方后现代哲学的多文本写作以及融会了浪漫主义和现代主义的诗歌创作，足见他的胸罗万卷。少不更事的我还真以为创造性写作就是要逃离教室、逃离教授、逃离教科书了。就像弗罗斯特的《未选择的路》所表现的，有时候我也不免遗憾。如果当年我考回母校"任门立雪"又会怎样？我到底还是辜负了任老师的厚望和恩义，这是头一件憾事。

第二件憾事是2011年我出第一本诗集《魔鬼的舞步》时，本想请任老师垂阅赐序，却发现已经联系不上老师很久了。在资讯发达的互联网时代，这是件匪夷所思的事情。好在借助互联网，偶或得到老师各地演讲的信息，也看到过老师录制的精品课程视频，每每又深得鼓舞。既然没有请到任老师写序，我干脆也就没写后记。这部无序、无跋也无作者简介的三无诗集，就这样假装了一回高傲和纯粹。又隔两年，我突发奇想把这本小册子当作毕业以来旷日持久才完成的作业寄给北师大文学院，心想早已退休的任老师或许能够收到。果不其然，一天晚间课后，我发现手机上有一个未接的北京来电，等我回复过去，喜出望外地听到了任老师依旧热情洋溢的声音。任老师执意要我挂断电话让他重新打过来，他的解释是女儿在国外留学，家里包年的长途费用不掉。原来他是要节省我的电话费！我不禁感慨，居然还有70多岁了依旧这么善良的人！除了垂问我的现况，任老师还畅谈他的创作计划。一如当年奉陪老师左右在夜间散步校园时一样，我更多的只是倾听，直到手机发烫，电量不足。

因为重新获得老师的联系方式，这年暑假我从北京转机时意欲拜见老师。任老师得知后让我提前告知落脚处，以便师母亲自驱车来接。但因为我不会在手机上操作，导致委托订票出现了差池，在京逗留的大半天又临时被安排探访了一位医学专家；也许又因为我本就不好诣人、惯迟作答，是一个懒散的人，这次我放了任老师的"鸽子"。归根结底，我实在是个不太懂得珍惜的人，总以为有的是时间，有的是机会……而且，我印象里的任老师从来是精力丰沛、神采飞扬，我没有想象过他已经是一个耄耋老人，没有想象过有一天会传来噩耗。

8月13日一大早，我在公众号里发了一首清明时节写的《去年冬至》。

就是这时
在太阳距离我们最远的时刻
就是这里

在我距离你最近的地方

就是我们

在年复一年的这一天

坡形的冬日，青石色的门头

我的祖国正弥散着松枝苦香的气味

我凝视着你

凝视着每一个曾经活着的人

凝视着被树木遮蔽的纸风车

和树干上蠕动的蠹虫

我知道这样晴暖的冬至

并不是件好事

接下来的正月

注定是一间单人囚室

当囚室之门砰地打开

早春的燕子飞回

更多的人却不再醒来

而这只是一个开始

　　这是一首追悼的诗。由于今年清明上海各处的寝园因疫情没有对外开放，我只能用文字寄托对亲人的哀思。不料午后，我在微信朋友圈里看到了任老师仙逝的讣文。我再一次相信了冥冥之中所谓的感应。明明早就写好的，为什么一直不发，偏偏挑在今天一大早发？我把它抄录在上面。我相信不仅对我，而且对于所有得益于他人格和诗文魅力的学生来说，老师就是亲人，是精神上至亲的人。现在"我凝视着你"，凝视着自媒体上各种消息和悼文里配发的你的遗照，我强烈地感受到"我的祖国正弥散着松枝苦香的气味"！

最早看到的讣文是 82 级周维强在朋友圈转发的。细心的维强兄特地说明：这个推文中关于任先生的生平资料有错讹，一切以北师大文学院的讣告为准。我核查了这条推文，确实将任老师的生平资料与同姓的另一位作家搞混了。此后几天，我连续登录北师大文学院官网，在各种新闻动态、学术预告、通知公告中，唯独不见关于任老师的讣告和纪念专栏，这与微信朋友圈里的备极哀荣形成对比。任老师曾在这里求学又在这里执教，沈浩波所说的在任老师门下集聚了"中国当代诗歌的半壁江山"，并不过甚其词。拥有这样一个学生、这样一个教员，实在是这所大学、这所大学文学院的光荣。而这所大学文学院似乎亏欠他了。亏欠他的是什么呢？无非是在它的官网上没有显示黑白的网页而已！

在批量定制博士——教授的大学生产线上，任老师有些难堪，他最终只获得了这所大学不占在编名额的退休教授头衔。诗人也是常人，他对我提及过他的不平。但他又没有常人的耿耿于怀。他豁达地对我说，其实职称评审小组里的评委并不只是来自文学院。平心而论，我的大学也并不亏欠任老师。老师不止一次地讲述过童（庆炳）老师、刘（锡庆）老师如何为他入职北师大而多方奔走，最后童老师一句"是红学家重要还是曹雪芹重要"，打破了北师大教席的既有门槛。童老师此言振聋发聩，如同钱学森之问，算来比钱学森之问还要早 20 多年！由此，在曾经没有文学的中文系，任老师创造了属于他也属于北师大的文学辉煌。

那是不拘一格的 20 世纪 80 年代，那是开阔的 80 年代大学。多少年过去了，童庆炳之问、钱学森之问还有意义吗？环顾此后的大学，在"211""985"和"双一流"的争名比拼中练就了一身胸肌却越来越没有胸怀，大学越来越不像大学了。这岂止是任老师一个人的难堪？又岂止是一所大学的悲哀？

厉害了，我的大学！北师大继续以其中文学科的绝对优势，招引了一个个当红作家和诗人驻校。不知道如今的作家、诗人们如何驻校，但有时候看新闻报道里大学举行作家和诗人的入校仪式，委实有几分类似相声界的摆枝，只是大学对外的一种宣示，象征意义大于实际意义。当红作家和诗人成了学校的名片或者标签。任老师却从来不是标签式的存在。

比不上当红的诗人作家，"汉语红移"的任老师似乎从没有大红特红。1993 年他的《女娲的语言》出版，我在沪上一份读书报上写过一篇小文——《孤独的写作者》。还记得当时我是这么写的："与北岛们同时崛起的任洪渊离我们最远，因为他侧身走过了同时代人，他走在了时代的最前列。他是孤独的。"

这种孤独是世事洞明后的不入于世，是一种"虽千万人吾往矣"的精神探险。如果说北岛是一个时代的标志，那么任洪渊则是这个时代的标杆，他的新锐和前卫一直是现代汉语诗歌写作者不可跨越的标杆。也许他不需要红，不需要夺人眼球，因为他不屑于名。标签会掉落，标志会模糊，而标杆，注定是孤独甚至孤绝地横立在那里，告诉历史和后人诗歌可能达到的高度。仰之弥高，钻之弥坚。现实世界的取舍尺度必然短视而功利，好在历史不是根据世俗标准所做的蛊惑人心的注脚。

不能躬赴北京送别任老师是第三件憾事。我只能在微信朋友圈里细读悼念他的诗文并一篇篇转发。悼念的声浪把我从现在推向过去，又把我从过去带回现在。如果没有遗憾，人生估计会无趣得多。我也试着想写一首悼诗，但好几天都找不到好的句式。直到我再一次上网，发现百度词条里任老师的生平已经更新，在姓名右侧的括号里是两个八月，一条线把两个八月局促地勾连起来。这难道又是冥冥之中的巧合？他从八月里来又回到八月里去，这条线仿佛远方故乡的那条河流，空尽而又壮阔。他从这条河流来又回到这条河流去。而所有河流都在奔向海洋。

任老师注定属于八月。这是怎样的八月，万物生长又溘然长逝；这是怎样的八月，一百年的时代病还在世界流行，一千年的洪水依旧在我的祖国肆虐。突然间我找到了我的句式。谨以这首《八月，你的八月》作为本文的结束。我不想把它当作追悼的诗，一个时代已经结束，世界也正在结束。

八月，你的八月

八月
你的八月
连夜的暴雨都汇入
远方的河流

白沫江悄然越过
水位

八月
万物生长的八月

万物又溘然长逝
你悲怆地回望

像闪电划过天际
留下难以糊住的裂痕

八月
迭代递归的八月

一百年的时代病还在流行
一千年的洪水依旧泛滥

也许，只有死亡能唤醒一切
但即使死亡也不能唤回一切

我知道八月还会重来
而世界正在结束

2020 年 8 月 30 日

布克，原名杨家禄，1963 年生于上海，1981 年考入北京师范大学中文系，著有诗集《魔鬼的舞步》《陌生的城市》。

怀念任洪渊老师

黄伟林

1983 年，我在北京育才学校实习，任洪渊老师是我的带队指导老师。

与任老师见面之前，听同学说他是一位诗人。我孤陋寡闻，还是第一次听说任洪渊这个名字。第一次见面，好像是在育才学校的高中语文教研室。当时我们已经在实习学校听了几天课，大概是遇到一些实习纪律上的问题，在办公室里议论了几句。正好任洪渊老师来了，了解了情况后，让我们不要担心，安心实习就是。

现在回想起来，任老师对我们这些实习生的情况应该是提前做了了解，因为在谈话中他提到了我的学习情况，并表示了肯定。这是我第一次近距离接触一位诗人。当时诗歌在大学生心目中的形象是很神圣的。我曾经听过顾城的讲座，我也是《今天》的热情读者，手抄过北岛的《陌生的海滩》整本诗集和舒婷的大量诗歌。在北京育才学校实习时，我还经常朗读聂鲁达、惠特曼的诗歌。虽然之前未曾知道任洪渊，但任老师很符合我对诗人的想象。

我感受到任洪渊老师对诗歌的激情。他是四川人，个子不高，平时说话温文尔雅，而一旦进入谈诗的状态，他忘我的投入，能够让我这种诗歌的门外汉也进入诗的状态。我曾多次在育才学校聆听任洪渊老师给我讲诗。不是在教室里，也不是在操场上，而是在先农坛。我们到育才学校实习的时候，只知道它是一所有光荣革命历史的学校，我是从任老师那儿，才知道育才学校所在的位置，是著名的先农坛。任老师给我讲诗的地方，是一个有基石、有台阶的四方平台，不知是不是先农坛里著名的观耕台。那时正值秋天，是北京最好的季节，在澄澈的天空下，在古老的先农坛，任老师跟我这样一个对诗将懂未懂的青年学生谈诗。每次想起这番情景，都觉得是一份极为奢华的经历。

这是我与任老师交往的开始。实习结束之后，任老师又成了我的毕业论文指导老师。我的毕业论文写的是孔捷生的小说，如今或许没有多少人记得这位作家。印象中，任老师不止一次让我去旁听他给低年级学生上的课，课后还请我在北师大新开张的实习餐厅用餐。对于我，听课和用餐，既有精神大餐，也有物质大餐。

毕业后我回到桂林，在广西师范大学中文系任教。一年后，我被安排到北京进修。于是在进修的一年里，与任洪渊老师又有过较为密切的接触。

那是 1985—1986 学年，我参加的是中国社会科学院文学研究所和中国当代文学研究会联合主办的一个中国现当代文学教师进修班。第一个学期住宿和上课的地点在北京西北郊的一家疗养院，第二个学期转到了东城区的一所中专学校。在没有课的时间里，我有时会应任老师之约到他家里听他谈诗。当时任老师已经住在北京师范大学的教师宿舍，记忆中是那种单间配套的房子。

每次谈诗之后，任老师都会做两碗面条作为我们的午餐，这样的经历应该有五六次之多。任老师主要谈他的诗歌，我有时候也会向他汇报一些我听课和学习的心得。这一年，我写了一篇有关任老师诗歌的论文《东方智慧——任洪渊的〈第二重宇宙猜想〉》，指导老师是杨匡汉老师。这篇文章，后来在《名作欣赏》1988年第1期上发表。

在《东方智慧》这篇文章前后，我还写过有关任洪渊老师的两篇诗歌论——《人的主题》和《现代意象》，从思想和艺术两个方面讨论他的诗歌。这两篇论文未曾发表过。任洪渊老师逝世后，我曾找过这两篇文章，但尚未找到，真希望哪天能够找到它们。

1995—1996学年，我又有一次近距离听任洪渊老师谈诗的机会。当时，我参加了北京师范大学举办的一个硕士学位进修班。任老师作为这个班的老师之一，给我们上了一个学期的课。这个学年，任老师不仅谈他的诗歌，而且谈他的诗学。在此期间，北京师范大学、清华大学中文系、北京大学新诗研究中心联合主办过一次任洪渊诗歌研讨会，我有幸参加了。在会上，我见到了陈晓明、张颐武、李书磊等当时风头正劲的青年学者。陈晓明在会上既有鉴赏力度又有理论深度的发言，给我留下了极深的印象。

遗憾的是，这时的我已经离诗歌越来越远，我主要的精力都用于研究中国当代小说。在任洪渊老师的指导下，1998年我的论文《论晚生代》通过了论文答辩，获得了硕士学位。

多年来，任洪渊老师公开出版的书共有 4 本，以出版时间为序分别是《女娲的语言》《墨写的黄河：汉语文化诗学导论》《汉语红移》和《任洪渊的诗》。

与当下作家、诗人出版大量著作的情形相比，作为一个 60 多年专心于诗歌创作和诗学理论建构的诗人和诗学家，任老师的著作量实在太少。但我想说的是，任老师这稀少的 4 本书，却是中国现代百年诗歌和诗学的精粹。

《女娲的语言》由中国友谊出版公司于 1993 年 9 月出版，是一本"诗与诗学合集"。其中包括《汉字，2000》《司马迁的第二创世纪》《东方智慧》《女娲 11 象》《初雪》《黑陶罐》6 个系列共 66 首诗歌，诗学则由代序《找回女娲的语言：一个诗人的哲学导言》和代跋《我生命中的三个文学世纪》两篇论文组成。

6 个诗歌系列中，《黑陶罐》的 9 首写于 20 世纪 50—80 年代，《初雪》的 15 首写于 1980—1985 年，《司马迁的第二创世纪》的 10 首写于 1987 年，《东方智慧》的 11 首写于 1985—1986 年，《汉字，2000》的 10 首写于 1988 年，《女娲 11 象》的 11 首诗歌写于 1989 年。也就是说，《女娲的语言》全部 66 首诗歌都写于 1989 年以前。

这 66 首诗歌，既记录了同时期中国社会的时代变迁，更镌刻了任老师个人的诗歌演进。任老师特别脍炙人口的爱情诗大多写于这个时期。80 年代是一个诗歌的年代，从《女娲的语言》即可看出这一点。

作为诗与诗学的合集，《找回女娲的语言：一个诗人的哲学导言》这篇长篇论文标志着任洪渊诗学的建立。这篇论文包括

《人：本体的黑暗／语言的自明》《生命／文化》《时间／空间》《今天／历史》《语言：叛乱／征服，有言／无言》五个部分，是任洪渊诗学体系的基石。任洪渊诗学是以"中西／古今"为时空坐标系的，在这个时空坐标系中，他强调的是人的生命体验。这种生命体验表述为人的三重悲剧：头与身永远的战争；永远以短暂对抗永恒，以有限对抗无穷；我们的生命只是重写一次历史而不是改写一次历史。如何超越这三重悲剧，任洪渊老师提供了他的方案：找回女娲的语言。

《墨写的黄河：汉语文化诗学导论》于 1998 年 5 月由北京师范大学出版社出版。该书包括题词、导论、内篇、外篇、代跋、附录六个部分。主体部分是内篇和外篇，借用了《庄子》的结构体系，由此亦可看出任洪渊诗学试图从中国诗学的源头重新出发。

内篇包括《语言相遇：汉语智慧的三度自由空间》《汉语改写的西方诸神：水仙花何时开放？》《主语的诞生：词语红移的曹雪芹运动》一组长篇论文，接近十万字。这是任洪渊诗学在《找回女娲的语言：一个诗人的哲学导言》基础上的拓展。

《语言相遇：汉语智慧的三度自由空间》对巴尔特的"0"与"空"和德里达的"无"进行了阐释，并与老子的"无名"与庄子的"无言"进行了比较。在这个基础上，任洪渊老师提出了汉语的三度自由空间这个命题：第一度应该是以"易"与"道"为标志的原始东方智慧，第二度是汉语和梵语的相遇，第三度是汉语文化与基督文化的相遇。

《汉语改写的西方诸神：水仙花何时开放？》对尼采、叶芝、弗洛伊德、加缪、马尔库塞等一系列西方现代美学家的美学思想进行阐释。这个阐释既有对古希腊诗学传统的回溯，又有汉语对西方诸神的改写。汉语改写西方诸神，这是任洪渊老师很重要的创造。他试图在古代中国诗学传统与现代西方诗学传统对话中推出新的诗学，不妨命名为"任洪渊诗学"。

任洪渊诗学在《主语的诞生：词语红移的曹雪芹运动》中初步形成。

2010年4月，《汉语红移》由北京师范大学出版社出版，应该是任洪渊诗学较为完整的呈现。它包括"导言""内篇"和"外篇"。

"导言"包括《导言1还是那个太阳：我的2007独白》《导言2面对希腊逻各斯的中国智慧——汉语与拉丁诸语世纪对话的一次语言学准备》两篇论文。这是两篇新撰的论文。

"内篇"包括《1汉语改写的西方诸神：水仙花何时开放？》《2非格林尼治：在时间里抗拒时间》《3语言相遇：汉语智慧的三度自由空间》《4主语的诞生：词语红移的曹雪芹运动》《5眺望21世纪的第一个汉语词》《6为了叫出自己的汉语世纪》6篇论文。其中3篇是新撰的。

"外篇"包括《找回女娲的语言：一个诗人的哲学导言》《我生命中的三个文学世纪》两篇论文。

《汉语红移》的代跋是一篇散文，即《我的第二个二十岁》。

从"女娲的语言"出发，经过古代中外诗学的融会，现代中西诗学的贯通，抵达词语红移的曹雪芹运动，这是任洪渊诗学的演进轨迹。

2016 年 5 月，《任洪渊的诗》由北京师范大学出版社出版。该书选收了七辑诗歌作品，包括《第三个眼神》《司马迁的第二创世纪》《最后的月亮》《汉语红移》《女娲 11 象》《初雪》《黑陶罐》。七辑诗歌作品中，《第三个眼神》一辑未曾收入《女娲的语言》，其中部分诗歌创作于新世纪。

显而易见，任洪渊的诗歌作品与诗学理论有一种互文的关系。比如，《女娲 11 象》与《找回女娲的语言：一个诗人的哲学导言》构成对应，《汉语红移》与《主语的诞生：词语红移的曹雪芹运动》构成对应。

这是迄今为止我所看到的任洪渊诗歌与诗学整体构架的呈现。只要阅读上述 4 本书中的任何一本，都可以感受到任洪渊老师诗歌或者诗学的魅力和奥妙。虽然大家都知道任老师是个高度边缘化的诗人，从来未曾占据过中心主流的位置，但那些最优秀的评论家都很清楚任洪渊诗歌的价值，比如刘再复、李元洛、童庆炳、无名氏、蓝棣之、张颐武、王一川、李怡等人都发表过评论任洪渊诗歌的论文。1995 年在北京召开的任洪渊诗作研讨会，与会者对任洪渊老师的诗歌亦有高度评价。不过遗憾的是，任洪渊老师诗歌与诗学的价值，仍然还是中国当代文学研究的一个盲点，有待更多更有慧眼的研究者来照亮。

2019 年 6 月 6 日，我接到同学付金艳教授的微信，她告诉我任洪渊老师应李怡教授之邀在四川大学文学院讲学，之后又到乐山师范学院做了一场讲座。然后，我与任洪渊老师直接通话。任老师表示，他希望用讲学的方式，对他的诗学做一个整体深度的传播。当时我们商量好，找个时间，他到桂林的广西师范大学讲他的诗学。我的设想是：讲学在桂林山水的实景中进行，届时我们邀请不多的听讲人，与讲学的任老师进行互动。整个讲学的过程，全程摄影，留下一份珍贵的课程影像，然后转化为网课。

这是一个美好的设想，据付金艳教授说，任洪渊老师很为这个构想高兴。我也为这个想法兴奋，为此我还与广西师范大学出版社音像分社的肖子娟社长做了沟通，她很支持这个想法。后来，我跟教研室同人刘铁群教授讨论这个问题，我们都觉得这是件好事情。只是任老师已经 80 多岁，这个讲学至少要持续半个月的时间。我们讨论的方案是：届时邀请任老师夫妇一起到桂林，这样，任老师的饮食起居有人照顾，我们也放心。

2019 年 9 月 10 日，我给任洪渊老师发了教师节的慰问信息，很快接到了任老师的电话，我们又谈到桂林讲学的计划。我说了想法，任老师听后说师母需要帮助女儿照看外孙，计划需要往后延。

没有想到，这个计划这么快就成了泡影。

这是我与任洪渊老师的最后一次通话。

2020 年 6 月 21 日，我接到王少勇先生的信息，说任洪渊老师已经病重住院。2020 年 8 月 13 日下午，我接到北京师范大学谭五昌教授的微信，他告诉我，任老师于 2020 年 8 月 12 日在北京逝世。

虽然并不十分意外，但我还是被这个消息震惊了。死神的速度太快了，它如此迅速地攫走了我的老师。

许多有关任老师的回忆在我的脑海里闪回：

1983 年，任洪渊老师在北京先农坛给我讲诗。

1985 年，任洪渊老师在其北京师范大学的家中给我讲诗。

1995 年，任洪渊老师在北京师范大学给我们讲诗。

2001 年，任洪渊老师到广西师范大学和贺州学院讲学。

2016 年 8 月 7 日，我与妻子李咏梅、大学同学丁伟专门重访北京先农坛，在那儿重温任老师给我讲诗的情景。

8 月 13 日这天，我的朋友圈出现了不少有关任老师的信息，其中刊发了不少他的诗歌。当天晚上，我们一家与教研室同人李雪梅教授夫妇在睿城打球。我朗诵了几首任洪渊老师的诗歌，朗诵到后面，热泪盈眶，话语哽咽。我决定以诗歌朗诵的形式缅怀任洪渊老师。

近几年，我在广西师范大学组建了几个学生社团，皆以广西师范大学中文系历史上第一任系主任陈望道先生的名字命名，并创建了桂学馆公众号。在北京师范大学校友梁潮教授的支持下，我们借助望道话剧社、望道读写社、望道记录社同学们的力量做了两期《任洪渊诗歌线上朗诵会》，每期 9 首，共 18 首。第一期《飞进一颗更年轻的心灵孵化》于 2020 年 8 月 17 日上线，第二期《唯美与希望的代名词》于 2020 年 9 月 2 日上线。我们借助这些 2000 年以后出生的学子们的朗诵，缅怀任洪渊老师。

任洪渊老师堪称一位苦吟诗人，他对诗歌创作的严谨态度鲜有人能与之相比，他总是反复修改完善每一首诗。哪怕在发表之后，只要有重新出版的机会，就会发现原来发表过的诗歌又被他字斟句酌地修改过了。他公开发表的每一首诗都可圈可点，都是值得反复品味、深度解读的精品。听说任老师的学生、诗人沈浩波正在编辑他的文集，我觉得这是对老师最好的怀念。任洪渊老师生前未能获得他应该享有的名声，我只能认为这是曲高和寡的结果。但我相信，只要他的诗与诗学能够出版存世，终将有慧眼能够发现其宏深的价值。我甚至希望，任洪渊诗歌的欣赏者能够组织成立一个任洪渊诗歌研究会，大家共同研究他的诗与诗学的精义。当然，我期待有更多的读者能够欣赏到他的诗歌。任洪渊老师这份汉语诗歌的遗产，应该为 21 世纪的汉语读者所继承和传播。

2020 年 9 月 30 日于桂林半塘尾

黄伟林，广西师范大学文学院教授，任洪渊先生的学生，北京师范大学 1980 级本科生。

侧身走过任洪渊身边

赵勇

任洪渊先生去世后，他的三本著作——《女娲的语言》《墨写的黄河：汉语文化诗学导论》《汉语红移》——就放在我床头，达近一年之久。那是我从张巨才老师那里借来的书。起初，我只是想了解一下北师大中文系的这位老人，以便让那些传说与书中华章对号入座。后来，我又动了写一写他的念头。但犹豫再三，却不知如何下笔。尤其是读过吴思敬、方宁、李静、王陌尘、易晖等人的怀念文章后，下笔似乎就更加困难。在任先生那里，他们或是好朋友，或是亲弟子，交往密切，感情深，有故事，可写的东西很多。而我作为局外人，既不在诗歌界混饭，又与任先生几无交道，哪有资格写他呢？

但我已决计还书了。为了留下一些念想，我还是忍不住跃跃欲试。

就从 15 年前那场作家见面会说起吧。

2006 年 11 月 15 日上午 9 点 30 分，"北师大校友作家返校日"活动在文学院励耘学术报告厅举行，我应邀参加。所谓校友作家，是指那天请来的 8 位高人：莫言、苏童、牛汉、刘恒、毕淑敏、陶然、伊沙、任洪渊，这个顺序也是他们那天发言的顺序。

那很可能是我第一次见到传说中的任先生。他个子不高，长得瘦小，尤其是与一米九一的牛汉先生比肩而立，反差也就越加强烈。而与如日中天的莫言、苏童、刘恒等人相比，他的名气更是黯淡了许多。我注意到的一个细节是，虽然他是8位作家中的第二年长者（第一是牛汉，时年84岁），却坐了末座，这种安排可能是出于礼节（因为他毕竟是中文系的退休教师），却也似乎暗示着他在文坛的位置。那天上午，涌进来不少学生围观，把本来就空间不大的励耘报告厅挤得水泄不通，他们是来看任洪渊的吗？

直到我读过任先生与李静的对话，才明白他对自己的"位置"早已心知肚明。任洪渊的诗歌创作始于20世纪60年代，差不多与北岛等人同时出道，也算是"崛起的诗群"中的一员，但他似乎从未从正面走来，人们看到的是他匆匆走过当代诗人身边的侧影。对此"待遇"，他接受得似乎格外坦然："是我侧身走过他们身边。侧身，不是胆怯，不是小心翼翼，而是一种礼貌，一种带着敬意的告别。"[1] 从此往后，"侧身走过"就成了专属于他的一种标志性姿态。

这么说，15年前面对那些校友作家，任先生也应该是"侧身走过"的吧。他以谦卑之心守护着自己的铮铮傲骨，安之若素，处之泰然，又何须我等看客为他鸣不平？

那天上午的见面会进行了将近三个小时，也出现了两个花絮。校领导韩震与院领导张健讲话之后，是童庆炳老师热情洋溢

1　任洪渊：《墨写的黄河：汉语文化诗学导论》，北京：北京师范大学出版社1998年版，第21页。

的发言，之后就进入了各位作家的感言环节，莫言、苏童、牛汉……或许是因为牛汉等人发言超时，轮到任洪渊最后发言时，他说他既要节省时间，又要在诸多叙述大家面前玩一玩叙述，只说四个细节：李长之先生的风度……俞敏先生的语言反讽……每当走过数学楼前总要停步……凭吊西南楼，因为这是我们埋葬青春的地方。然后他回忆道："1983 年，我拿着发表的几首歪诗来敲师大的门。我非常感谢师大中文系收留了我这个半漂泊者。我尤其要说，那时候对我非常重要的，是童先生的一篇评论文章。我 1982 年挤进诗坛的那个年代（也就是朦胧诗崛起的那个年代），之所以没有完全被湮没，应该说一个是因为刘再复的那篇文章，另一个就是童先生那篇一万五千字的大文章，题目也非常吓人，叫作《任洪渊论》。"

在满场的笑声中，童老师开始插话了："那篇文章啊，我故意用了《任洪渊论》，然后呢，接着就见到了校长。校长看了学报上的那个目录（他还没看文章），就问我：'这个任洪渊是唐代的诗人呢还是宋代的诗人？'我说：'既不是唐代的诗人也不是宋代的诗人，就在你身边，是你属下。但他现在还是一个讲师，连副教授也不给，这是怎么回事呀？'他马上说：'是这样吗？有这回事吗？'当时的校长是谁呢？就是现在的著名院士王梓坤。王梓坤听了我的话后说：'好，这个事情我来办！'最后就给了任洪渊一个副教授的名额。我这篇文章最精彩的地方就是给任洪渊要了一个副教授的名额。"

欢笑声四起，掌声雷动。

《任洪渊论》刊发于《北京师范大学学报》1985 年第 5 期，

而那个时候的童老师已在担任研究生院副院长一职，他应该是可以跟校长说上话的。但为什么他会力挺任洪渊？二位老师可有特殊交情？为此我曾问过巨才老师，他的回答很干脆："没有！童老师就是爱才，所以他才会热心举荐。"而数学家王梓坤虽只当过一届校长，却在北师大大有口皆碑，他开明、谦逊、民主，敢做敢当。"学者王梓坤从无奴颜媚骨，不管面对领导、老师，还是职工，他都持同样的平等态度。"[1] 这是王梓坤传记作品中的说法。现在想来，也正是那种天时地利人和，才成就了任洪渊的上职称佳话，那也是20世纪80年代的佳话。

然而，90年代的任先生再上教授职称，却颇不顺利。易晖说，他们这届95级硕士是任先生的关门弟子，"他带完我们，就以副教授的身份退休了。这样一位享有盛誉的诗人、学者，这么一位广为学生崇拜的教师评不上教授，这是僵硬的学术体制、盘根错节的学院政治使然，也与他傲然不群的个性有关"[2]。王陌尘说："那天他告诉我最后一次评教授的经过，言辞有些激愤。我跟他开玩笑，您有诗人这个桂冠就够了，要那么多帽子干吗？帽子多了不就成了戴高帽？他哼哼了一下，神情还是很落寞。"[3]——这是来自他学生的说法。而我在程正民老师的回忆录中看到的情况是："有位老师没评上教授，也快到退

1 张英伯：《天道维艰，我心毅然：记数学家、教育家、科普作家王梓坤》，哈尔滨：哈尔滨工业大学出版社2017年版，第177页。
2 易晖：《那位我敬仰的先生走了》，《中国科学报》2020年9月1日。
3 王陌尘：《你是大地上璀璨的诗心：纪念任洪渊先生》，《美文：上半月》2021年第5期。

休年龄了，我们动员他'提退'，照样算是教授，他坚决不干。我到他家谈了一个晚上，说这样做不仅解决了职称问题，家里住房也可以随之解决。这位老兄就是不干，我们也只好尊重他的意见。"[1]程老师后来告诉我，"这位老兄"就是任洪渊。但程老师很谨慎，他隐去了任洪渊的姓名，也隐去了他的回答，"坚决不干"的任式表达我还是在易晖的文章中看到的："我厕身学院，但并不以此为荣，义无再辱去躬身接受那个'同等待遇'！"[2]

斩钉截铁，掷地有声！

任先生孤傲高标，宁折不弯，他又岂能接受这种"安慰"？于是抽身而退，或许就成了他的唯一选择。

那么，曾经帮助过他的童老师可曾再度发力？我在程老师那里听到的说法是，童老师最终还是出手了，为了任先生的职称，他曾经张罗过一个关于他的诗歌研讨会。

我很好奇，便上"知网"查，果然发现有过一场"任洪渊诗与诗学研讨会"，时间是 1995 年 10 月 17 日，举办者有五家单位：北京师范大学、清华大学中文系、北京大学新诗研究中心、中国友谊出版公司、北京作家协会，参会和发言者则有钟敬文、邵燕祥、谢冕、童庆炳、程正民、洪子诚、何镇邦、陈建功、王

1　王志耕、邱运华、陈太胜编：《却话程门立雪时：程正民教授 80 华诞贺集》，北京：中国社会科学出版社 2017 年版，第 452 页。所谓"提退"，就是提升教授后即刻退休，不占名额。
2　易晖：《那位我敬仰的先生走了》，《中国科学报》2020 年 9 月 1 日。

富仁、王一川、陈晓明、张颐武、王家新、唐晓渡、西川、李书磊、耿占春等。[1] 推算一下，那个时候也应该是任先生反复申报职称的关键时期。那么，开此会且开得规格不低，是不是要为其职称晋升造势？

这个会议是童老师的"作品"吗？我无法确定。能够确定的是，哪怕他只是参与了其中的部分策划，也是因为那时的他已走出了学院政治的沼泽，缓过劲儿来了。然而，众多评论家对任洪渊的赞誉并没有攻克学术体制这座堡垒。

说心里话，许多年之后，面对北师大中文系的这一事件，我依然觉得匪夷所思，便只好在任先生的著作中寻寻觅觅，这是我颂其诗、读其书的动力之一。结果，那些激情澎湃的句子如万马奔腾，漫山遍野地向我涌来——

"非常好，我 13 岁才有父亲，40 岁才有母亲。大概没有什么情结或者恨结束缚我的童年。我不必害怕。因为我没有母亲可恋，也没有父亲可弑。"[2]——这是《找回女娲的语言：一个诗人的哲学导言》一文的开头语。多么奇崛的起笔！谁敢这么开门见山？

"我生命的一半，流浪在历史的乡愁里，另一半，漂泊在空幻的未来。就是没有今天。我只好敞开自己的天边，老让王勃的

1　参见黄伟林：《任洪渊诗与诗学研讨会综述》，《文艺研究》1996 年第 1 期；黄伟林：《为汉诗注入新生命：北京评论家评说汉诗任洪渊现象》，《出版广角》1996 年第 1 期。

2　任洪渊：《女娲的语言》，北京：中国友谊出版公司 1993 年版，第 1 页。

落霞挂着。敞开自己的四月，老让李贺的红雨乱落。我要有自己的一个滂沱的雨季，落尽过去的云。要有一个很深的夜晚，深得足以沉下过去的每一个黄昏。"[1]——这是此文的中间段落。如此讲述"生命"中"历史的乡愁"，多么沧桑又何其丰满，仿佛就是"以我观物"的示范！

"我读得最长久的一首诗是莱蒙托夫的《沉思》：'我悲伤地看着我们这一代的人！／他们的未来——不是空幻，便是黑暗，／而，在认识与怀疑的重压下，／他们将要在无为中衰老了。'再没有比这四行诗更能作为我们这一代人命运的写照了。……"[2]

这是血泪书，它直逼灵魂的暗角。然而，这也是发表在《外国文学评论》——用今天的话说，此乃权威、核心期刊——可以上职称评教授的重头文章，但它的确不是那种四平八稳三纸无驴的所谓论文，又的确会让评审者大晕其菜、大发其愁。为什么任先生竟敢如此行文运笔？这里面又蕴含着他怎样的向往与追求？当这些疑问在我心中冉冉升起时，答案也在他的书中浮现出来：

> 你知道我十分厌弃"书房写作""图书馆写作"。你不觉得由书本产生的书本太多了？我想由……由身体到书本。我只喜欢记下已经变成感觉的汉字。我想试试，把"观念"变成"经验"，把"思索"变成"经历"，把"论

1　任洪渊：《女娲的语言》，北京：中国友谊出版公司 1993 年版，第 17 页。
2　任洪渊：《女娲的语言》，北京：中国友谊出版公司 1993 年版，第 157 页。

述"变成"叙述",是不是理论的一种可能。我在寻找一种语言方式,把哲学、诗、历史和文化等重新写成自由的散文。说是重新,因为我们已经有过先秦散文,尤其是庄子散文。[1]

如今,我在李静的文章中已经看到,任先生的这个回答不仅关联着他自己的文章与学院派论文的区别,而且隐含着他对自己为什么没能评上教授的某种反思。[2]而我更感兴趣的是,这种做法艺高人胆大,既延续着他的老师李长之先生的写作信条——"写论文要像写创作"[3],也接通了我的老师梁归智先生所经营的论笔体写作——"具随笔之形,有论文之实"[4],甚至让我想到了那个倒霉的德国思想家本雅明——1925年,本雅明完成了《德意志悲苦剧的起源》,想以此论文在法兰克福大学申请讲师一职,却被从事文学史研究的资深教授舒尔茨委婉拒绝,因为他意识到,这位来自柏林的犹太人才气逼人,很可能会给他带来威胁。于是,他把本雅明的论文转到哲学系,那里的把关

1 任洪渊:《墨写的黄河:汉语文化诗学导论》,北京:北京师范大学出版社1998年版,第15页。

2 参见李静:《时光的碎片:忆任洪渊老师》,"单读"(公众号)2021年4月25日。

3 李长之:《李长之文集》第3卷,石家庄:河北教育出版社2006年版,第329页。

4 梁剑箫编:《君子如玉:梁归智先生纪念文集》,太原:三晋出版社2020年版,第363页。

人是科内利斯教授与其助手霍克海默。但不知他们是"有眼不识金镶玉",还是想到了"十批不是好文章",总之,他们商量之后的结论是:"论文如一片泥淖,令人不知所云。"本雅明受此"礼遇",只好撤回申请,从此再与大学教职无缘。[1]当任洪渊如此藐视那些既定的学术规范又如此不按常理出牌时,他是不是很像本雅明?当然,他比本雅明幸运一些,因为他毕竟走进了学院。

本雅明的雄心是在有生之年完成他的"拱廊街计划",任洪渊的抱负是要"汉语红移","找回女娲的语言",进而去建造一座汉语文化诗学的大厦。既然其志高远,他又岂敢说嘴呱呱尿床唰唰?他又怎能不从自己做起身体力行呢?就这样,在任先生笔下,一种特殊的文笔、文风和文体呼啸而出,给沉闷的学界带来了久违的风清骨峻、篇体光华。

口说无凭,让我们再来欣赏两段任式表达:

> 在马尔库塞的身上,通过海德格尔哲学的德语、弗洛伊德人类学的德语与马克思政治经济学的德语会合。……马尔库塞的海德格尔既改变了弗洛伊德,又改变了马克思。于是,在马尔库塞的德语里,在"解放"的终极意义上:一方面,如果说马克思把政治美学化了,那么马尔库

1 [德]毛姆·布罗德森:《在不确定中游走:本雅明传》,国荣译,北京:金城出版社 2013 年版,第 171 页;刘北成:《本雅明思想肖像》,上海:上海人民出版社 1998 年版,第 96—97 页。

塞则把美学政治化了，即把马克思的政治实现的美学倒转成了马尔库塞美学实现的政治；另一方面，如果说弗洛伊德是把历史人类学化了，那么马尔库塞则把人类学历史化了，即把弗洛伊德历史改变的力比多倒转成了马尔库塞力比多改变的历史。马尔库塞的颠倒，完成了 20 世纪思想的转折。[1]

姿势。这是一个在告别中召唤和预约的姿势，一个转过身去眺望前面的姿势。她们挥手，触摸，抱吻，交媾，分娩，瞑目……一个姿势就是人体的一组词语。你不妨累计一下，迄今为止的世界，词语比人少，姿势比人更少，换句话说，不是我们在使用姿势，而是姿势在使用我们，正像不是我们在使用语言，而是语言在使用我们一样。从安娜·卡列尼娜卧轨的姿势与包法利夫人服毒的姿势，娜塔莎飞月凌空的姿势与玛特儿吻别于连断头的姿势，查泰莱夫人丰乳的姿势与拉拉美臀的姿势，直到最近阿格尼丝转身挥手的姿势与她的妹妹劳拉两手从胸前一翻推向不可见的远方的姿势……姿势上演的人生。[2]

这两段引文，前者是对马尔库塞思想的正面解读，后者是对昆德拉的《不朽》另类分析中的延伸性联想，但其表达却同样灵动、华丽、诗意盎然、文采飞扬，是灵与肉的统一，诗与

---

1 任洪渊：《汉语红移》，北京：北京师范大学出版社 2010 年版，第 118 页。
2 任洪渊：《汉语红移》，北京：北京师范大学出版社 2010 年版，第 156 页。

思的交响。其中的每个句子又像铜管乐中的乐句一样，发出了金属般的鸣唱，仿佛他的笔指向哪里，哪里就珠光宝气，熠熠生辉，"忽如一夜春风来，千树万树梨花开"。这样的文章仿佛不是让人阅读的，而是用来拉仇恨，让人捶胸顿足的。于是我想起一个断言："任洪渊将汉语学、文化学、哲学、自然科学等诸多元素浇筑出一个文化诗学体系，融逻辑性、形象性、抒情性、想象性、科学性为一体，体现了诗性（文学色彩）、哲性（思辨性）、科学性（科学发展的佐证）的高度融合，构成了任洪渊汉语文化诗学独特的诗性表达式。"[1]这是赵思运教授在《任洪渊汉语文化诗学的本土性反思》一文中的说法，我很是认同。记得 2019 年 9 月，我为一家重要刊物审稿，发现他的这篇文章写得不俗，又想到任先生的诗学成就还远未被人充分重视，便果断决定推荐此文。但后来得知，此文未过终审，只能由它花落别处了。现在想来，这是我唯一能为任先生做的事情，可惜没能成功。

对于自己的锦绣文章，任先生也是颇为自负的。2008 年 10 月 16 日，我参加北师大文学院举办的"当代世界文学与中国"国际学术研讨会，第二天午餐时，与任先生坐在一起。得知我是童老师的学生，他说："童老师有本研究生教材，其中的一段文字是我写的。刘再复的《性格组合论》，有段文字也是出自我任某之手。后来刘再复见我，便拱手而言：'与你相比，我还略输

1 赵思运：《任洪渊汉语文化诗学的本土性反思：兼及任洪渊的诗歌创作》，《中国文学研究》2020 年第 2 期。

文采。'我立刻作答:'你岂止是略输文采？'说完我们相视大笑。我没有谦虚谨慎,而是借坡下驴,反而一下子拉近了我们俩的距离。"但说出这个秘密之后他又反复叮嘱,"此事你知即可,不必外传。许多年之后,这种事情也许会成为美谈,因为这里面有文人的互文性。"

为什么任先生舍得让自己的文字进入童、刘书中而自己甘愿做无名英雄？为什么童、刘二人愿意接受这种馈赠？本来我有些好奇,却并未打听下去,也就任由他说到哪里,我听到哪里。直到任先生去世后,一个公众号推送他怀念刘锡庆先生的文章,我才偶然从中看到了部分答案:"我在北师大的两位同代人,我亲近过的二庆,童庆炳已经走了,刘锡庆也走了。我的四周更加空旷。不能回头眺望了,中文系离我更加遥远,遥远到渐渐迷蒙,消失。为我这个还乡的陌生人,1985年,童庆炳在《北京师范大学学报》发表《任洪渊论》,15000字。1982年的刘再复评论,1983年的李元洛评论,加上1985年的童庆炳评论,是我20世纪80年代站立的诗歌三脚。一种装饰吧,我的报答是为童庆炳的一部美学论著,插图一样插写了三页当代文学文本解读。王一川有一次用他那种欲辨其意的口吻问过我,我对他惘然一笑。但是在锡庆生前,我还来不及回报一个字。其实,连我自己都不怀疑,在一个普世拜物的年代,我的这些无物而且无值的词语,岂能当作什么回赠。"[1]

1　任洪渊:《散文一样的中文系:写在二〇一八年》,"京畿学堂"(公众号)2020年8月14日。

原来如此，原来如此！然而，当我读出"秀才人情纸半张"的意味时，又不免唏嘘不已。这是老一代学者的礼仪，它很讲究，但这讲究中又透着几分浪漫，几分顽皮，还有几分打破既定游戏规则的戏谑。大概也只有在任先生那里，才能想出如此富有"诗性智慧"的报答方案吧。

　　2020年8月12日，任先生也走了。消息传来，我的第一反应居然是一组印在脑子中的画面。2015年6月17日，是童老师突然辞世后的第三天。中午时分，当《童庆炳先生生平》终于被我和姚爱斌推敲得差不多时，我带着相机去了设在童老师家里的灵堂，恰好遇到任先生前来吊唁。在童老师遗像前，他三鞠躬，眼泪也开始汹涌而出。负责灵堂前事宜的是陈太胜教授，而为了参加第二天的告别仪式，王珂、吴子林、江飞等人也已赶来帮忙，于是我们把任先生搀扶到小红楼门外，在椅子上落座，让他小憩，与他攀谈，想借机宽慰他一番。但任先生没说什么，他只是眼含泪水，神情哀伤。那一刻，他是不是已感受到了四周的空旷？

　　于是我找出那天的几张照片，写了一段悼念文字，发了一个朋友圈。不久，巨才老师评论道："照片珍贵，方便时可转发他爱人小方。多少年来我敬佩他的诗和文章，更敬佩他的人品和人格。他为职称从来不向任何权势低头，从不卑躬屈膝，总是昂首挺胸漫步在诗界及学术领域。他常跟我说，研究别人都能当教授，我被别人研究却没有当上教授。屈原、曹雪芹都不是教授，与我同类！"随后他又打我电话，说："我要去送一送任老师，你来帮我关注一下文学院的动静，到时候陪我走一趟？"

"没问题！"我说，"那我就从任先生身边侧身走过！"

2021 年 7 月 20 日

赵勇，北京师范大学文学院教授，任洪渊先生同事。

当代诗歌中的踽踽独行者
——怀念任洪渊老师

李怡

　　2020 年 8 月 12 日夜，北京、成都两地电闪雷鸣、暴雨如注，不知为什么，这夏日难得的清凉却让人辗转反侧、睡卧难安。13 日上午近 10 点，沈浩波的微信朋友圈里忽然挂出一条消息：我的老师、著名诗人任洪渊先生，昨夜去世……这莫名的不安似乎得到了冥冥中的解释。

　　在北京师范大学中文系读书时，我是 1984 级，当代文学课程由刘锡庆、蔡渝嘉老师授课，无缘如伊沙他们那样亲炙任老师的诗歌课。不过因为向蓝棣之老师请教很多，所以也知道任老师的大名，在 20 世纪 80 年代，他们是北京师范大学新诗的双子灯塔。90 年代，我已经在西南师范大学工作了，王富仁老师到那里主持研究生答辩，偶然间讲起任老师的故事：因为"成果"主要是诗歌创作，难以符合北京师范大学正教授职称的种种"规定"，最后只能以副教授的身份退休。当时王富仁老师是校学术委员，为此曾多番呼吁，激愤之中，甚至抗议说这是北师大的羞耻。但是，好像在那个时候，我们的体制已经僵硬，很难在规则之外理解特殊的人和事了。任老师终于还是退休了，成了一名大学体制时代的踽踽独行者。

　　直到那时，我还没有和任老师有过近距离的接触。但是，这一段故事却令我对他产生了由衷的敬意，我暗暗寻找着一个机会，想请任老师到重庆讲学。不久，机会来了，记不清是吕进老师还是周晓风老师主持的诗歌研讨会，任老师到了重庆。我立即前往拜访。虽然是第一次相见，却格外亲切自然。在此之前，我们已经有了通信联系，他的第一部诗歌与诗学合集《女娲的语言》曾经委托我帮忙推销，估计是当时出版社派给他的任务吧。我几经努力终于推销了一些，当天见面，结算书账就理所当然成了第一要务。因为销量有限，我觉得很不好意思，支支吾吾不知怎么表达。没想到任老师完全不以为意，对账目更是毫无兴趣，几句话就转到了他对汉语诗学的最新见地之中。那些连续不断的大段落陈述，如哲学、更似诗歌的即兴抒情，你只能聆听，并在聆听中为之震撼。

第二天下午，任老师为西师中文系学生做讲座。中午，我们在家做了几个菜请他午餐，他对简单的家常菜赞不绝口。十多年后我们重逢在北师大校园，他还一再夸奖我爱人做的豆瓣鱼，为此还专门拉我们去北师大北门外吃了一顿，作为对十多年前那顿午餐的回报。那一天，我印象最深的是出发前，任老师特意表示，需要单独准备一会儿。他将自己关在卫生间里足足有半小时，这期间不时传来电动剃须刀的声音，他仔仔细细地修面，我想他也是在静静地整理自己的思想。他对自己诗学思想的传达如此庄重！这才是他的精神所系。

在此之后，我和任老师的来往就越来越多了。2006年我回到母校工作后，我们有过多次的交流、恳谈，一起参加某些诗歌活动，也通过我兼职的四川大学邀请他讲学。晚年他有一个宏大的计划，将自己的诗学心得置放在东西方思想交流的背景上系统展示，同时也自我追溯，从故乡邛崃平乐古镇的生命记忆出发，梳理自己的诗歌历程。他甚至构想着借助多媒体的表现形式，做出形象生动的传达。在北师大工作的时候，他也多次委托我寻找研究生做助手，记录下他那些精彩的思想火花。我猜想，在他的内心深处，十分渴望自己的这些重要体验能够与青年一代对话、分享，获得更多的回应和理解。

在中国当代诗歌史上，任洪渊老师无疑是一个独具才华的诗人。所谓"才华"就是：他几乎是我见过的唯一将诗歌体验彻底融进生命追求的人。与古典诗人不同，现代人很少有能够即兴脱稿大段完整背诵自己作品的，更不用说那些长篇作品了。据说这是因为现代诗歌太长，不如古典作品短小精悍。其实这不过是一些表面现象，归根结底，还是一个诗歌体验能否融入生命感受的问题。当代诗界似乎都有过因任老师的即席朗诵而震撼的经历，不仅数百行的诗句滔滔不绝地奔涌而来，准确地说，那已经不是词语的朗诵，而是生命的奔腾了！诗人的每一个词语、每一个句子，仿佛都浓缩了太多的人生感悟、太多的生命信息。他的每一声吐字，都具有石破天惊的炸裂效果，令人惊醒于深宵，动容于倦怠。

或者是对历史尖锐的凝视："我悲怆地望着我们这一代人 / 虽然没有一个人转身回望我的悲怆。"

或者是奇崛的想象传达出异乎寻常的力量："从前面涌来 时间 / 冲倒了今天 冲倒了 / 我的二十岁 三十岁 四十岁。"

或者是倔强的生命信念："他 被阉割 / 成真正的男子汉 并

且 / 美丽了每一个女人。"

他的诗学文字也是诗，思想和情绪融化成炙热的钢水一般滚滚流淌："不是什么哥白尼的太阳中心说击毁了人的宇宙中心位置，相反，正是在哥白尼的意大利天空下，人才第一次抬起了自己的头。"当然，反过来说，他的诗也是充满思想力量的诗学："在孔子的泰山下 / 我很难成为山 / 在李白的黄河苏轼的长江旁 / 我很难再成为水 / 晋代的那丛菊花一开 / 我的花朵 / 都将凋谢。"在任洪渊老师这里，思想、激情、语言共同点燃了生命爆发的火焰。他自由倾泻的"词语的任洪渊运动"，是当代中国奇异的诗歌，也是奇异的诗学。我知道前文所述"才华"一词已经太过庸俗，完全不足以承载他作为当代诗家的精神风貌。

我更想说的是他的独异性。其实，早在 20 世纪 50 年代，任洪渊老师已经在这种个人化的"诗与思"的结合中构建了自己的诗歌世界，在那场"颂歌"与"红歌"的合唱中，这是何等稀罕！转眼到了 80 年代，那些让他的学生们惊骇的抒情却又远远地游离于"新诗潮"与"第三代"之外："从地球上站起，并开始在宇宙中飞翔的人，绝不会第二次在地上跪倒。"这是什么样的艺术旨趣？浪漫主义？现代主义？好像我们发明的所有概念都还不能概括它的形态。行走在中国当代诗坛的任洪渊老师，就这样成了一位踽踽独行者——他高傲地前行着，引来无数旁观者的侧目，却难以被任何一种刚刚兴起的"文学史思潮"所收容。在一篇文章中，我曾经用"学院派"来归纳他的姿态，其实，我十分清楚，这也不过是一种权宜之说。任老师身居学院之中，也渴望借助学院的讲台与青年一代深入沟通，希望在学院中传播他的诗学理念。但是，当代的学院制度却从来没有做好理解、接纳他的准备，因为他的精神世界和精神形式本来就不是学院体制能够生成的。也就是说，生活于学院之中的任洪渊老师又是孤独的。

在我看来，任老师的孤独与寂寞也不仅仅来自学院。他的追求、理想和信念与我们今天的诸多环境都可能不无龃龉，从根本上看，一个活在纯粹诗歌理想中的人，注定将长久地与孤独抗衡。他家乡平乐的一位领导一度计划以他为标杆打造"文学馆"和"诗歌基地"，这激发了他的献身精神，他也一度将自己的诗学溯源从现代西方拉回卓文君时代，幻想乐善桥美丽的曲线如何勾勒出当代中国美丽的天空，他甚至花费了相当多的时间为家乡撰写文化宣传的锦言妙语。我有幸在第一时间拜读过这些文字，一位当代中国的诗歌大家不计报酬地为小镇的经济开发撰写文宣，这是怎样的赤诚、怎样的天真！后来，领导更换，计划调整，任老师的文学奉献之梦也宣告破灭。不难想象，他曾经多么失望。不过我也想过，对于长久独行于当代诗坛的他来说，这种破灭也许真的算不了什么。孤独固然是一种不良的心境，但任老师却总能将挫折转化为一种倔强的力量。

有理想的人似乎注定要度过许多的孤独与寂寞，古今中外概莫能外。如果没有被环境所窒息的那些理想最终能够成为我们宝贵的精神财富，那么对任洪渊老师来说，多少也是一种宽慰吧！

2020年8月13日早上，一夜狂风暴雨之后，雨过天晴。北京的朋友纷纷在微信里晒着长天如洗、西山在望的美景，成都的朋友也不断贴出蓝天白云、彩虹横空出现的靓照，这是人间之劫后的补偿？我想，任洪渊老师也能穿过这风雨之后的彩虹，到达他诗歌的天堂吧！

李怡，四川大学文学与新闻学院教授，任洪渊先生的学生，北京师范大学1984级本科生，2000级博士研究生。

与任洪渊先生相关的点点滴滴

桑克

20 世纪 80 年代的诗歌氛围，与现在传说的理想化描述并不一样，也是什么都有的。虽然写诗、读诗在不少人那里受到了尊重，但是在更多人那里还是会受到讽刺甚至打击的，否则就不会有流产的诗歌朗诵会以及种种打压的事了。

在学校和中文系，写诗其实是不怎么受到鼓励的。不过，写诗的人并不在乎这个。

考进北京师范大学中文系之后，我很快就和写诗的同学走到了一起，主要人物就是伊沙和徐江。侯马虽然是后来才写诗的，但是也经常和我们在一起谈诗。到了 1988 年的时候，写诗的同学还组织过一个感悟诗派，其中宣言的语言部分是我执笔的。

任洪渊先生是我认识的第一个诗人，这是我一辈子的幸运。

任先生是直接给我授课的老师，用东北话说就是亲老师。在见到他之前，我就从蓝棣之先生的课上知道了他的名字。蓝先生把任先生的诗打印成一本 16 开本的大册子发给每一个学生。这本大册子我至今还保留着。任先生的诗让我大开眼界，无论写作技术还是写作意识乃至诗歌美感，都让人向往流连。

后来轮到任先生给我们上课了，那是更让人开心的事了。我们可以大大方方地读诗、谈诗，而不必顾及一些人的冷眼。任先生性情率真，经常谈论他在诗中描述的妻子 F.F，以至于 85 级的同学们相聚的时候说起任先生，都会想起他满怀爱意地谈论妻子的场景。这对一个人的心灵是有滋养的，何况是一个年轻诗人呢？

有这么多喜欢写诗又喜欢任先生的同学，任先生完全可以把自己的美学观念强硬地灌输给我们，但事实却是我们每个人写的都不一样。这和任先生的宽容胸襟有关。他的放养方式让我们每个人都成为独立的自己。我是很多年之后才意识到这一点的，所以我在内心里非常感激任先生给了我自由选择的机会。这个事当时我还和伊沙交流过，他也有同感。

有一次上课，任先生把诗人顾城请来给我们谈诗。当时顾城好像没工作，穿的风衣也是脏了吧唧的，但是说话很美，像做梦一样，这让我们了解到诗人也是有不同类型的。还有一次上课，任先生干脆把课堂让给当时还没有出名的歌手张楚，让他一首一首地唱歌。

任先生境界宽广。有一阵子我和侯马还讨论过，还动过写任先生诗学思想的文章的念头，结果是越读越觉得任先生的广阔——宇宙万象、哲学百科、文理科技……很难把握。我发现任先生是继昌耀先生之后最难描述的诗人。有的诗人是因为无话可说而令人失语，而任先生却是因为他的内涵过于丰厚而令人觉得怎么说都难以企及他的本相之万一。

当年，洛夫先生主编的《创世纪》刊登我的作品，并且给了我不低的评价，可能也是看在我是任先生学生的面子上吧，这对我是极大的鼓励。

有一年筹备一个诗歌活动，准备请邵燕祥先生和任先生参加。我打电话给任先生，问他的身体状况如何，能不能参加需要体力的活动，他在电话里高兴地说他的身体非常好，完全没问题。活动后来没搞成，弄得我心里也很不是滋味。

这么多年，我见任先生的次数并不算多，但是每次见到，都会抓住机会请益，谈诗谈政治，谈各种人与事。在许多事情上，我们都会达成一致，而没有任何年龄上的隔膜。

任先生的真与直，都是让人非常钦佩的，他是一个真正的诗人，无论是从诗艺还是从做人。我为自己能有这样一位诗人老师而感到骄傲。

2020 年 7 月 22 日

桑克，诗人，任洪渊先生的学生，北京师范大学中文系 1985 级本科生。

永远的任老师

老 G

一

5 月底的时候，沈浩波电话告知，任老师病了，情况不是太好，侯马正在给他联系医院，他自己则按照任老师的愿望，开始着手整理出版老师的全集。

老师入院第三天的晚上 8 点多，我和伊沙判断这个点他应该没有休息，病房里的人也不会太多，就拨通了电话。免提电话中，老师声音洪亮，但一听就知道是那种喊出来的洪亮，他没有更多谈及自己的病情，只是努力说着话，试图通过轻松的语气向我们表示自己没有大碍。他对医院的治疗条件十分感激，侯马给他联系了最好的医院和最好的医生，病房是单间，他说："这里是高干病房。"他一直在慨叹，自己一介平民，一个普通的大学老师，没有想到生病了能获得这么好的救治。

从 2019 年 5 月 29 日任老师来我家小住，到接到沈浩波的电话，整整一年时间。

原本以为过去的一年会像以往一样，与老师见面、畅谈诗歌，看他一个小老头精气神十足、不服老地和我们这一帮逐渐迈入中年的学生打成一片，然后告别。间或打个电话，或许半年、一年都不联系一次，不急迫，也不刻意。

但生命从来都不像沙漏，会一直不疾不徐、平心静气地镌刻时光的流逝。老师从生病到离世，只有短短两个半月的时间。这期间正逢北京疫情，出行管控严格，我们赴京探望老师的想法起而止、止而息，尽管沈浩波他们都很悲观，但我们一直期待着生命的奇迹。

8月13日上午11点，在侯马、徐江和我三家的微信群里，侯马发了任汀与他的微信截图，告知老师已于昨天晚上9点多去了。尽管不觉意外，但还是震惊、发蒙！

晚上回家才看到任汀给我发的短信：我父亲昨晚21点49分走了，他走得平静安详。

接下来的几天，朋友圈完全被任老师的诗歌与照片占据，大家都在以不同的方式追思、悼念这位北师大诗歌之魂。

我们委托在京的好友周葵代我们参加老师的遗体告别仪式。侯马和周葵通过微信向我们直播了仪式的全程。侯马说："大雨一直在下。灵柩一动，瓢泼而至。"我看到了伞下哀恸的傅琼，从眼睛到心底都是潮湿一片。西娃说，任老师已经瘦得失了形。老师本就身量不大，疾病后期进食困难，怎么能不瘦。在京的几位同学、朋友在此之前都问我们是否来参加老师的告别仪式，我们不是不想，是没有勇气，我们宁愿在心中保有老师一直以来既清高又亲切的形象。

二

20世纪80年代是诗歌的年代，流派林立，诗人辈出，北师大 85 级除了现在依然活跃在诗坛的伊沙、侯马、徐江、桑克外，还有已经离世的陈建中（钟品），以及吕兰亭（冰马）、孙立新（犁辛）、黄祖民（海童）、焦清超（蓝轲）、张慧雯等，当然，还有我以及若干悄悄写了诗压在枕头下不愿示人的同学。伊沙入学后不久在学生食堂门口贴了张文学沙龙的海报，龙飞凤舞的字写在一张旧报纸上，地点就是他们宿舍：西西楼305室。响应者之众，令人瞠目，尽管没有延续很长时间，却足以说明那个年代的文学氛围之浓厚。当年活跃在中文系的文学社团一个是五四文学社，一个是太阳风诗社，太阳风诗社的副社长就是和伊沙、侯马、徐江同一宿舍的孙立新，他是从物理系转系过来的。对中文系学生诗歌创作影响甚深的老师有蓝棣之、任洪渊，当年他们对学生来讲是神一般的存在。值得一提的还有郑敏老师，她是九叶派诗歌的代表人物，只可惜身在外语系，与中文系的同学少有交集。记得大概是二年级的时候，经外语系一位叫晓斌的诗友介绍，郑敏老师开设了英美诗歌欣赏课，专门用一章节讲美国当代诗，伊沙和我偷偷溜进郑老师的课堂，美美地听了一节课。她那次讲的是金斯伯格的《嚎叫》，中英双语毫无障碍地转换，让我们感觉到一种高山仰止般的"隔"。在大学期间，我与郑敏老师的交集仅此一次。

第一次见任老师，是在 1985 年 12 月中文系 81 级的当代文学课上，他请来了当时红极一时的朦胧诗人顾城做随堂讲座，得知消息的我们纷纷赶去蹭课。在大家热切期盼的目光中，任老师和顾城出现在门口，教室内顿时响起一片兴奋的惊叹声。那种氛围，在今天也许只有当红的流量明星才能拥有。与白皙明净的顾城相比，任老师显得老相，尽管那年他还不满 50 岁。我最初的印象中他就是一个老头，头发也是灰色的，以至于多年以后我跟任老师开玩笑说，从外貌上看他的 50 岁和 80 岁似乎区别不大，只是头发变成了银色。那时刚入学不久的我们并没有太多地关注任老师，以为他只是一名写诗的普通大学老师。

第二次见任老师，是在 1986 年春天的文学概论课上，讲到作品论诗歌的部分时，刘谦老师请来了他。估计没有几个诗人可以大段大段地背诵自己的诗作，但任老师可以。他低矮的身体站在高大的讲桌后面，舒缓而深情地脱稿朗诵自己的诗作，激越而极富感染力，瞬间就将我们带入了他的诗歌世界。

大三的时候，任老师开始教授我们当代文学。

可以想象在当时极其狂热的诗歌氛围下，任老师担纲教授中文系 85 级的当代文学，同学们是多么狂喜而期待。当他在黑板上挥笔写下余光中的诗句"这个少女很四月"时，我们几乎惊呆了，词语使用的颠覆性改变让我们逼仄的文学意识和遣词习惯快要消化不良。在之前的观念里，四月只是一个时间概念，而任老师带领我们进入了另一个词语世界，在那里，词语有了颜色，有了味道，有了情感。

任老师给我们打开的不只是词语的世界，还有大陆之外的诗歌世界。我们的中学时代处于 20 世纪 70 年代末 80 年代初，中国正处在改革开放初期，文化贫瘠，知识匮乏，那时大家的口袋都空空如也，没有几个家庭有闲钱购置像样的藏书，涉猎的文学名著更是有限。记得我那时从邻居家得到一本翻得稀烂的《红楼梦》，如获至宝。文学概论第一节课上，刘谦老师让同学们把中学时读过的文学名著的名字写下来交给他，大部分同学都凑不够半页纸。如果说我们尚能读到些英美的古典名著，那么台湾地区的文学对我们来说绝对是一片空白。所以当任老师把台湾诗歌泰斗洛夫的作品介绍给我们的时候，我们还在回旋着郭沫若"大快人心事，揪出'四人帮'。政治流氓、文痞，狗头军师张，还有精生白骨，自比则天武后……"的大脑，被一句"左边的脚印才下午，右边的脚印已黄昏了"彻底征服。洛夫的诗以巨大的语言张力、独特浪漫的视角写出的时空感让我们叹为观止。任老师说洛夫的诗情点燃了他的诗歌创作，而他课上的洛夫点燃了我们对台湾地区文学的浓厚兴趣。我们开始阅读台湾诗刊——《创世纪》《蓝星》《现代诗》《笠》……开始近距离接触台湾诗人。杨平是任老师介绍我们认识的第一位台湾诗人，从在五四文学社的一次座谈开始，他成为我们认识台湾诗歌的一座桥梁。通过他，我们结识了台湾的管管、张默、大黄、碧果等一大批诗人，并开始与他们进行深度的作品交流。

　　20世纪80年代是任老师诗歌创作的丰盛期，几乎每周的课上我们都可以听到他的新作。《她，永远的十八岁》《司马迁 阉割，他成了男性的创世者》……虽然在北京生活了大半辈子，但任老师乡音未改，川味浓郁的普通话极富韵味，瘦小的身体里蕴含着火山一样的激情。我们最期盼他读写给F.F的诗，起初我们不知道F.F长什么样子，只知道她是任老师的最爱，一个被缪斯女神眷顾的女子，拥有48种美丽的女子，比唐诗还诗，比宋词还词，阳春白雪，素服华冠，任老师抛撒给她的花多过由春到冬、由冬到春一切已开未开的花束。任老师在课堂上毫不顾忌讲台下85级中文系女生的感受，恣意地"撒着狗粮"，让我们对F.F既羡慕又忌妒。如果有谁说偶然在校园里碰见了任老师和F.F，身边定然会围满一众女生百般打听。有一次任老师邀请诗歌评论家李元洛给我们做关于台湾诗歌的随堂讲座，意外的惊喜是F.F和任老师一起来了，她一袭风衣，气质极佳，确实是我们心目中女神的样子，那天她绝对抢了李元洛老师的风头。不得不说，任老师的传奇爱情影响了我们的趣味，我发表作品时始终署名"老G"，与他的关于"F.F"的命名不无关系。

任老师的课堂也是开放式的。1987年12月，伊沙的中学同学、在西安读大学的摇滚歌手张楚辍学来到北京，就住在伊沙他们的宿舍，一把吉他、几首歌就是他全部的行李。张楚早期的歌词抒情、浪漫，像《太阳车》《失落城堡的居民》等，是歌词，更是诗。伊沙找到任老师，希望给张楚一次在当代文学课堂上给大家演唱的机会，没想到任老师一口答应了。每一个中文系85级的同学都清楚地记得那次虽然短暂但别开生面的演唱会：在教一楼101教室，任老师邀请张楚上来，把自己的讲台让给了这个寂寂无闻的毛头小子，自己则走到教室第一排座位上，像一个学生那样规规矩矩地坐好。一个花絮是，我们年级一位漂亮而性感的女同学，在众目睽睽之下直接从教室后面走过去，坐在了第一排任老师的旁边。那是我们都想去坐但不好意思去坐的位置，她勇敢地坐了过去，引起几个男生的嘘声和一阵善意的笑声。沈浩波说，任老师培养了中国当代诗歌的半壁江山，可能任老师自己都不知道，日后成为"魔岩三杰"的张楚那时正茫然、无助，他的举动给张楚带去的是激励和温暖，多年后张楚依然记得那次非正式演唱前的激动和忐忑。

三

　　任老师是老师，更像是父亲，他的诗文高邈不尘，但他在生活中却十分接地气。

　　像天下所有父母一样，我与伊沙都期待儿子吴雨伦是应试天才，能让我们毫不费力地享受别的家长艳羡的目光。而现实是雨伦的成绩总是不尽如人意，小学时甚至在语文方面也表现平平，让我一度颇为烦恼。

　　那段时间关于孩子的学习问题我与任老师进行过多次电话交流，向他请教教育之道，我知道任老师的女儿任汀学习成绩很好，一直是任老师的骄傲。任老师给我讲了三点：第一是一定要给孩子选择最好的学校，这不是虚荣，而是为了给孩子最好的教育环境。第二是一定要与班主任处好关系，要学会"巴结"老师。谈到这一点时任老师特别强调，我们一不巴结有钱的，二不巴结有权的，我们巴结有知识的。第三是一定要让孩子在班里当个小干部。现在的孩子都是独生子女，饭来张口，衣来伸手，要培养他们独立行动、独立思考、有担当、敢于负责的品质。我把任老师的话视为教育孩子的"圣经"，并身体力行，铆足劲让吴雨伦上了西安最好的中学。尽管在那个竞争激烈又残酷的学校，吴雨伦备受煎熬、饱经挫败，却练就了很强的心理素质和抗击打能力，在挫折中能够处变不惊，像一只坚韧的乌龟一样始终叼着别人的尾巴，没有走到前面，却也始终没有掉队。2014年吴雨伦考入北京师范大学电影系，成为他曾祖母、我和伊沙的校友。

吴雨伦考上大学后，我第一时间给老师报喜。那时任汀已经考入哈佛大学一个极其难申请的学院，好像是生命科学学院，任老师特别自豪。我和伊沙违心地议论，老话讲"人瑞得子多神童"，任汀这么优秀，肯定与任老师和F.F年龄差距较大、任老师大龄得女有关，哈哈！那一刻，我真恨不得伊沙能比我大上十几岁。不用说，任老师就孩子上大学以后的发展又给了我极为中肯的忠告，那就是：必须让他学好外语！必须引导他去找到自己明确的方向！我确实明白这其中的道理，但我做不到了。孩子大了，像风筝越飞越远，我能做到的，就是确保自己手中的那根线不要断。吴雨伦大学四年，写诗、写剧本、拍摄电影短片，日常生活中低调羞涩的他在北国剧社的舞台上参与演出了一堆话剧，但他对英语始终提不起兴趣，托福成绩成为他出国留学的唯一短板，真的有负任老师在他成长过程中持续不断的关注和指导。

四

大学的师生关系相对比较松散，大部分老师都是课上粉笔一扔，课后隔空相望，倘若不是特殊的缘分，毕业后见上一面很不容易，能有机会接待自己的老师更是件难得的事情。我比较幸运：2005年左右接待过已经在珠海分校文学院工作的刘锡庆老师；2019年5月底，任老师应邀来陕西参加《新世纪诗典》商南诗会，我极力邀请他会后在西安玩几天，这是我和伊沙一直以来的心愿。任老师说他只有三天时间，之后就要赶回四川，学长李怡给他安排的课程录制已经进入尾声，他要过去完成最后一节课程。

为了准备接待任老师，我把他到西安的每一个细节都考虑到了。首先是住宿，当然不能住在酒店，他一个 82 岁的老人家单独住酒店我们不放心，住家里更方便我们照顾。然后是饮食，西安的特色美食比较多，我们计划带老师品尝羊肉泡馍、粉汤羊血、肉丸胡辣汤、biangbiang 面等，这些都好消化，适合老年人的脾胃。最重要的当然还是要到景点去逛一逛，包括秦岭的自然风光，西安得天独厚的历史文化资源——钟楼、城墙、大雁塔、兵马俑……好像没有一个星期的时间是逛不完的。还要有次大聚会。去年刚好是我们毕业 30 年，同学们正在群里讨论 30 年毕业大聚在哪里举行，我们计划把北师大中文系 84 级、85 级在西安的同学都叫过来。还有什么比和自己的老师一起聚会更有纪念意义呢？

但是任老师似乎对吃和玩都兴趣不大，带他去吃西安小吃，他只选择了一碗面。我还暗地里惭愧，想到与四川美食的极端味蕾体验相比，西安小吃真的是小巫见大巫，难怪老师吃得没有兴致。唯独聊天时老师精气神十足，走到哪里聊到哪里。大唐不夜城的夜景美不胜收，游人如织，各种秀场一个接着一个，但在老师眼里似乎不存在似的，他只关注诗歌，跟维马丁聊，跟伊沙聊，从晚饭后 7 点开始一直到深夜 11 点，从唐城墙遗址一直到大雁塔，侃侃而谈，毫无倦意。那个晚上璀璨的大唐不夜城存在的价值，就是做了这个不知疲倦的老人家聊天的宏阔背景。

那天晚上我一直担心把老师累坏了，因为他毕竟已是耄耋老人。我没有照顾老人的经验——我母亲与任老师同岁，心脏不太好，有一年从老家过来，在我家住了一个星期，因为担心她心脏病发作，晚上我要起来好几次到她房间看她，呼吸重了我担心她心脏不舒服，呼吸轻了我会惊得一身汗，要去探一探她的鼻息，搞得母亲也不胜其烦，说自己没病也被我吓成心脏病了。对待任老师也是如此，晚上起来了几次，隔着门缝听到里面轻微的鼾声我才放心。早上起床后谈及此事，任老师对自己的身体倍儿自信。也是，他具备了长寿老人的所有特征，没有心血管疾病，胃口不错，体力充沛，爬山不输年轻人；精神极佳，思维清晰，保持着对诗歌的热情和独立精神，还几次提及要写一篇关于伊沙诗歌的评论。我们都毫不怀疑，任老师活到 90 岁没有什么问题！

任老师在西安的三天时间里，吃了什么，玩了什么，我都快记不清了，唯独对老师讲了什么记忆深刻。他讲他的故乡邛崃，他的童年，从不在场的父亲，传说中美丽的母亲，颠沛流离的生活，无从依傍的少年岁月；他讲他生命中的两个奇迹，一个让他 40 岁的生命再次回到 20 岁，一个点亮了他生命的第一弯新月——F.F 和任汀，夫人和女儿，无疑是他生命中的两道光。他讲到 F.F，音调都温柔起来，讲她比自己强，会开车，从家里到他在北师大的"办公室"一般都是 F.F 开车送他。"她也老了"，任老师说这句话时声色黯淡，充满不舍，他心中的她要永远 18 岁！任老师离开西安前，在西安的 84 级、85 级中文系的同学伊沙、李兆红、徐三雄、杨燕生等一起在曲江池畔的一个酒家给他送行。任老师仿佛再次回到了课堂上，他讲北师大诗群，每个人的诗歌特点和性格特点他都悉数掌握，如数家珍。他讲散文一样美丽的中文系，他工作了20多年的地方……听任老师讲话是一种享受，他那高亢的激情、抒情的语调、诗意的语言，一气呵成，像演讲般激越，让毕业后浮躁了30年的我们，在聆听中感受到一种浪漫和宁静。

五

2020年8月12日任老师遽然离世，再过两天就是他的84岁生日。

于我们家而言，失去了恩师，如同失去了一位长辈，失去了精神上一直以来的依赖和慰藉。

他的世界，并不包罗万象，实际上他一直是孤独的，躲在中文系里为自己挣得一方平静的书写之地。

他的创作量并不大，他对自己每一首作品的诞生都像对待一个精心备孕的胎儿，精雕细琢，词语无限伸展，思维汪洋恣肆。

最近一段时间，我们家的朋友圈里都是任老师的诗文和追忆他的诗文，吴雨伦写道：

送任洪渊先生

难能与

众师之师

任洪渊先生的见面

是在磨铁读诗会上

从先生的朗读中

看到一代文人的

骄傲　热情

焦虑

遗憾

愿造物主在天有眼

还先生以安宁

伊沙写道：

毕业风景

31 年前的夏天

毕业前夕

我和老 G

流连在小广场

附近的长椅上

看见任老师

带着小女儿

在广场上玩

他们玩得

那么投入

老 G 说：

上去告个别吧

我说：

别打扰他们

反正以后还会见

　　老师的告别会我们没有去参加，我们想对老师说："不叨扰您了，反正以后还会见面！"

老 G，原名葛明霞，陕西交控集团干部，任洪渊先生的学生，北京师范大学中文系 1985 级本科生。

你是大地上璀璨的诗心

——纪念我的导师任洪渊先生

王陌尘

20 岁时的我是不惮于"立言"的，也不怕拿出去"示众"，就靠着满纸胡言乱语混到了任洪渊老师身边。因为是保送生，没经过什么考试，莽撞地找到任老师时，他说你先回去写首诗给我看看吧。我豪迈地说，现在就写给您看，直接坐在他的书桌边铺开纸就写开了。写了些啥现在已经完全不记得了，只是之后真入师门，听任老师说诗、讲诗，自己却再也不敢写了。那一年我本该有个真正的诗人师兄，无奈他英语考试没通过，任老师为他奔走吁求也不管用。若真参加研究生考试，我的英语估计比他还惨。英语成绩和诗学研究有什么关系？与这么没逻辑的联系比起来，我大笔挥出的终究还是汉字，这是日后想来任老师那么孤高的人肯收我入门的唯一原因。之后任老师又为更不讲逻辑的教授问题奔走无果，可见诗人的人文价值起码在任老师这里没有能够让古老的北师大高抬贵眼。而任洪渊确乎是与穆木天、郑敏齐名的，给北师大带来人文异彩的大诗人。

刚入师门时同学都替我紧张。从 20 世纪 80 年代任老师以诗闻名起，在北师大就流传着不少传说。有位中文系出名的狂傲才子，说任老师一言不合，会把你连人带写的垃圾一起扔出去。还有我的美女同学，暗示任老师身边皆美女，我去就成东施了。一看到师姐傅琼，我确实在她大眼睛的注视下黯然了半天。之后读到成为她丈夫的侯马的诗《凝望雪的傅琼》，"可是你把万籁怎样／也不能遮住傅琼明亮的双眸"，为那双亮过天光的眼睛陷落的岂止是男人。

研究生的很多课都是在任老师家上的。北师大学生和老师的关系大多很亲密，去老师家蹭饭的不在少数。任师母人长得漂亮，家中每样物件也长得漂亮，连吃饭用的碗筷也都手感极佳。有时任老师忙着在外面开会，我就在他家和汀汀玩，等着师母回家做饭。我很自然地成为他家的第四个人，吃着师母做的精美饭食，听着任老师随意的点评。那些年诗坛旌旗招展，大师林立，我却在任老师家的餐桌旁轻松消化了对大师们的偶像崇拜。餐后任老师会泡杯好茶，在茶香中说起他最近手头上写的东西。我边喝茶边静静聆听。每当任老师说到精彩处眼睛闪亮时，我混沌的大脑中也会有闪电划过。

我自己当了母亲，带过儿子弋舟以后，才想到当年带着汀汀瞎玩其实有很多危险。任老师和师母把女儿交给我这个粗心的家伙，心可真大。记得一次汀汀渴了，我倒了杯沸水就递给她。汀汀拿起杯子就喝，烫得直哭。看着那双永远充满笑意的大眼睛洪水滔滔，我吓坏了。任老师回来却没有责怪我一句，倒说汀汀莽撞。弋舟出生不久后都是他奶奶起夜喂奶，有一天我在沉睡中突然被他的哇哇大哭声惊醒，一摸他奶奶手中的奶瓶，气得直跟她嚷嚷。现在想来月子里大家都累晕了，他奶奶稀里糊涂就把烫奶塞进了孩子嘴里。婆婆去世后我常想起这件事，十分后悔当时情急下的埋怨。当年任老师和师母一定同样非常心疼汀汀，但他们不仅没有疾言厉色，反倒宽慰我，让我不要有负担，这种善良不是寻常人能有的。

任老师给我们上课时讲的诗歌理论，基本就是"词语红移的任洪渊运动"。虽然讲稿多由师母笔画工整地抄写在大格子纸上，但任老师上课时都是脱稿讲授。他讲生命对词语的第一推动力，讲他的爱情——身体起伏的曲线，如同讲秭归屈原遗留的脚印——大地上遗落的鸽子花——水在开花——火在开花一样，每一行诗句都带着创世的清梦，如同新雨后的自然一般洁净。任老师用他全部的热情，让自己吐出的每一个汉字仿佛不是已在这个世界上晃荡了千年，而是如初生的婴儿般芳香四溢。我们无意中跟随了一个诗人，领略他掬出心中的火焰点亮了古老的汉字，让我们和他一起仰望象形文字奇异的天空。

俑

蛹

一个古汉字

在遥远的梦中　化蝶

咬穿了坟墓也咬穿了天空

飞出　轻轻扑落地球

扇着文字　旋转

（《没有一个汉字　抛进行星椭圆的轨道》）

被我们言语得疲惫不堪、破败不堪的汉字，被我们肆意污染得比大地、河流、天空还肮脏的汉字，在任老师笔下却始终做着化蝶的美梦。

我只想走进一个汉字

给生命和死亡　反复

读

写

（《走进一个汉字　给生命和死亡反复读写》）

等任老师帮我去除那些大师的偶像光环，鼓励我与任何书中的大师平等对话后，我也开始质疑任老师，问他这些书斋中的文化梦呓是否远离了现实关怀？那时任老师已经退休，他给我讲了一生经历的许多苦难，说要写一本回忆录。我后来读到他晚年唤回的"文革"间被烧毁的诗句，补写的《词语化石》组诗，才理解了他缘何那么渴望重新书写象形文字。对于一个知识分子来说，在这片土地上能给苦难中的思想些许安慰的，不也就剩下这些或许还保有不落尘埃的风致的文字了吗？在无穷尽的无妄之灾中，我们这个民族不也就只剩下词语的花朵还能传达出千年的智慧吗？现在想来，让任老师迷醉了一生的象形文字，曾那么轻易地灿烂过我们的青春。我们这些有幸聆听他讲诗的人，是多么幸运！

我出身于一个旧式家庭，爷爷是地方上颇有名望的教书先生，我们姐妹小时候是在他的板子下长大的。家中规矩很多，我到北师大后被同学戏称为"古人"。常出入任老师家，每每看到汀汀跟任老师没有长幼地玩耍，心中很是艳羡。即使在任老师评教授接连受挫的那两年，也只看到他奔忙、疲惫，却从没看到他怨怒。研究生毕业后我离开了北师大，课余还是喜欢往任老师家跑，听他讲述新得的诗句，一坐就是几个小时。中午就跟任老师去北师大后面的八番面屋，我们都喜欢那家的浓汤面。那段时间跟在任老师后面，写了好几篇诗评。现在读读《回视词语擦亮的生命夜空——世纪之交的北京文学（诗歌）》的这段结语，虽然不是任老师原话的记录，却是他思想的回声："语言活着，个体生命、民族、人类才不会死亡。人类脚下的土地和天空都界限森严，只有精神领地向往在交流中进入更为开阔的境地。当西方话语汹涌而来的时候，我们不应被其淹没，而应以新的视界沉入汉语自身，以自由的汉语言和西方话语自由对话，让人类精神在互相参照中更开阔、更宽容。"

任老师的《汉语红移》出版后，让我写个书评。文章完成后交给任老师，过了一段时间，他说原来约好的杂志要交钱发表，就算了。那天他告诉我最后一次评教授的经过，言辞有些激愤。我跟他开玩笑："您有诗人这个桂冠就够了，要那么多帽子干吗？帽子多了不就成戴高帽了？"他哼了一下，神情还是很落寞。

今天我自己在高校，如夫人扶不了正，才理解了任老师当年的心境。2014年我读到阎真的小说《活着之上》，大为赞叹，书中把高校生态写活写透了！推荐给任老师，想给他些安慰。读到《词语化石》组诗后，发现自己真是多此一举。在大动荡的时代任老师尚能做清流，悲怆地望着同时代互斗的人们，怎么会看不清高校评教授的操作规则？但他偏要用自己的才学去碰撞这些规则。他这个本性柔软善良的人，既然一心用词语来救世，便始终不肯放弃对世事温情的期待，即便人心的黑暗一次次深深地伤害过他。

我从未再见过任何一个人把文字当真看得那样崇高，包括我自己。听过任老师讲诗的人，都知道他一旦进入状态，说出的每个字都被赋予了声色表情。它们的的确确就是他在那一刻活泼泼的灵魂！这样的灵魂看一眼就会不由得被他惊觉！可惜商业时代的编辑连看一眼的耐心都没有。任老师退休后却为了这些文字对生活做了彻底的减省，直到 80 多岁了还独自住在北师大的小屋里熬字。"可以长出百家的头 / 却只有一颗 心"。这个无比骄傲的人，踽踽独行，走在一条为"五四"、为"人的文学"重新寻根的道路上。他终于又找到古老的汉字，以为那是中华文明的源头活水，那里潜藏着民族生命的活力与血性。

如今这颗战士一样不屈的心终于听从老祖母的召唤，返回故乡。白沫江水花翻卷，无数的鸽子花飞翔、栖落，载着诗人的灵魂和那些闪亮的诗句飞向长江。从这个天才少年出发的一刻，故乡似乎就期待着实现这个伟大的文化隐喻。四川邛崃平落（乐）镇，因为有了一个真正的诗人长眠于此，从此便焕发出新的人文光彩。白沫江的梨花雪霰从此便是一词一句，日日从接天的天台高峰流下，流向长江，与久已等候在那里的屈原、李白、张若虚、苏轼相遇。江水滔滔，流尽的不过是人生一世的浮华梦，而那些闪亮的诗句，正与江上清风、山间明月一起，和着隆隆江水声恣肆吟唱⋯⋯

王陌尘，原名王向晖，文学评论家，1992年师从任洪渊老师攻读中国现当代文学专业硕士学位，现任教于北京语言大学汉语速成学院。

时光的碎片

——忆任洪渊老师

李静

　　大二下学期的中国当代文学课，终于是任洪渊先生讲授了。一个瘦小精悍的中年人立于讲台上，脸庞似削，目光如电，一口清亮的"川普"时而平缓，时而激越，出口成诵。坐在座位上，我想起大一下学期，讲文学概论的罗钢教授为了让我们领会"何为自由体新诗"，念了一首当代诗："大地初结的果实和我脑中未成形的幻想／一齐在太阳下饱满地灌浆……"在大家一脸蒙的静默中，罗老师问："你们知道是谁写的吗？"谅我们也不知道，他就从椅子里站起，在黑板上写下三个字：任洪渊。"这是一位在台湾很受关注的大陆诗人（'在台湾很受关注'是那个时代进入文学殿堂的标志性评语。——作者注），他就在我们中文系任教。"同学们炸了。"他教哪门课？""能教我们吗？""上哪儿找他的诗？"……一群来自天南海北的井底之蛙初会于名师云集的北师大中文系，其不开眼的反应就是这样的。

　　大二上学期讲中国当代文学的老师，板书有个习惯：俩字一行。因此我很怕他讲到名字是三个字的作家。比如"周立波"吧，他会一行写"周立"，再另起一行写"波"。如果下一个作家是柳青呢？板书就会顺下来——"波柳"，再另起一行——"青"。一堂堂课下来，这板书就像一列列坦克，无情碾压我对文学的渴慕。我是为了当作家才报考北师大中文系的呀，可一入学，系主任对我们说什么？"中文系不是培养作家的，是培养文学研究者的。""文学研究者"……什么叫"文学研究者"？……茫然四顾，不甘心地在任课教师中寻找文学的光芒、创造的灵晕……结果呢？找到了研究文学的俩字一行板书先生。

幸亏任洪渊先生出现，才及时挽救了"文学创作"和"北师大中文系"之间行将破裂的关系。任老师符合我们所有关于"文学家"的想象：灿烂的才华，喷薄的诗情，孤高的性格，锐利的谈吐……但女生们莫名悲悯地认为，"才子佳人"这个神话，在任老师这里是绝不可能成为现实的，因为它实在太古典、太虚假了，与他示范给我们的现代美学不符。可是不久，我们就在课堂上听到他讲起他的女神妻子F.F对他诗学的开启……好吧，好好记笔记吧。

有一阵子，女生宿舍开始流传一本文学杂志，上有任洪渊老师的自供情史《我的第二个二十岁》。如此好的八卦素材岂能错过？我排队等候，拿到便读：

> 又是这双眼睛看着我。是最早的黑陶罐，洪水后存下的一汪清莹。

诗人的情话不寻常。他不说这双"眼睛"是美的，而将大洪水和诺亚方舟的典故暗置其中，暗喻这双"眼睛"是涉过人类滔天大罪（"洪水后"）的原初的纯真（"最早的黑陶罐""清莹"），承载着他的救赎。真是最极致的颂赞呀，哪个女子扛得住？

　　　　那是 1976 年 4 月的一次"大批判会"。……我们因为有自己的美、智慧、想象、激情，生来就有罪了。我们是如此害怕自己，害怕安娜·卡列尼娜的让人不能不回头的眼光，害怕蒙娜丽莎的谜一样的微笑，害怕罗丹的空白了身躯和四肢的无名无姓的《思》。

　　谁能将情话和历史反思，结合得如此天衣无缝？谁能用如此寥寥数语，在个人和历史之间无界穿行，将精神的压抑和对自由的渴望，表达得如此由内而外，举重若轻，直击本质？在我狭窄的视野里，没有，一个也没有。

　　读完文章，我的八卦之心消退无踪，对文学写作的敬畏之情油然而起——即使再私人化的素材，也要受精神之火的淬炼；再单纯的表象，也要显现背后灵性的源泉；再复杂的思想，也要穷尽语言表达的一切可能，使思想的深邃跟文字的敛净成正比——否则，不要写。此文传递的沉默的教导，震慑了我的一生。

　　由于从初中即已开始的漫长难愈的抑郁倾向，我的一切行动皆是在有意无意地寻求精神的拯救和治疗——小到读一本书，写一篇论文，大到恋爱、交友、寻师。我渴望有一道光，将自己从深渊里打捞出去，渴望奇迹降临，震碎那个让我窒息的玻璃罩。

　　可以期待而又不必自己争取的唯一奇迹，恐怕就是任洪渊老师的课了。他能做什么呢？我甚至不敢和他说一句话。可是，他有词语。他的词语显然点燃和照亮了他自己。他生于1937年，其时已54岁，但他的语言全无从"文革"中匍匐过来的痕迹（"我没有进入那个年代的词语"，他说），反而有着青春的骄傲和奇崛（是的，90年代，青春还是敢于骄傲奇崛的）："生命的影子并不具有影子的生命。艺术只崇拜唯一的，却十分轻蔑第二个。"能这样说话的人，难道不是自由的吗？难道我不该循着他的词语，找到我的词语，把自己救出去吗？我就是这样带着治病救己的心理，听他的课。"生命""原创力""创造性的""第一次命名""身与头""头与心"……是任老师随身锦囊里的关键词，它们于我，是重造生命的力。

如今中文系出身的学者，有的十分蔑视中国当代文学，认为这是许多不学之徒的寄居地，还有些"弃暗投明"之前沾染过这个专业的，也不愿再提及。但对30年前的我来说，中国当代文学是任洪渊老师勾勒的图景，充满了感性的奇遇和理性的冒险，是西方传统和中国诗学的激烈碰撞之地，是以创造为第一推动力、正在诞生和形成的新天新地。与做学问、"研究文学"相比，我感到参与构造这图景更有魅力——也许它的活力能治愈我的抑郁，使我换一个人，而做学问不能。于是我决定报考中国当代文学研究生——虽然在我这一届，任老师不招生。

1993年北京师范大学中文系中国当代文学专业的考研试卷上有一道题：试论老舍的《茶馆》结尾，"撒纸钱"这场戏的生命含义。本人一向老实木讷，却决定在此刻奉行机会主义：我认出了这道题，它洋溢着任老师的风格，那么它也很可能是由任老师来判，我要——赢他的高分！忘了都写了些什么，只记得在考场中恣意忘形地"写作"，而非"答题"，用了忧郁的笔调，将纸钱和白雪、生和死、路和坟，交织在一起。

复试时任老师在场，他矜持地打量了我三秒钟，说："把《茶馆》那道题写成了文章的，是你？"我木讷地点点头。我想告诉他，我是个投机押宝的赌徒。我还想告诉他，我一直将他的课当作救生筏。但最后还是沉默了。我的性格没有能力完成这段对话。这是我当他学生以来的第一次"对话"。然后他扭过脸去，激情洋溢地对招生导师刘锡庆先生说了些让我不好意思的话。

自此，我成了刘锡庆先生的弟子，也常到任洪渊先生家做客。

去任老师家的第一目的，当然不是讨论诗歌，而是去查看对照他的神话主人公——那位让他感到"蒙娜丽莎的笑，在她的唇边，没有成灰"的夫人 F.F，让他"天空的那么多月亮，张若虚的，张九龄的，李白的，苏轼的，一齐坠落"的女儿 T.T。她们究竟是何样的女子？那届中国当代文学研究生认为，这是我们亟须解决的首要问题。去任老师家探访以了结此问，是吾专业近水楼台的一大福利，不可不用，必须快用。

眼睛黑亮的小学生 T.T 给我们开了门，就飞速地跑开了。亭亭玉立穿着浅蓝色真丝袍子的师母 F.F 迎了出来，用沉稳悦耳的女中音招呼我们，任老师也从书房走出。笼罩在神话中的一家三口被我们尽收眼底。关于任老师新近出版的《女娲的语言》，我们展开了神不守舍、准备不足的交谈。

回宿舍的路上，我们慨叹道：师母小芳美是美，女儿汀汀可爱是可爱，我们却已无法从她们身上看到更多，因为我们走不出任老师的目光。我们再也不会把她们和路上偶遇的美女娇娃等量齐观。她们将永远是任老师笔下的 F.F 和 T.T，闪着神话的光晕。

任老师的当代诗歌解读课是在北师大老主楼（如今已是一片平地）六楼的当代文学研究室里上的，先生一人，弟子五六人，围桌而坐，闲谈模式。他手捧一个带盖的大玻璃杯，稠密的绿叶杯中翻舞，说渴了，喝一口，偶或把误入口中的茶叶吐回杯子，盖上盖，接着讲。他的思维从一个意象跳到另一个意象，话题则是哲学性的，我们经常接不住。

"为什么艾略特说'过去因现在而改变，传统因今天而改变'？为什么，你们谈一谈。"他问。

我们的阅读量填不满这个问题。

这样的挫折甚多，于是我老老实实把他的《女娲的语言》从头到尾读了一遍。他的语言有一种钻石般的坚硬质地和晶莹光泽，显示出以"智"穿透"情"，而非从"情"升华到"智"的思维。

在我眼里，任老师的言说是关于"第一次""第一个""创世纪"的狂想曲，关于"我"的主体性的交响乐。对于自我从未被建立而只是被摧毁的我来说，这是一个福音、一种信仰——对创造力的信仰。至于创造力的根基在何处，后来的我与任老师的答案不同。但那时，他是将沉沦于生命深渊中的我打捞出来的人——用他的言说和写作。他的思维方式对我有意想不到的治疗作用。它阻止了我漫漶泛滥的抑郁情绪，让我竭力从思维底部建立起坚硬的地基，以使感性的自我不至于坍塌。同时，他诗学中的紧张感——那种与伟大先哲一较高下的创造力竞争，将我焦灼的注意力从日常的琐碎荒芜引向更有价值的精神领域。他那陈言务去、从意象直抵形而上、自律到几近自虐的语言方式，惊吓和淬炼了我：面对语言时，你必须挖掘自我的全部潜力，探求表达的最高可能——这是他身体力行的写作律令。

他的两首"月亮诗"也照亮了我。一首是喜剧——写于1988年的《月亮，一个不能解构的圆》，灵感来自一则科学预言："荷兰天文学家克费德追踪着一颗流星的轨迹：它将在1992年1月7日前击碎月亮的上半部分。"诗人遥想了预言成真的图景：

> 半个月亮　永远半个
> 我向前望着我的　背影
> 一个圆的残缺
> 半个月亮的圆
>
> 力　都已弯曲成圆的
> 轨道　我等着一个坠毁的星
> 逃出一个圆又击落一个圆　撞破我的
> 　月
> 　年

接下来的诗句，揭示了伟大诗人在人类的精神天空中恒星般的力量，和作者自身作为诗人的信念：

> 可惜没有一颗星的速度
>
> 能够飞进李白的天空
>
> 他的每一轮　明月
>
> 照　旧圆

　　我永远热爱这一句。尽管预言没有成真，现实的明月和李白的明月都好端端地挂在人类的头顶，使这首回应之诗有了喜剧色彩，但它吹响了创造者得胜的号角——精神的光芒在物质宇宙的无情巨变面前，将无损分毫。

　　另一首则是悲剧。1969年7月20日，美国"阿波罗11号"飞船上的宇航员踏出人类在月球上的第一步。1985年，诗人以《最后的月亮》，完成他与"月亮上的第一步"的对话：

> 几千年　地球已经太重
>
> 承受我的头脑
>
> 还需要另一片土地
>
> 头上的幻想踩成现实　承受脚
>
> 我的头该靠在哪里
>
> 　　人们望掉了一块天空
>
> 　　我来走一块多余的大陆

　　这首诗显示了何为诗人独有的视角。当举世都在为人类登月而欢呼时，唯有诗人在哀悼——"头上"皎洁了数千年的"幻想"被"脚"踩成了"现实"，成为一块像地球一样平常、可行走于其上的"多余的大陆"。"最后的月亮"，"阿波罗11号"登临之前那夜的月亮，"比夹在唐诗宋词里的／许多 月／还要 白"。那是最后的浪漫之白，告别的悲伤之白。自此，被困在地上的"我"永远"失去了 一块逃亡的／圆"——曾经任凭不可企及的神话、想象和思念驰骋其上的"圆"。人多么需要一个"不可企及之物"来承载寄托，而圆缺变幻的月亮又是多么完美的承载者！当"不可企及"变成"触脚可及"，划时代的幻灭来临了："缀满一代一代／圆圆缺缺的 仰望／突然断落在我的夜里。"诗人用一首短诗，揭示出科学／行动带来的进步／揭示，与未知／灵性所孕育的神秘／丰饶之间，永远的张力与悖论。

　　一个人如何敞开自己的生命，与辽阔的历史、当代、文化同在？如何敞开自己的写作，跟"与己无关"的"他者"做灵魂的对话？他的"月亮诗"提供了方法。此前，我习惯了诗是一种微观的生命样态：有形象，有根须，有呼吸，有情感，哪怕反抒情，也是一种情感。但任老师的诗不是这样，它们多由意象直接跃向观念与哲思，由此爆发出意志与认知的激情——来自"头"而非"心"的激情。显然，他的诗属于极少数派。对多数人来说，激情属于心，用以作诗；理性属于头，用以哲学。但任老师让哲学的头激动了起来——日神饮了酒神的酒，思维穿透直觉而起舞，而非直觉先于思维而舞，或只有直觉之舞、思维原地踏步。这使得他的诗虽坚硬却具有开启的能力，与我后来喜爱的彼得·汉德克的戏剧性质相仿。我曾赞叹汉德克深具"那种哲学的本能，那种将理念的骨骼化作创造之血肉的本能"，任老师亦如是。他是第一个向我启示"灵智"写作道路的人。

既然看到了光，就想用他的诗学填充我心中最深的黑洞。

1993 年到 1996 年读研期间的大学校园，弥漫着萎靡混沌的气息。谁也不知道"我从哪里来，要到哪里去"，也不再流行思考这种问题。诗歌不再是时代的冠冕，诗人的光环逐渐黯淡，新时代的文化英雄们一视同仁地嘲笑着真假正经，任何一种"严肃"都为人所不齿。一批知识分子遂奋起讨论"人文精神"，并将"反对崇高""精神堕落""犬儒主义"的指控加给了时代新宠王朔。但道德姿态下的价值内核是什么？意义与自由的源泉在哪里？让一个人战胜虚无和哄笑的精神支撑在哪里？却也没人说得出。

我感觉自己就像纪德的《伪币制造者》里无力自卫的小波利——他因受不了"现代主义者"日里大尼索的嘲弄，开枪自尽。我呢，也找不到安然活着的理由。耳边尽是解构者的哄笑声，令我羞愧欲死。一个下午，任老师点评完我的论文作业，就酝酿结束的气氛，我却坐着不动。

"任老师……"我嗫嚅着。

"嗯？"

"您觉得，活着……有意思吗？"

"什么？"他大概不相信会听到这个问题。

"嗯，我是说……让您不断地想要'创造''创世纪''第一次命名'的，让您相信'生命不能被照亮，只能自明'的，是什么呢？如果一个人，她自己没有力气'自明'，怎么办呢？如果她连自己的生命都感到没有存在的价值，那还怎么去创造呢？"

"你为什么这样看待自己的生命呢？"他大概感到了，这是个笨拙的求救信号。

"我刚读完王朔的小说集……感到一种富有魅力的残忍和凶猛，将我讨厌的东西变得可笑……可同时，不知道为什么，它使我看自己也是讨厌和可笑的……这是一种压倒性的力量，这种发出哄笑又讨人喜爱的残忍和凶猛，做了这个时代的主人，不但戏弄我讨厌的东西，也戏弄一切严肃、干净、认真的东西，我感到亲近、合乎本性的东西……这使我感到孤单，像丧家犬，跟一切都无分，只活在一片哄笑声中……我试图用您的诗学跟这笑声对抗，但是没有用。'创造？自明？第一次命名？你说什么呢？你能说人话吗？'耳边都是这种声音。一切都是虚无，都是可笑。我想把严肃、干净、认真像铠甲一样穿在身上，去抵抗那哄笑声，却做不到。因为我不知道严肃、干净、认真的理由是什么。那不过是我的喜好罢了，并不一定是个真理。就像残忍、凶猛、哄笑虽不是我的喜好，却不一定不是真理一样。因为毕竟我没办法证明，虚无是不对的。相反，似乎所有事实都在证明，一切都是虚无。那么，他们就是拥有真理的一方吧？可我又不喜欢这个真理。我该怎么办呢？我无法让自己面目全非，去适应这个真理。但是，我自己的面目是什么？在这样的自我厌弃中，我已失去了自己的面目……任老师，我的脑子很乱，我整天想的就是这种东西，感到一切都没有意义。我没法像您说的那样'自明'和'创造'，因为我里面没有光，也不知道光在哪里……我不知道该怎么办……您听不见这种哄笑声吗？您……您怎么办呢……"

奇怪的是，任老师毫不奇怪地听着我语无伦次的倾诉，露出悲哀的神情。

"……怎么办呢？只有忍耐，不期待分食的光荣。听我们自己里面的声音。如果你听不见，至少你知道自己不会长出咬人的牙，不会把残忍、凶猛、哄笑加给和你一样痛苦的人。"

他说这话时，我想起他书里的句子："那是 1966 年可怕的夏天……我害怕被斗，更害怕斗人，做一个观斗者我尤其感到痛苦。我只能三者择一，选择第三种，没有第四种角色留给我。怯懦，清醒的怯懦：人的一切都已丧失。"

每个时代都有我们无力改变又必须忍耐的东西。他秉持一种"消极的道德"，在它愧疚而清洁的微光中，坚守自己的创造。我至今相信这种"消极"比道德高调的"积极"可靠得多。当积极的道德红利（无论属于哪一方）被支取得狼藉遍地时，我感激这微光的烛照，并且谨记：在时代的喧嚣里，"不期待分食的光荣"。

研究生毕业后，我到《北京文学》杂志社工作了 4 年。曾以"静矣"署名，责编他的长文《语言相遇：汉语智慧的三度自由空间》。任老师大为高兴，筹划着出版《墨写的黄河：汉语文化诗学导论》时，用一篇对话录作序言，邀我跟他对谈。

我哪有对谈的功底，顶多当个发问者。对话持续了十几个上午，最后由任老师定稿。过程中免不了谈到他没评上教授的原因，我问他有没有意识到自己的文章和学院派论文之间最根本的区别，他说出了一段著名的自我概括："你知道我十分厌弃'书房写作''图书馆写作'，你不觉得由书本产生的书本太多了？我想……从身体到书本。我想试试，把'观念'变成'经验'，把'思索'变成'经历'，把'论述'变成'叙述'，是不是理论的另一种可能。我在寻找一种语言方式，把哲学、诗、历史、文化等重新写成自由的散文。说'重新'，是因为我们已经有过先秦散文，尤其是庄子散文。"

可见他的雄心。任老师文体意识极强，且一以贯之。他厌弃"图书馆写作"，可他谈罗兰·巴特、德里达，谈尼采、叶芝、弗洛伊德、加缪、马尔库塞，谈"词语红移的曹雪芹运动"，无不来自图书馆而又融化图书馆，化字为血，让古今中西的大哲随着他的"生命／文化"二元主题起舞。这是他的"汉语改写西方诸神"运动。既然是"改写"，就不必追究他阅读的"西方诸神"究竟是译本还是原著，就像我们不必追究赫尔曼·黑塞是否读过《老子》原文、埃兹拉·庞德是不是读过唐诗原文一样。他的汲取和改写，源自他对"文化自我"的更新意志。他所谓的"许多人在现代、后现代的话语中找回了他人的什么，我却要在现代、后现代话语中丢掉我们的什么"，正是此意。

因此，他虽然一再慨叹"梵语的佛曾被改写成汉语的禅，拉丁语的基督却再也不能被改写成汉语的什么了"，却并非讳疾忌医的"本土文化神圣论"者，而是直捣中国传统的核心病灶："青铜文化的压迫，不在远古……而在我们每个人的身躯上。《易》文本复写着一代又一代中国人……《易》'弑佛'——拒绝侍佛的彼岸，天国，来生，他身，再一次肯定人的此岸，现世，今生，本身，却更加不敢面对人自身的苦难、罪恶与地狱。中国文化的诗、书、乐、画，半哲学，准宗教，从此全部拥挤在'空'与'无'的相同的超越上，不能再超越，除了一千年又一千年地重复。"因此，他宣告："是到了我们长出 19 世纪理性的头，和解放被青铜文化压迫在 20 世纪身躯里的生命力的时候了。"

他用一以贯之的哲学眼光和语言方式，回顾和打量任何事物。那时的我，不耐烦读"过来人"沉重而琐碎的回忆录，但愿意听他谈那个荒谬的年代。我从未听人像他一样谈论个人与历史——从词语、语言的角度，进入生命与智慧的深处，而不仅仅是情感和道德的深处。我也从未听人像他一样谈论词语和语言——它们不再冰冷抽象，而是如此深刻地嵌进个人与历史之中。

对话中，他反复说起"侧身"一词。他终其一生没有"正面走来"，而是在所有时代"侧身而过"：他在自己的时代——1957年和 1966 年主动选择"侧身而过"，"让'巴金批判小组'的才子才女们去'独领风骚'吧"；到 70 年代末 80 年代初，二十多岁的北岛领衔"崛起的诗群"正面走来，他是其中唯一的"两个二十岁"的诗人，沉默地"侧身"在边缘；1986 年以后，高喊"Pass 北岛"的"第三代"诗人们也成群结队地正面走来——他则"侧身"在队伍外面冷静审视……他反复说出这个词，是为自己注定的历史位置而唏嘘，还是甘愿为自己的选择承受形单影只的命运？也许，二者皆有吧。

我钦佩他的胸襟。对于"Pass 北岛"的喧嚣，他全然反对：

"谁能 Pass 他们？他们做了本应由我们这一代人做而没有做、不敢做的事情……是他们延续了'五四'新文学的传统，并且，因为他们，西方现代文学的中国回声才没有因穆旦们的沉默而成绝响……这是不能随意 Pass 的。"

对提出"Pass 论"的"第三代"诗人，他直言不讳又留有余地："'第三代'是标榜个人写作的一代，也可能是失语的一代……尽管他们孤独地说着相同的语言，'独语'成了'共语'，'个人写作'成了'群体写作'……但他们中间还是出现了卓尔不群的写作者。"

我问他："很少有人注意你匆匆而过的侧影，多孤独啊……你从自己所有的侧面中找到了什么？"

他平静地答道："找到了自己，看见了自己的正面——这还不够吗？"

转眼间十几年过去，我的谋生之地也从杂志到了报社。几乎每年我都会与任老师见面，当彼此谈起文学、时世、近况，我感到时间是静止的——我认识他时他就是如此敏锐赤诚，现在还是如此，并且将永远如此下去。多么美好啊，永远的第二个二十岁！

却也会为他心痛。他的创造能量像瑰丽的焰火，渴望一片盛放的天空。但他没有领地和天空的管辖权，难以避免地，他会寄望领主们提供燃放点。但领主们总是另有安排——酒吧、商场、餐馆、霓虹灯……总之，任老师的大部分焰火只能躺在自己的笔下和心中。假如他不曾为说服领主们而奔走，会怎样？必有更多、更瑰丽的焰火被他默默造出。是的，必会如此。

聊完自己的近况，他会问我又写了什么。

我说："在写一点作家论，就像您总想避免沾上'学院气'，我也总想避免沾染'文坛气'。"

他说："不沾染文坛气，又要做批评，那是免不了得罪人的。"

我说："得罪人倒没什么，可投入赤诚若只落个得罪人，就毫无价值。几乎没有圈子外的好读者愿意读批评文章——因为没有什么让他们牵挂的作品，使他们关心对这作品的评论，这才是文学批评的可悲之处。"

"何必看着别人写不好，在那儿干搓手呢？"他说，"重要问题也不可能透过对次要作品的批评，得到深刻的探讨。创作是创造生命，是在生活，批评嘛，毕竟是二手生活，还是创作吧。"

"我会的，只是现在觉得还没有被充满。"我说。

后来，我真的放下文学批评，心无旁骛地写话剧了。2016 年 3 月底，我编剧的《大先生》几经辗转，在北京首演，遂邀请任老师和师母来国话剧场看戏。舞台是一把巨大的血红座椅，椅上顶天立地地放着一个巨人半身像，像的头是空的，里面也有一把血红椅子。戏剧起始，穿长衫的鲁迅在弥留之际，被地狱使者换上白衬衫牛仔裤，扔到巨椅上。整部剧就是鲁迅的临终意识流。剧场效果让任老师大为感奋，给我打来长长的电话。他对编剧和导演的意图一览无余，我蓦地感到，在他的注视下，我和导演、演员的一切付出都值得了。

《大先生》研讨会上，他关于"椅子"的谈论我仍记得："椅子，自然比锁链近人，而且诱人，但是戏中椅子的寓言，不是空位、缺位——这不够，要去掉这把椅子，毁掉这把椅子。没有椅子就不会有椅子上的自我囚禁，也不会有椅子下面的膜拜或者是跪拜。无椅子带来的是解放和自由。世上有很多椅子，李静去椅子——椅子就是位置，留下位置，也就是留下位置上的囚禁和位置下的膜拜与跪拜。去掉位置才是真正的自由。"

次年，我编剧的《秦国喜剧》上演，邀任老师和师母来中间剧场观看。这部剧是纯粹的反历史叙事，讲战国末年，一个戏班班主如何因自己创作的"菜人"（"菜人"者，用为菜肴之人也）喜剧，在秦王嬴政和韩非、李斯的帮教下反复修改后，仍身陷囹圄，又最后脱身的故事。三场戏中戏分别以京剧、二人转和音乐剧的形式演出，观众看得欢乐异常。演出结束后，大雨倾盆，直至夜半。正担心任老师和师母能否安然开车到家，他打了电话来，声音雀跃："这个戏，没有受到历史的捆绑，反而把历史重新解构、重新组合了，让历史和想象成了新的材料，构筑了你的'永远现在时'的生命世界。从这个作品看，你真的自由了！祝贺你！"

现在想来，这"免于历史捆绑"的疫苗，诚然是在我二十多年前做他学生的时候种下的。

——为什么没有告诉任老师这句话？为什么没有？

——因为你是个自我陶醉虚荣迟钝的傻瓜。

2019年的中秋节和教师节挨得很近，我和师姐王向晖（王陌尘）相约，一起去看任老师。我热烈地盼着和他见面交谈，因为几天前读他的自选集《任洪渊的诗》，读到了《1967：我悲怆地望着我们这一代人》：

> 我悲怆地望着我们这一代人
>
> 虽然没有一个人转身回望我的悲怆
>
> 我走过弯下腰的长街，屈膝跪地的校园
>
> 走过一个个低垂着头颅的广场
>
> 我逃避，不再有逃遁的角落
>
> ……
>
> 不能在地狱门前，思想的头颅
>
> 重压着双肩，不惜压沉脚下的土地
>
> 踯躅在人的门口，那就自塑
>
> 这一座低首、折腰、跪膝的遗像
>
> 耻辱年代最后的自赎

这是 80 岁诗人的忏悔录和自画像。向谁忏悔？为谁自画？向自己的良心，为未来的孩子。

人到中年的我，已不再能置身事外地看待这首诗——它已然也是替我写的。我想跟任老师聊聊这些。

见面时，依然是聊文学、时世、聊彼此近况，他依然是敏锐赤诚的"第二个二十岁"。中午，师生三人出北师大东门，走过街天桥，到同春园吃饭。任老师拒绝搀扶，走过街天桥时，步履加倍轻盈，我们都赞他身体好，跟我们上学时状态一样。他开怀，一直说一直说，桌上美食似乎是些耽误说话的物件。他谈到他上大学时，周末会在父亲的老朋友——一位部长家里度过，那似乎是他父亲向他补偿父爱的唯一方式。有时他也参加达官贵人及其子女亲眷们的舞会。他的舞跳得不错。他因此理解了阿尔别宁——莱蒙托夫《假面舞会》里虚无而酷忍的男主人公，也因此知晓了舞厅内外两个世界的巨大反差。

这时我才意识到，任老师是个老牌的"红二代"，上学时竟全没注意。他是如何长成了一个跟自己的出身无关的人？

他说："因为痛苦的童年。"

1937 年他出生时，身为共产党员的父亲在蹲国民党的监狱。他 6 岁时，母亲改嫁他人，娶她的是一直暗恋她的国民党军官。他选择在奶奶身边度过孤苦的童年。他 13 岁时，在武汉为官的父亲（"文革"时，这位父亲为自己在 30 年代的被捕和释放而百口莫辩，饱受折磨）把他和奶奶接来，与自己的新家庭共住。缺失父爱母爱的早年生活，使他终其一生都是个极力自我喂养，却又饥渴于爱的孩子（师母对我如此慨叹）。他的母亲（被他称为"一个 30 年代新女性"）和父亲的命运，早早为他彰显了人生与历史的荒诞。在他的第三人称自传里，关于这些他只写了寥寥几笔，却堪称一部大戏：

一个 30 年代新女性的二次选择，简直是一场布莱希特式的演出：舞台景深的文昌阁影，时近时远。在舞台一侧，他的母亲，18 岁，到成都一座监狱为第一个丈夫送饭，无须暗转，30 岁，到同一座监狱为第二个丈夫送饭。对称的，在舞台另一侧，他的父亲，前半生中的 10 年，在秘密的追捕、囚禁中，同样无须暗转，后半生中的 10 年，在公开的审查、批斗中。

而被这舞台两边抛出的孤独，把他保护在舞台的外面。

那时，他的自传只写了几章。我和向晖此起彼伏地催促他："您放下所有其他的事，先把这自传写完吧！这一定是您一生里最辉煌、读者最多的作品！"

他露出得意的笑容："好，听你们的。写完这个，我还有小说要写呢。"

创造的火焰在他的双眼中跳动不息。

2020，大疫之年，内心的剧情颠簸不堪。先是什么也写不下去，后来只想着为这一年写点什么。正煎熬着，6 月 2 日清晨，突接师母微信，告知任老师已胃癌晚期，住进了北大国际医院。我不敢相信自己的眼睛。怎么会？去年 9 月他还神采飞扬！电话向师母求证，无可更改：是的，胃癌晚期。

脑中空白，茫然四顾。向谁求救？唯有跪下，切切祷告。

中午，给任老师打电话。他的嗓音沙哑细弱："李静，你不要难过，我是唯物论者，能平静地接受死亡。还剩下不多的时间，我要把我的自传写完。还有一件事，我想托付你，等我们见面谈……你不要忧伤，关键是，在死亡到来之前，把事情安排好。"

"好的，任老师，"我感到喉咙滞塞，"您好好休息，到时我也跟您谈一件事……"

6月5日下午，我和向晖师姐去北大国际医院看望任老师。他住一个单间，一位男护工在尽心照料。任老师躺在床上，本就瘦小的躯体在棕色条纹被单下像是瘦了一半，白色的长寿眉显得更长了。他不能吃什么，早晨半碗疙瘩汤，中午一碗粥，打营养针。刚抽取完腹水，在等待检查结果。

他已将文集出版之事交托给沈浩波师弟。对我，他说："有这么几个人，在我走后，你通知他们，如果他们愿意，可以写一点诚实真挚的文章。"人数不多，是他的朋友、弟子、忘年交，他以为知音的人。他感念地一一细数他们对自己的帮助，一起共度的欢乐，像知足的富翁数点金子。我把这些名字记住，不争气地泪如雨下——为人世，也为自己，对他的亏欠。他反过来劝慰我道："不要忧伤，我只是最坏的打算，坦然地治疗。我先把事情交代好，再专心致志把自传写完。"

奇怪地，我的勇气突然丧失，只软弱地说了一句"我会为您祷告的……"就再也不能说出那想好的话。因为他听到"祷告"二字而突然锐利冷淡的目光？因为他的这些交托所暗示的，对可见人世的全部专注与信仰？因为身边惊讶地看着我的师姐和护工？因为病房的寂静？总之，我默默地把话咽了回去，寄望于下次见面，或者再打电话时。

告别，没有合影，也没有握手。有意地做成绝不是最后一面的样子，彼此像是都相信未来还有许多日子。走出病房，来到楼下，我和向晖相拥而泣。夕阳的光线柔和金黄，不久它将速速沉落。

回来后，我酝酿着跟任老师通一个长电话。

——你一定要说吗？一个声音问。

——是的，一定要说。

——为什么呢？

——因为这不只关乎他现世的存活，更关乎他永远的生命。

——这仅仅是你个人的信仰而已，何必强加给你的老师呢？

——因为，我知道这是真的。还因为，我的老师已经没有时间求证了。就算他压根儿不信，他可以试！他可以证伪！他实在没有时间了！

——你打算跟他谈什么呢？

——谈谈人的罪、神的恩，谈谈悔改和得救。他将因此得医治、得重生。我就不再怕他死去。因为将来，他必复活。"死啊，你得胜的权势在哪里？死啊，你的毒钩在哪里？"

——他是坚定的人文主义者，只信仰人的自由和尊严。他怎能在生命的最后时刻，向无法证明其存在的上帝屈膝呢？他即使死去，也不会再向任何力量屈膝。这是他一生的价值和尊严问题。你和他谈，只会徒增尴尬和隔膜而已。

这声音如此强硬，使我一直延宕跟任老师的通话。每隔几天，我都会微信问师母，老师的状况如何。师母说，因北大国际医院有新冠感染病例，他已转院到北京大学首钢医院，正在全力以赴口授自传，让她转告亲戚们，不要电话他、看望他，他没有时间接受慰问。

我似乎更有了延宕的理由。

8月12日晚8点左右，我下定决心：马上给任老师打电话，尴尬就尴尬吧！隔膜就隔膜吧！瞬间，电闪雷鸣，大雨如注。我又松了一口气：这种天气打手机有点儿危险，明天吧。

8月13日上午，天气晴好，我手机静音写剧本。休息时看了下短信，如遭电击，是汀汀的："我父亲昨晚21点49分走了。他走得平静安详。"

我该如何原谅自己？啊，我该如何补救？

假如不到宇宙史的150亿年，银河繁星的密度和引力，就不会正好把我的太阳和地球和伴月转动在今天这样的时空方位、远近、轨道与周期里。选定150亿年的是谁？假如太阳不是把地球抛在14959.8万千米远的阳光下，假如地球再靠近太阳，赤道早就融掉两极的冰雪，热死了夏天；或者相反，太阳再远离地球，两极的冰雪就将漫过赤道，冻死冬天。不能想象没有夏没有冬没有四季的生命，选定14959.8万千米的是谁？假如碳核的内部激活点，不是非常在常态之上的7.653百万电子伏特，就永远不会合成碳核，碳，有机化合物，地球上就永远不会有第一点绿、第一朵红、第一滴血、第一次摇撼地球的性冲动、第一个呼喊的词。7.653引人遐思，而非7.653拒绝冥想。选定非常的7.653百万电子伏特的是谁？再假如光速不是29万千米/秒，就不会有我的星光月光的诗意，而且最根本的，就不会有星月同辉的我的目光、灵视与神思，就不会有人与宇宙相同的时间方向与空间维度，当然，也就不会有我的"视通万里"与"思接千载"。29万千米/秒的光速是一切信息的极限。跑不出光速的人，选定 29 万千米 / 秒的又是谁？

是谁在无穷数中选定了这一系列常数值，选定了人？又选定人来选定什么？

在任老师辞世 7 个月后，在一篇写于 2007 年的文章里，我突然翻到他的这段话。十几年前，他就触摸过这个神秘的问题。但那时，我没有读懂。

没有人知道，弥留之际的灵魂里究竟发生了什么。也许就在那最后几秒钟里，他写过的这些句子，他提出的这些疑问，突然回到他的意识中，使他截获了一个神秘而确切的答案：唯有造物主！所有这一切精妙的数字，居住着生命的地球在浩瀚宇宙里如同被精密微调的奇妙存在，绝无可能由偶然造成！

"他走得平静安详。"我深信，我的老师此刻在天国里。

2021 年 4 月 8 日

李静，剧作家，《北京日报》高级编辑，任洪渊先生的学生，北京师范大学中文系 1989 级本科生，1993 级硕士研究生。

那位我敬仰的先生走了
——纪念任洪渊老师

易晖

那是 8 月 13 日的早晨。前一夜倾盆大雨，仿佛把该下的雨都下尽了，此刻艳阳高照，碧空如洗，天晴得似乎有些不真实。我正要去上班，突然收到任先生的女儿任汀发来微信，请求加我为友。我不假思索地通过了。俄顷，屏幕上跳出一串文字："师哥好！我父亲昨晚 21 点 49 分走了，他走得平静安详。遗体告别定于 18 日上午 9 点，在北京大学首钢医院举行……"

我呆住了，不敢相信自己的眼睛，不敢相信二十多年来每每赐教于我的任先生，会就此撒手人寰。

就在两个月前，他刚查出问题，我们几个弟子去看他，那会儿还见他精神尚好，兴致勃勃地跟我们仨开着玩笑，说我的师妹"依然漂亮"，说我的师兄"依然倜傥"，说我"依然结实"。寒暄过了，病情也简明扼要地介绍过了，他转而大谈正在写的回忆录，说病情来得太突然，打乱了他的写作，眼下只好躺在病床上打腹稿、口授，让护理他的小伙子帮着记下来……他急切地谈写作，谈思路，仿佛那一刻他不是置身病房，而是书房，而我们依旧像当年那样围坐着聆听他授课。只是我们不约而同地注意到，谈到兴起处，他高扬起语调时似乎有些气短，挥动的手势也不像往日那般有力……

就在两周前，我给他去电话，他依旧在谈他的写作，不无信心地说，如果上天再给他半年光阴，他就能完成回忆录，并把遗留的几篇书稿整理好，如此便无憾了……

　　就在一天前——昨日上午，我还给他快递过去鸡汤和豆花。后来他的护工告诉我，送去的鸡汤他中午还喝了几口，护工附耳告诉他是学生送去的，他听懂了，无力地点点头，想来那应是先生在世上吃的最后的食物……

　　手机里，任汀发信息问我："我父亲的遗体告别你能参加吗？"

　　"去，去……"我机械地回复着，脑子里电影般放送着先生的音容笑貌。

　　1995 年，我从一座偏僻的江西小城考到北师大中文系读当代文学硕士。那时的我孤陋寡闻，又于现代诗无所用心，所以读硕士之前还不了解任先生。倒是一位写诗的同学一脸艳羡地告诉我："能跟任先生念书是你的福分。他是才华横溢的诗人，出了一本诗集《女娲的语言》，那是我的珍藏。"

　　头一次见面是在他家里。他是诗人、诗论家，却并不要求弟子们都跟他做诗歌研究，"但作为一名中文系的研究生，你总得会读一首诗吧"，他不显山不露水地说着。很快——准确地说，在他的第一堂课上——我们就明白他说的"会读一首诗"是什么意思。记得那堂课他给我们讲了三首诗，冯至的《蛇》、郑敏的《戴项链的女人》，还有他自己的《秭归屈原墓》。他玩味每个词语，像一个精明的商人挑剔每一粒珠宝，让我们体会一首好诗是如何做到一字不易的；他咀嚼诗句背后层层叠叠的韵味，像拉洋片一样一幅幅地展示语言背后的风景，让我们明白什么是穷象尽意；他把这些词语、句子一个个卸下来，像小孩玩积木一样，然后又依着结构、顺着榫头一一装上，像把房子装成房子，把炮舰装成炮舰。他是用他飞扬的情感和一肚子的学问，用他作为杰出诗人的丰盈的想象力在解一首诗啊！这样的读诗法，世间又有几人会？直到今天，我仍然做不到像他那样读诗、解诗，但从第一堂课开始，他便树起一根标杆，铭刻一个高度，让我们记住：读书、写作、做研究，不要满足于做一个知识的搬运工，写一些不痛不痒、人云亦云的大白话。文章千古事，得失寸心知。

也正因如此，我每每写了点什么，不敢轻易拿给他看，因为对照他的写作，我总发现自己的平庸、苍白、乏味，我知道除了才情不够，还有功夫没下够。直到第二学期，我念台港文学，读陈映真的小说，有了一些心得，写成一文，得了任课老师一个高分，我才有勇气拿给他看。两天以后，他把我叫去，把稿子交还给我。我一看，改的虽然不多，但每一处改动都让文章增色。他不露声色地说："还不错，尤其是论题，有些意思。去找一家刊物寄出去吧，注意要与台港研究相关。"得了他的肯定和启发，我有了信心，后来果然登在南京一家刊物上。那可是我正式发表的第一篇学术论文。

我们这一届是先生的关门弟子，他带完我们就退休了，而且是以副教授身份退休的。这么个享有盛誉的诗人、学者，这么一位广为学生喜爱——准确地说是崇拜——的教师评不上教授，是僵硬的学术体制、盘根错节的学院政治使然，也与他傲然不群的个性有关。在那个我们将离开校园，他也将告别讲台的时刻，他平静却不无悲戚地说："当然，你们不必效法我。只会工作，只懂学问，玩不好人际，毕竟也不是圆满的人生，何况这是个赢家通吃的时代。"是的，先生并不是个不食人间烟火的天真诗人、书呆学者，他的锐眼其实早已看透学院、士林，乃至人世，学术圈里那些孜孜汲汲、蝇营狗苟的事儿，他其实门儿清，他并非不能，而是不为。

20世纪80年代，先生作为才华横溢的诗人，以其熔铸思想、诗情和生命体验的创作，尤其是独步文坛的诗学理论，穿越——用他自己的话，"侧身走过"——这个年代的三代诗人。他在20世纪五六十年代便有诗作问世，年龄、经历也类似于"归来派"诗人；他的精神气质和诗风多少靠近"朦胧诗"；而他年轻的心灵、开放的文学观、富于生产性的诗学理论，又赢得了"朦胧诗"后一批青年诗人的敬重，"北师大诗群"则更以他为精神领袖和诗魂。

而90年代，则是所谓的"思想淡出，学术凸显"的时代。"道术为天下裂"，像任先生这些铸就往日诗歌辉煌的诗人、学者，也"各自须寻各自门"。其间当然不乏一如既往去引领这日益狭小、嘈杂、利益化的诗歌圈，以求继往日之荣光者；更有"告别广场，走进书斋"，转型治史述学，转入知识学或学科化的自我生产者。相较之下，先生则选择了一条最为崎岖也最为寂寞的学术道路，他在一个盛行述史、笺注、考证、小学（用他的话说是"书房写作""图书馆写作"）的时代，竭力要上追先秦，效法诸子之学。退休后，他陆续出版的《墨写的黄河：汉语文化诗学导论》《汉语红移》，致力于研究汉语文化诗学／哲学，研究在汉语言说／书写中"上升为文化的生命"和"转化为生命的文化"，想要构建面向新世纪的中国人的生命美学。

先生以几本并不皇皇的著作，从事着"究天人之际"的艰辛工作，在远没有再度创生"百家争鸣"的文化稗史时代，他却做到了"成一家之言"。

先生应已无憾，先生千古！

易晖，任洪渊先生门下硕士研究生，1995—1998 年就读于北京师范大学中文系，现任职于中国现代文学馆。

怀悼我师任洪渊

路翠江

大灾大难中，我们又痛失恩师。何其伤痛、黯然！

老师生病，同门师兄妹在第一时间告知了我这一消息。跟任老师通话，他已入院检查，身体比较虚弱，只跟我简要说了几句，让我放心。后续只能从李霆鸣、易晖和杜蘋处了解情况。那时我想老师胃口不好，可能可以吃一点清口的水果，就提出给老师寄一点新鲜的樱桃，老师说他不能吃水果，谢绝了。我们几个同学时常交流，易晖说一般老年人身上，癌细胞可能会跟身体机能一样不活跃，我们都期待：真那样的话，老师能带癌生存很久。杜蘋说等检查结果出来，如果有完全针对的靶向药物，疾病就是可控的。他们都感觉老师虽然瘦削，但是还精神。而且，小师妹任汀和能帮上忙的学长给任老师安排了最好的医院、最权威的医生。我们都对老师的病有乐观的设想。我也盼望着秋季去北大访学，可以时常去看望老师。后来，得知李霆鸣、易晖、杜蘋三位师兄妹轮流到医院给老师送营养汤粥，我因自己什么都不能为老师做而自责，暖心的杜蘋嘱我不必着急，说他们的汤水里也包含我的心意。后来突然就听说老师住的医院发现新冠患者，因隔离而无法继续送汤水和探望。我跟杜蘋交流，心里都不是滋味——我们担心老师的营养问题。在这样的情形下，虽然开始对老师的健康忧虑多于乐观，但是噩耗传来，还是感觉无法接受，伤痛到不能自持。而因着形势无法去北京送别恩师，注定是此生心底的死结了。

众多让我终生感激、高山仰止的师长中，任老师是我最初敬而远之、后来敬爱有加，让我倍感亲切与温暖的授业恩师。

读硕士的时候，怕见任老师。

1995 年，我从青岛大学考入北师大现当代文学专业读研，与舍友杜蘋，师兄易晖、李霆鸣，师姐冯丹以及两位韩国同门一起，师从任洪渊老师。我是个不仅资质平平，还时常敷衍的学生，任老师则是严格的导师。关于读书、论文、上课的发言与交流，我时常交不出令老师满意的答卷。任老师严格归严格，他会蹙眉提笔，一行行画掉我的提纲或论文，但是从不疾言厉色。有时他会用无奈又低沉的语气说："这样怎么行呢。"有时他沉思良久，在画掉的文字旁添写其他的内容，然后温和地说："这样差不多了。"即便如此，那时还是怕见老师。每次要见老师，都有压力。当我自己做了多年教师，也多次体会到面对不努力不上进的学生，为师内心那份不可遏制的急切和烦闷，我才逐渐理解了当年任老师的心理和对我的态度。可惜当年的我不止一次让老师失望叹息，悔之晚矣。

当年，我们同门几个经常一起去见老师。老师有时谈兴浓郁，就会兴奋地跟我们谈很久。那种时刻，会深切地感受到任老师的犀利、深邃、孤高和桀骜。有时，就只是例行的师生交流，简单问一下每个人的近况。对两个韩国同学，任老师总是很耐心地与他们交流，并嘱我们中国学生多帮助他们。老师欣赏杜蘋的才气，也让我们向易晖学习，说他虽然身体受限制，但是踏实勤奋，将来也许会是我们几个里成就最大的。现在看来，老师虽然不屑俗事，还是很善于识人的。

老师家里，悬挂着一张师母跪坐在冰面上（记不清是颐和园、北海还是后海）团雪球的照片，穿着红衣服，在一片晶莹洁白中笑得很灿烂，唇红齿白，明眸善睐。老师谈起师母，谈起他们的相爱，甚至谈起他跟"情敌"说"对不起，你来晚了"，总是兴味不尽。师母跟小师妹都在的时候，交谈就会更加有趣，老师也更亲切。

记得有一次，师母似有抱怨地谈到老师生活能力差，家里什么都不管，心里只有他的诗。师母描述自己每天的生活内容，做饭、上班、带孩子、接送孩子、照顾任老师，形容自己每天就跟打仗一样，有时脸都顾不上洗。师母说到有一天她到了单位，领导竟然跟她说小方你先去洗洗脸。那时候，童言无忌的小师妹插话"揭发"道："妈妈撒谎，你有时还敷面膜呢。"听着师母的抱怨、小师妹和师母的你一言我一语，老师只是呵呵笑着，绝不袒护哪一个。那一刻，看老师的眼神，你会觉得在他眼里心里，面前这两个人就是他的全部世界。多少年以后，当我理解了爱情不仅意味着得到，更需要给予、付出和牺牲，我才理解了师母。当年，是多么深的爱、多么大的对这个"诗人"的认可，才让美丽的她像女汉子一样几乎忘我地承担起一个家庭的几乎全部杂务俗事。她的"抱怨"，其实也是秀恩爱，是示爱式的"炫耀"啊。

而老师和师母热烈浪漫的爱情，无论是老师主动跟我们谈到的，还是从老师的诗歌中体会到的、课堂讨论交流的，都对那时处于恋爱和适婚阶段、对爱情怀着美好憧憬和期待的我们，产生了很大的影响。老师的《初雪》中那种爱情激荡的刻骨铭心，我们后来都在自己的生活中有了切身的体会。我们宿舍的卧谈会，有很多次就是从这些延展开去的。

读硕士时，任老师对学生几乎不谈学术和诗歌之外的话题。那时，我跟杜蘋也时常去请教刘锡庆老师。刘老师亲切随和，宽厚慈爱，他会拿冰棍给我们吃，然后倾听我们学习和生活中的苦恼，或者指导我们读书学习、写论文，也谈一些学校和生活中的琐事。记得刘老师跟我们谈过任老师的一些事情，比如评职称中遇到的不公，比如师母的资历浅在分房时带来的劣势。我们因此才了解到任老师的诗歌与爱情之外，一些别的丰富复杂的生活内容。

我读博士是在 2011 年，在我硕士毕业 13 年后，再一次跨进北师大校门，师从张健老师。那一年，我已经 40 岁。

博士入门考试结束，我去看望任老师。老师得知我有这个规划，很赞许。当他听说师兄李霆鸣联系了同学们，想趁我来北京，请老师和师母也一起聚一下，很开心地答应了。老师的开心，让我意外又感动。老师没有因为我是个曾经让他失望的学生就弃之不理，他真诚地为每一个学生（不管有无出息）有价值的努力而欢欣，并为其鼓劲。

那天的聚会，师生相谈甚欢。我感触很深的是，老师比以前更和蔼，很亲切地问到我们每一个人的家庭、孩子，跟我们谈了在国外留学的小师妹很多他引以为傲的趣事。师母仍旧快人快语，风韵不减。老师注目师母时，仍旧满眼宠溺。席间，我发现老师夹菜的手时有颤抖。看到师母细心地给老师把菜夹到面前的盘子里，我心头陡然有些酸涩：是啊，我们毕业的时候，老师60岁，退休了，现在老师已经70多岁，有老态了。老师和师母昔日轰轰烈烈的爱情，历经岁月的洗礼与加持，转化为我们看到的恩爱扶持，相濡以沫，相互陪伴，慢慢变老。目睹这些，让人不能不相信爱情，祝福爱情。

我高龄读博，学业压力、家庭压力都比较大。那几年，每个学期我都会去看望老师一到两次。每次任老师都会问我论文的进展情况、家里的情况以及孩子的情况。谈论这些的时候，老师亲切慈祥，让我完全不像读硕士时那么想要敬而远之。每次从老师家出来，都觉得我在这个校园里得到了很多支持和关怀，有了更足的勇气与信心。

大部分情形下，任老师都欢迎我的到来，也有几次，老师说他忙着整理稿件，另约了见面的时间。这样的时候，我就有那样一种感觉：我的老师70多岁了，还在饶有兴致、投入地做自己喜欢做的事情，这就是文学的魅力。能够终生与文学相伴的人是多么幸福，能够自由地做自己喜欢做的事情是多么幸福。而老师在这个年龄仍然如此敬畏与投入，我又有什么理由不认真和郑重地对待我的人生、我的研究、我的学生？

任老师年龄增长了，但思维仍旧那么清晰敏捷，感受力仍然那么细腻深刻，谈起他正在构思的新作时仍旧那么热情四溢，眼睛里总有热烈得似乎能穿透时空的光彩。我有时想，诗神真的是厚遇任老师呢，任老师的精力比年轻很多的我们还要好呢！有那么一两次，任老师跟我谈起过他父母传奇的人生与爱情，他无助的童年、孤独的青年时期。任老师是诗人，也是全才，他文理科思维兼具，上中学时数理化成绩甚至在学校独占鳌头。这些以前从没听老师说过。我心目中高远神秘的诗人导师，原来曾经是大山里一个孤独的少年、一个祖父母带大的离异家庭的敏感孩子。我有时就在心底思考：诗人是天生的呢，还是后天生成的呢？可能二者都有吧。那些特殊的人生体验，对于一个平常人来说，可能仅仅是磨难与坎坷，而对于一个诗人，就是他咀嚼不尽的话题、是他升华自我和思考的契机，是财富而不是负担。

2012年5月初，我痛下决心，结束了13年的婚姻，进入了人生的晦暗时段。那年的教师节，我去看望任老师。闲谈之中，我跟任老师谈及此事。任老师沉吟了一会儿，声音低沉而且柔和地说："我听你的口气，你应该是理性之下做出的决定，也应该能够承受得住这个波折，所以我倒不担心你。有些东西，让时间去修复吧。"然后，老师关切地问这事对我的女儿有没有打击。得知孩子接受这个事实，并且愿意跟我，老师点头，让我多跟孩子交流，一定要关注孩子的身心健康。老师慈爱的关切和提醒，对那时的我至关重要。那时，很多时候我看上去正常理性，其实由于多年的爱情信仰和生活追求陷入破碎，我常常是迷迷瞪瞪的，成了没心没肺的行尸走肉，无论对自己还是对孩子，都时常不放在心上。后来，我和女儿交流充分而相互信任，很大程度上受益于当时任老师对我的及时提醒。

第二年暑假，我给女儿报了北京的新东方英语夏令营。女儿到北京后，我想带孩子去看望任老师。得知我女儿学习主动性不够，各科甚至语文都不好好学，都学不好，老师主动提出他要请我女儿去十二橡树喝咖啡，要跟我女儿交流一下。那天，任老师带来了一包小师妹任汀的相册。我看着任老师耐心地指着一张张照片，跟我女儿讲那些照片以及背后的故事，让我女儿看到任汀像她这么大的时候的样子、任汀轻松而有追求的成长、留学生活的丰富与自由，还有老师对她的期待，给她的选择的自由。那个时刻，我对任老师的感激之情充满心胸。老师用心何其良苦！我女儿跟小师妹的基础差距很大，她那时对自己没有任何期待。但是我能感觉到，老师的引导在她身上起了化学反应。不久后，她果然跟我谈论起上什么样的高中，开始主动探讨有关将来的事情。那天，任老师还跟我女儿谈起以前小师妹也是没有素材、不会写作文，他就教小师妹生活中的一个素材可以怎样活用在不同的主题作文之中。那次谈话对我也有很深的教益：我原来认为女儿的学习有她的老师，根本不需要我，而且我也不懂如何教一个中学生。当我看到任老师都在用心去揣摩怎样引导我女儿的学习时，才体会到，每一个称职的父母，都要沉入孩子的世界和他的需求里面，而不是浮在表面，那样其实并没有真正参与孩子的生活与成长。从这个角度说来，任老师的教导，惠及我们母女两代人啊。

2010 年，任老师的《汉语红移》出版，老师来电话，说出版社要作者自己负责售书。我自然非常想帮忙，可是我所在的学校并没有很浓郁的纯文学氛围，最后一共就帮老师售出了 30 本书。老师一如既往挥手而过，一点也没有介意，但我心底十分惭愧，感觉十分对不住老师的嘱托。

心底还有一件难忘的回忆。那是在 1999 年，也是这样的秋天。任老师应邀到烟台，参加一个雕塑家朋友的作品研讨会。那时我刚到烟台师范学院工作一年，得知任老师来烟台，我很兴奋，去老师住的新闻中心招待所看望他，然后提出能否请老师为我校学生做一次讲座。任老师满口答应。那时，我们作为偏远半岛上的大学，很少有首都来的大家的讲座。当时的中文系领导得知这个机会，很重视，让我和教研室的老师动员组织学生，在北区的阶梯教室安排了一次讲座。本来我们都担心学生会对诗歌不感兴趣，可能到场人数少或者冷场。没想到，任老师非常投入的讲座，极大地感染了学生。老师讲得微微沁汗，很多学生听得满面红光。讲座后还有很多学生围住任老师请教，依依不舍。当时任老师也很快慰，讲座后还与我和同事们合了影。

一转眼，21年过去了，我们合影的山坡依旧、主楼依旧、绿树蓝天依旧，老师却驾鹤西去，再无相见之日！呜呼哀哉！

愚钝弟子路翠江泣笔

2020年9月28日

路翠江，任洪渊先生门下1995级硕士研究生，鲁东大学张炜文学研究院副教授。

我与任洪渊老师的诗歌之缘

南人

1990 年至 1994 年，我就读于北京师范大学中文系。那时，我并不满足于将来当个语文教师，还是胸怀作家梦、诗人梦的。就读期间，刚好系里开设了当代诗歌选修课，主讲老师便是任洪渊老师。

现在回想起来，我真是幸运，走进大学校门遇见的第一位诗歌老师便是一位真诗人、真学者、真师长，赤子之心、文人气节、学者风范，一样不缺！取经路上，我一下子少走了十万八千里。

课堂上，印象最深的便是任老师对诗歌的一腔赤诚，让我看到了真正的诗人应有的样子——读起诗歌有屈子气魄，讲起爱情有王者霸气，诗歌就是自己的王国！

北师大中文系 4 年，高度浓缩一下，刻进骨髓的就是在任洪渊老师家中师生畅谈当代诗歌的 3 小时！在课堂上有所顾忌，在家中无所顾忌，如果没有听过一堂无话不说、无所顾忌、锋芒毕露、纤毫毕现的中文课、诗歌课，所学到的中文和写出的诗句无疑是干瘪的、疲软的。

我的毕业论文《洛夫论》，任老师毫不犹豫地给了优秀！我们都喜欢洛夫式的"潮来潮去 / 左边的鞋印才下午 / 右边的鞋印已黄昏了"，还有"象牙床上伸展的肢体 / 是山 / 也是水 / 一道河熟睡在另一道河中",这才是现代诗应该有的样子。

毕业后不久重返母校,刚好赶上任老师的《女娲的语言》出版,任老师说,你们单位大,帮我多推销些。我说好的,一口气要了 50 本。后来回校给老师书款,并且告诉老师:《女娲的语言》销售一空!其实,我只给几位知己赠送了几本,其余 40 多本一直珍藏着。说心里话,这样的诗集,少说早出了几十年上百年,真正能看懂的人,好多还没出世呢,销售不如珍藏!

此后多年,在郊区工作,很少进城,又忙于诗江湖论坛打理,近乎与任老师失联,直到《任洪渊的诗》出版,沈浩波在磨铁公司给任老师办诗会,终于又一次见面。

2018 年 6 月 10 日,磨铁读诗会 "2017 年度汉语十佳诗人" 颁奖典礼上,任老师给我颁发奖杯。能够从恩师手中接过诗歌奖杯,真是莫大的荣幸!当然更令我终生难忘的是,任老师对我的诗歌创作进行的一句话点评:不动声色的声和色!

我是不是可以这么认为,任老师已经为一篇诗评想好了标题?

2018 年 10 月 9 日,在 "诗江湖" 公众号 "南人评诗" 的第 4 期,我选评了任老师的《很少有哪一个少女的身姿不被乐善桥曲线无情解构》,同时把大学课堂上他给我们眉飞色舞地朗诵过的属于他和 F.F 的爱情故事——《她,永远的十八岁》一起进行了点评。

如沈浩波所说,进入任老师的诗是有一定难度的,任老师的美学、哲学造诣与诗学修养融为一体,你只从一个角度瞄来瞄去,是瞄不出其中奥妙的。

2019 年 7 月,任老师的上述两首诗和我的点评一同编入了磨铁公司出版的《诗歌年鉴》。

2019年8月30日，我上午讲课，手机设成静音，下课后看到有3个未接电话，手机拨回去，对方说"我是任洪渊"。我一直没在电话里听过任老师的声音，起初有点发愣，明白过来之后，听到老师在电话里感谢我，说他读到了我给他写的诗评，向我表示感谢，并邀请我有空一起喝酒。我一时没反应过来，有点蒙圈。相比老师写诗做人的言传身教，我的这篇文字何足挂齿！当我反应过来之后，回味着老师的话语，感受到的是真情，是信任，是感动，是对诗的热爱和对知音的渴望。感触最深的是自己要更加知道感谢和感恩，哪怕别人对你的帮助只是一份微不足道的心意。

2020年8月13日上午10点20分，诗人里所微信告诉我："师兄，任老师不在了……"

我电话询问详情，得知老师查出胃癌，化疗后未见好转，遂果断放弃，把最后的时间留给诗歌……

诗歌的一根精神支柱从我的脊梁中被抽掉了，我瘫坐在沙发上，失声，泪涌……

1994年春夏之交，在任老师家中畅谈诗歌，无酒。本应在2019年的秋冬或是2020年的春夏，与任老师一起畅饮畅聊，顺便把1994年那一对空空的酒盅跨过世纪斟满，可这一切愿望，现已再无可能，呜呼！

南人，诗人，任洪渊先生的学生，北京师范大学中文系1990级本科生。

迎着死亡冲刺
——记诗人任洪渊

沈浩波

8月12日晚，北京暴雨如注，雨点击打大地，如同激烈的枪声。诗人任洪渊在这个夜晚，21点49分，于北京大学首钢医院溘然长逝，享年83岁。他的女儿任汀告诉我，他走得安详平静。一颗奔腾跳跃的诗心，直到此刻才肯平复，静止下来，像时间中的一块石头。

第二天早上，从消息传出的一瞬间开始，连续数日，微信朋友圈里，铺天盖地的悼念。声浪之大，情感之真切，我身为任洪渊的学生，也不禁感到惊讶，为之动容。尤其是，其中有很多都是和任老师并不算熟悉甚至从未谋面的年轻一代的诗人。可是任老师生前，其实并没有得意于文坛和诗坛，他更是一个踽踽独行者，有一个激烈而又寂寞的属于诗歌和文学的灵魂。为什么会有这样的反差？为什么一位83岁老诗人的去世，会令那么多的诗人和学者有那么强烈的惊讶、不舍和悲恸？我想是因为大家都觉得，诗人任洪渊有一颗仍然年轻的心，依然是一个正在当代诗歌现场的、活跃的创作者、创新者，我们还在等待他的新作继续带给我们惊喜。他并不是那种已经失去了写作活力，失去了创作力，靠着往昔的声名和文学史的位置存在于世，享受着人们脱帽致敬的荣光的文学老人。那样的老人，往往会让我们觉得，他和我们不是同一个时代的人，属于过去的时空。而任洪渊不是，他就在我们写作的现场，仍然是一个充满活力的创作者，谁能接受一个仍然充满活力的生命戛然而止呢？直到噩耗传来，很多人才意识到，原来任洪渊真的已经80多岁了，虽然他仍有颗雀跃和激荡的心，但包裹这颗心灵的身体，却已走向衰竭。

21世纪以来，任洪渊的诗歌创作进入了一个新的阶段。2007年，他完成了《1967：我悲怆地望着我们这一代人》；2010年，完成了《很少有哪一个少女的身姿不被乐善桥曲线无情解构》；2011年，完成了《1971：雪，致萨哈罗夫》；2012年，完成了《1972：黄昏未名湖》；2014年，完成了《1974：明十三陵》；2016年，完成了《远眺卡拉瓦乔20岁的脸》。这些作品贯穿在任洪渊的70岁到80岁之间，每一首都是杰作，每一首写得都像重金属的打击乐。"我悲怆地望着我们那一代人／虽然没有一个人转身回望我的悲怆""剑锋斜横在胸前，乱发的断头，提着，停在落日掷地前沉重的静止""我听你雪极无瑕的忧郁／听你，暮色已是曙色的白夜"……这样的诗句，如刀枪剑戟般击打而来，令我更加相信，真正伟大的艺术灵魂，越到老年越强壮。更何况，同样在2010年，任洪渊还创作了一首非常重要的史诗《第三个眼神》，这是一首值得被反复分析和研究的诗。在这首慷慨热烈而又深邃沉厚的诗中，任洪渊欲向太阳借取一个跨越时空、洞穿历史、透向未来的人类的眼神。任洪渊逝世之后，新世纪的这些杰作和名句，与他20世纪八九十年代创作的众多名作一起，在微信的朋友圈里如暴雨般流传。从某种程度来说，他正处于创作的盛年啊。奈何天不假年。很多人的痛切哀悼，大概正是出于这样一个原因吧。

另一个原因是，任洪渊身上保全着一种理想化的诗人人格，一种当代中国罕见的诗歌形象：干净、纯粹、骄傲、天真、激越、浪漫。这是一种经典意义上的诗人形象，来自 19 世纪和 20 世纪的一些诗人对自身形象的想象以及大众对诗人理想形象的想象，而任洪渊，正是这样一位跨越世纪的存在。他仿佛从 19 世纪而来，穿行过 20 世纪，又在 21 世纪继续塑造着自己的形象。这是一个惊人的罕见现象：一种想象中的、往往是被刻意塑造和夸大的理想化的诗人形象，完整而天然地保全在一个仍然活跃于创作的当代诗人身上。所以这几年来，任洪渊参加"新世纪诗典"和"磨铁读诗会"的一系列诗歌活动时，每一次亮相，都构成了某种精神层面和诗人人格层面的展示，年轻的诗人们为此肃然起敬。他们当然分得清什么是真的，什么是假的；什么是天然的，什么是刻意的；什么是清澈的，什么是混浊的。诗歌说到底，是精神和灵魂层面的事情，任洪渊的每次出现，自然都会构成这样一种感召力，而且是一种珍稀的感召力。所以任洪渊的去世，才会令很多诗人有一种强烈的失去感——我们的时代失去了一个典范的诗人，失去了一个拥有理想化人格的诗人，失去了一个重要的灵魂。

任洪渊既是一位诗人，也是一位老师。我在这里所说的老师，并非一般意义上的。虽然他长期任教于北京师范大学，确实也是一位老师。但此老师非彼老师，任洪渊先生是诗人们的老师。在 8 月 18 日的遗体告别仪式上，我代表他的众多诗人弟子致悼词时说，任老师锻造了中国当代诗歌的半壁江山。这么说当然会有人认为我过于夸大，但我自己知道，没有夸大，确实就是中国当代诗歌的半壁江山。伊沙、侯马、徐江、桑克、宋晓贤、朵渔、南人、沈浩波……都是任洪渊的学生。诗人老师和诗人学生，往往都不是那种传统意义上的师生关系。在任老师去世后，有诗人看到我和伊沙不断用诗文表达哀思，感慨道，伊沙和沈浩波不愧是北师大的学生，对老师这么尊敬。我觉得这位诗人理解错了，这跟我们毕业自哪所学校没有关系，也不是对每一位授课老师，我们都会如此尊敬。怎么可能呢？性格如此桀骜的诗人，不会仅仅遵从世俗的师生之义。这么一群骄傲得无以复加的诗人，每个人都发自内心地认可任洪渊先生为"老师"，哪里仅仅是因为他给我们上过课那么简单。恰恰相反，任洪渊并不是传统意义上的那种"传道、授业、解惑"的老师，他并没有试图告诉我们应该怎么写诗，采用什么样的语言和技术，没有这些。诗人也从来都不是教出来的。我们每个人日后的写作之路，都与任洪渊的诗歌美学没有关系，而是各走各路，各行其是。任洪渊与我们之间的师生关系，是一种更深刻的灵魂意义上的关系。当我们进入大学，憧憬或立志要成为一名诗人时，有人告诉我们，北师大中文系有一个诗人，然后我们就看到了这位诗人，看到了我们的老师任洪渊，他几乎全然就是那种我们想象中的诗人，那么骄傲，那么不肯屈从，那么怀抱热情，那么激越，那么干净纯粹。还有比这更深刻的教育吗？他的每堂课、每次讲座、每回私下的交谈，都是一个诗歌的灵魂在闪耀着光芒。更重要的是，他一生都如此，至死未改变，无论社会如何变化，世俗如何强大，我们的任老师，没有变化。诗人就当如此啊，至少对于我来说，这是烙印在灵魂深处的教育。

在生命的最后，他还在给予我们教育。一直到弥留之际，他都仍在写作，在写他一直未完成的心灵自传。他已经不可能有力气再握笔写作了，那就用口述的方式。疫情期间，外人全都不被允许进医院探视，那就在电话里口述。他的助手王少勇先生和年轻的女诗人里所（是他学生的学生）承担了记录其口授的工作。任洪渊口授的文字，无须修改，直接就是完整的成熟的文学语言，每一句他都已在心中打磨好了腹稿，精确到每一个标点，还经常会在后来的口授中对此前的口授进行修改——他每一句都记得。这是多强大的心智啊！若非身体已经衰竭，仅就灵魂而言，他仍在盛年。如何面对死亡，如何将生命奉献给创作，何等惊人的意志……还能有比他更好的老师吗？

由于我在北京，离他较近，在众多诗人弟子中，最近十几年来任老师与我联系最为紧密，叮嘱也最多。有两个叮嘱是他一再重复的。一个是劝我不要太桀骜尖锐，不要太得罪诗坛。我当然知道，他是在担心我，怕我这怼天怼地的性格，会被诗坛孤立到边缘去。我在心中暗笑，任老师自己做不到的事，却希望我能做到。其实，任老师就是担心我重蹈他的覆辙——他就是一个始终被搁置在边缘的诗人啊。这当然是因为他的性格：他太天真，不懂得也学不会世俗层面利益交换的那一套；他又太骄傲，就算明白，也不能容忍自己去做那些世俗之事，谋取世俗之利。他不是不想要现世之名声，他当然也想要，也想让自己的创作能获得更多层面的认可和褒奖，但他这么天真和骄傲的性子，学不会、搞不懂也不肯低头去换取。任老师对我的另一个劝告是，一定要让自己的诗被翻译成更多种语言，在国际上发表和出版。有一次，他甚至专门给我打电话叮咛此事。我知道这也是他自己的遗憾，他知道自己的作品有多好，他希望它们能被世界看到。他对我的这两个劝告和叮嘱，其实都是不希望我重复他的遗憾。

我想对任老师说，在世时您或许寂寞，或许未被广泛重视，未被真正认知。但有什么关系呢？您独特而杰出的诗歌作品，瑰丽的文化哲学著作，一定会在时间的长河里，越磨越亮，熠熠生辉。而在我们这个时代，曾经有过任洪渊这样的诗人，这无论如何都已经是一件值得庆幸的事情。

用我的一首悼诗，作为这篇文章的结尾：

冲过死亡线

——记诗人任洪渊的最后时刻

身患癌症的老诗人

自知时日无多

放弃痛苦的治疗

要与老天抢时间

完成一部自传

他已无力打字

在病床上打电话

口授给弟子

多么疯狂的欲望！

——他要让自己

留在时间里

他正是这样的诗人

不但有资格

而且有办法

强行让自己

活在时间里

不肯

去死

还有比这更酷的吗？

当他迎着死亡冲刺

2020 年 8 月 13 日

沈浩波，诗人、出版人，1999 年毕业于北京师范大学中文系。出版诗集《蝴蝶》《命令我沉默》《向命要诗》《花莲之夜》等。

所有相见都是初遇

——忆任洪渊老师

里所

  任洪渊老师 1937 年出生于四川邛崃平乐镇（古称平落镇）白沫江畔，在他的诗与文中，白沫江和江水之上的乐善桥都是被反复提及的文学意象和符号，碎玉般的水花、乐善桥的曲线里无不藏着他生命和文学的密码。他的源头就在那里。因此当任老师邀请沈浩波和我于 2017 年 5 月 8 日去邛崃他的故乡看看的时候，我有一种能到实景中为文字寻找对应和坐标的惊喜感，何况还有任老师和 F.F、T.T 一起同游。

  我们在平乐镇待了两三天，任老师亲自精心设计的行程，那是一条代表着他心中最美平乐的路线，起点便在乐善桥：乐善桥边餐厅用餐，白沫江上泛舟，江畔漫步，夜宿江边古院落里的客栈，访卓文君故居，游竹海峡谷，登天台山看瀑布。最有仪式感的是我们跟在任老师身后，从乐善桥上一步步走过，边走边往无尽的时空中寻找任老师童年走过这座桥时的脚步声——"是 10 岁的脚步向后踩响了 6 岁的脚步声 / 是 6 岁的脚步声向前踩响了 10 岁的脚步 / 没有送别，守候和相逢 / 只有自己的脚步声跟踪自己的脚步"（《他的 70 岁和 10 岁相遇在桥上》）。2017 年任老师已经 80 岁，而他身体康健，脚步依然坚定有力，没有丝毫迟缓。我们都郑重地走着，在石板上踏响初夏。

乐善桥当然很美，浅红褐色的石砖石板，7个荷花瓣状的拱洞撑起桥面，安稳地坐于江上。但乐善桥更美在任老师的诗里，或者说是任老师的诗，让乐善桥具有了永恒性。我遥看那弯桥线时，有很多瞬间也会觉得这就是一座南方普通的桥吧，但只要任老师的诗句浮现心头，那座桥就绝美起来，壮丽起来，性感起来，"在石头的桥栏，他寻找回自己／第一个姿势，生命展开的第一条线／／他在成长，桥线在延长／同一条偎依拥抱的线在成长与延长"（《很少有哪一个少女的身姿不被乐善桥曲线无情解构》）。

　　江上泛舟是顶浪漫的。船虽不好找，但任老师坚持让我们体验一下坐船游江、亲近白沫的乐趣。最后觅到的是艘木船，不是电动或烧油的，而是由一位船夫划船。这太神奇了，也是我迄今第一次坐那种船。船夫分开镜面的水流，把我们带到平稳的江心，空气中弥漫着石楠树和黄葛树枝叶的气味。当时已临近傍晚，夕阳柔和地打在每一个人脸上。任老师很满意这项安排，兴奋地对我们讲起很多他的往事。我们又聊起诗歌，聊起卓文君与司马相如。恍惚间我仿佛掉进了梦里，醒来时任老师和F.F已经在招呼大家下船了，而水面漂浮的雾气已经吻住了夕阳。

　　当我想起任洪渊老师的时候，我总是先想起这趟珍贵的旅行。何其有幸呢，在任老师80岁重回故乡的仪式中，我竟能短暂地身处其中。他常对我们这些年轻晚辈说："我总是从一代代人身边侧身走过，现在你们能在你们身边给我留一个小小的位置，我就很开心了。"其实我们年轻人，更是荣幸能有机会从这样一位渊博、清澈的诗人那里，学习他卓越的精神，并感知他对诗歌、对文学的坚守。

　　我是在 2010 年冬天，准确地说是在初雪那天见到任老师的。当时我在李怡老师门下读硕士，因为知道我在写诗，李怡老师就介绍我去和任老师多学习交流。（这里不得不说一个有趣的缘分：我在西安外国语大学读本科时的写作课、文学史课老师是诗人伊沙，李怡是伊沙的师兄，而任洪渊又是李怡和伊沙共同的老师）那天下着大雪，是那种很大的大雪。任老师先到了北师大西门等我，看见他时，他已经像一棵落满雪的松树。我此前就读过他的《初雪》，那天正好逢上 2010 年的第一场雪，我格外开心，一路心里都想着"我开花了 / 水的花……我又开花了 / 纷纷的白火焰，烧毁了冬天"（《初雪》）。那天任老师请我吃的是杭帮菜，主菜点了清蒸多宝鱼。雪和鱼和诗，美好的开始。

　　之后就面临了很多师兄师姐都提到过的窘境。任洪渊老师博古通今，每次和他见面，他给出的信息量都非常密集，而他提及的很多哲学、历史、艺术、文学方面的书，我都还没读过。因此几乎每次都要提前准备半天，忐忑地去见面，见面时就像掉进了知识和诗的浩瀚烟海里，飘飘忽忽，有时被激励，有时也感到深深的羞愧——自己懂得实在太少了，就只好不停地跟着他语言的节奏，记下他提及的书目、作品，这就又够接下来一两个月研读的了。但往往还是读不完、读不透，以致最后几乎放弃了去读那些哲学书、历史书。

　　任老师倒不太在意我究竟有没有读。偶尔一句"哦，这本你也没读过啊"，语气里也不像有责怪的样子，因为他很快又回到自己的语境中去了。

任老师喜欢打腹稿，能整首背诵自己的作品。他那时已经在写《乐善桥》组诗和《词语化石》系列中的很多诗了，印象最深的是他一字一句给我边背边讲《1967：我悲怆地望着我们这一代人》，这是一首沉重的、高贵的诗，彼时我对"文革"的认知尚浅，不那么容易一下子体味这首诗中每个字的分量。他会耐心讲解，还原当时的历史，直到确认我真的懂了为止。而现在想起来，过去四五十年里，任老师几乎是在用他的每分每秒、每寸心魂、每滴血在写那些他生命和身体里的诗句。

我还喜欢听任老师讲《红楼梦》《追忆似水年华》，讲帕斯捷尔纳克的《日瓦戈医生》，讲屠格涅夫的《初恋》，讲庞德如何从中国的古诗里"偷去"了意象。当听他把艾略特《荒原》里的名句"四月是残忍的季节，哺育着／丁香，在死去的土地里"和李贺的"凄凉四月阑，千里一时绿"放在一起对比时，我简直震惊了，原来书还可以这样读，原来这样读诗能给我们自己的写作带来无穷的启发。任老师从艾略特和李贺的诗句中，同时发现了"开放／凋败、哺育／掩埋、生命／死亡"的主题，他跨文化、跨传统的视野，总能从人类文学艺术领域中，发现非凡的、时空交错的呼应与回响。

我从北师大毕业后，有两三年和任老师断了联系。2015 年我重回磨铁工作，沈浩波让我邀请任老师参加"磨铁读诗会"的活动，这才重新和任老师见面。任老师在他的文章中大概表达过这样的意思："没有重逢，所有相见都是初遇。"是的，到了 2015

年，我已经经历了一些真实深刻的人生，总算略有成长吧，婴儿肥的脸确实小了一圈；任老师似乎更瘦了，头发也更白了，但还是精神矍铄的模样，说话声音响亮，不管是读诗还是讲话都极富激情。那时起，他常让他的朋友、他晚年诗稿的整理者王少勇发些新作给我，让我转发给伊沙、侯马、徐江、沈浩波几位老师和师兄，任老师依然渴望身处交流的现场，期待收到诗人同行们对他新作的反馈。每次少勇给我发邮件后，任老师会再专门打电话给我，问我读了那些诗的感受，他常用的语气是：你们年轻诗人还会这么写吗？读起来没障碍吧？同时他再三叮嘱我一定要转给伊沙他们，说过些时间再给他们打电话，也听听他们的想法。

　　这个时段里，除了请任老师参加过三四次我们的诗歌活动，我又开始像先前那样偶尔能和任老师见面了，听他背诵过的诗篇主要是《第三个眼神》这首长诗，以及他最后的几首作品。《第三个眼神》同样是一首视野宽阔、审视人类命运和人性的巨作，他以"9·11"事件为切口写起："纽约／无数双惊恐的眼睛顷刻塌陷一角天空／一角天空顷刻嵌满无数双惊恐的眼神／那些引爆自己生命的绝世目光／熄灭了，连太阳也来不及捕捉／因为死亡从来不转过身。"进而思辨式地叙写了人类历史上无数次重大而残暴的"撞击"与"回响"。在太阳运转的长河中，他不停地叩问自己："我是什么眼神，问太阳还是问眼睛？"那依然是在一家餐厅里，北师大东南门对面的同春园。在嘈杂的饭厅里，任老师去那里用餐固定常坐的一个小雅座，我听他背完了整首诗。记得当时除了对任老师的敬意之外，我心中一个强烈的念头是，我要一直写诗，一直写到像眼前的任老师这个年纪，要一直对世界万物保持一种生动的、在场的反应，要把活过的生命都变成一首首诗。

任老师爱请我们吃饭，他是美食家，他请我去过人民大学那边的一家茶餐厅，吃蟹粉小笼。每次吃饭他都埋单。2018 年有一次是在峨眉饭庄——他年轻时就常去的老餐厅，那天他聊得太精彩，除了讲写作，也鼓励我们要知道享受人生，他说应该勇敢地去找到我们心里有他底片的那个人。我因此写了第一首致任老师的诗——《底片》。

2019 年任老师重新装修了在北师大的房子，当作专门用来写作的地方。简单的两居室，一间做卧室，一间做书房。书房的书架上摆着一张 F.F 年轻时的照片，F.F 的笑在室内变幻的光影下，永远明媚而动人。在任老师的计划中，他未来几年就每周花三四天专心在那处居室写作，同时那里也是他的会客厅，能常邀诗友去坐着聊天，可以办一些小而有实际交流意义的沙龙。我有幸去过三次，他开心地泡茶，也自豪地给我们展示令他满意的室内布置和沙发桌椅。他的书桌对着南向的窗户，干净得发出光芒。

如果真的能如他所愿，多好啊！

但 2020 年还是来了。

到了离得最近的 2020 年，我却越像是什么都记不清了，记不清哪一天得到的消息，是沈浩波第一个告诉我的，任老师得了胃癌，并且已经到了晚期。不记得当时在沈浩波面前我是不是直接就哭了，但记得知道任老师离世的那天，在他办公室我实在忍不住哭了一鼻子。也记不清是几月几日，我和沈浩波、西娃、小董一起去了在回龙观的北大肿瘤医院，看望了病中的任老师。那是我们最后一次见面。

见面时间大概30分钟。病房要求每次探望只能进去两个人，我和沈浩波先进去，西娃和小董在外面等。推门看到的任老师半躺在病床上，见了我们他恢复了一些精神，沈浩波宽慰他现在医疗条件好，找到合适的靶向药，一定能有奇迹发生，还举了他伯母癌症病愈的例子，同时沈浩波也鼓励任老师继续写未完成的自传，还提出给任老师出版全集的想法。我知道这完全是一个诗人对另一个诗人的鼓励，创作是诗人最好的药。我只是听着，并把任老师对出版全集的一些基本设想记下来。提及写作，任老师依然充满激情，他思路清晰，对于各本书体例篇目的构想也很完整。那一刻癌症是不存在的，时间依然通向无穷尽的诗文。

然后就换了西娃和小董进去。

等西娃和小董出来后，我又单独进去了一趟，我说："任老师，我再进来和你道个别，你好好休养，随时都可以给我打电话。"

那时疫情正紧，我怕手上有从外面沾染的细菌，自始至终都没有和任老师握手，也没有拥抱他。我们就那样走了。

整个7月，任老师给我打过七八次电话，少勇当时也在帮任老师整理录入书稿，少勇没空的时候，任老师就打给我，因为他感觉到时间紧迫，就抓住所有治疗和睡觉之外能用的时间，打电话给我们口述他的自传和诗歌。

我们每次通话时长一小时左右，大概是在晚上8点，只要他身体情况允许就打给我，如果到8点半还没打来，那一晚就不通话了。每次通话的一个多小时，我们最多能完成一千来字，有时只有几百字。任老师逐句说，我逐句打字，他会具体说出标点符号，逗号还是句号，他都想好了。在哪里分段，他也想好了。每打完一段，他都会让我给他读一遍，他边听边校对。有时第二天刚通电话，他就先让我修改前一晚录入的几处细节，说明他反复在心里修订确认了每一个字句。

我怀有一种崇高感，仿佛我和任老师一起在和时间赛跑，我们正配合着从死神手里抢东西，他是主抢手，我是小跟班。我让自己接听电话时保持最大的警觉，只想稳稳接住每一个字，生怕打错了任何一个标点。任老师有川音，但我越来越能准确地捕捉到他的用词，这样就能减少他重复的时间。

我主要录完了"侧身十年"这个完整的部分，是任老师对"文革"十年中自己言行和经历的记述、回顾与反思。青春的火、革命的火、历史的火、生命的火，都在去年7月我们的那些电话中燃烧着。有一两次，他讲完那些段落，我们都很兴奋，因为他写得太好了，几乎每一句都是诗，我们也会讨论几分钟。我告诉他我有多喜欢他的表达，他也很高兴，声音都洪亮了一些，还会跟我聊几句题外话，聊起当年往事里的细节。最后我们互道晚安。

有时连续三四天任老师没有打来电话，我会忍不住打给他。有时他没接。第二天我再打，他接了，就说没事，只是在治疗，让我等他打给我，可声音很短促。

但从8月起，任老师再也没有给我打过电话。等来的是任汀的消息，她说任老师平静安详地离开了我们。

最后那天下着大雨。任老师灵车启动的瞬间，雨更大了，仿佛一江的水，直接从天上倒下来。

前段时间看任老师全集书稿，又读到他早年文章里写到"洪渊"这个名字的来历："任、杨、郭三姓宗祠的族谱上，'洪'字辈早已预留着他在词语中的位置。为了破他命中'水忌'不祥的预言，乡野中某个智者沿着'洪'字意义的踪迹，沿着'是水就不再灭顶'的意义踪迹，洪渊，便是一个为他预备的名字——听从词语吧，在水语法中不被淹没的最好选择，就是首先成为洪水甚至深渊。语言预谋了他的一生。"我对沈浩波和侯马都提及过这段。侯马说："任老师绝对拥有了内在的超越力量，就这点来说他堪称我们的精神之父。现在他已是神仙了。"

想起任老师，我常想起白沫江。我也常想起最后那天的雨，我相信那就是作为白沫江水、作为洪水、作为水本身的任洪渊，洒落大地，又飞升天宇。

里所，诗人、编辑，北京师范大学文学院 2009 级硕士研究生。

最高贵的心灵
——怀念任洪渊先生

王少勇

一

就在我刚刚离开北京，返乡筹办母亲三周年祭时，收到恩师任洪渊先生逝世的消息。我的第一反应是跪下，向着北方磕了三个头。

母亲的胃癌查出时已是晚期，先生也是。

5月27日，2020珠峰高程测量登山队登顶，我作为报社前方记者队队长，在珠峰大本营紧张地直播。先生打来了电话，连续三次，我都没办法接。直播结束后，我给先生回电话，他说："晚上7点来钟我再给你打电话吧，我有件很重要的事情要告诉你。"随后他又强调了一遍，"很重要的事情。"

7点来钟，珠峰脚下黄昏刚至，峰顶被云层遮住。我站在乱石遍布的旷野中接先生的电话。他声音很平静，格外温和，语速也比平时慢。他说："少勇，我的好朋友，我最亲密的朋友，有件事情要告诉你。我最近一个多月身体状况不太好，去医院检查，发现已经是胃癌晚期。你不要忧伤，人生就是这样，我心情非常平静。"先生一直慢慢地说着，或许听到了我的抽泣，他又安慰说，"你不要忧伤，今生能遇到你这样的朋友，我很知足。"

我除了继续哭泣，不知该说什么。先生接着说，"我计划出版三卷本的《任洪渊全集》，委托给你和任汀。"随后他开始说关于这三卷全集的设想，包括每一卷的内容和编排顺序。我赶紧返回帐篷，一边在本子上记，一边哭。

那时我和先生已近半年没见面了。上一次是 1 月 14 日，疫情暴发前一周，我去北师大看他。先生给我读他刚写的一段自传，他慢慢激动起来，声音越来越大。我情不自禁地拿出手机，录下先生一手拿着稿子，一手扬起在空中激情讲述的样子。晚上，我们去了位于东四十条的大董吃饭，那是我们常去的饭店。每年冬天，我和先生至少要一起做两件事：吃一顿烤鸭，吃一顿火锅。

先生知道我不富裕，他也不像很多教授那么有钱，对我们来说，大董算是奢侈的了。我们轮流请客，先生总是记得很清楚，轮到他时，如果我抢着结账，他就会不高兴。每次我们都点三四个菜，两瓶啤酒。菜不点价格太高的，啤酒他喝一杯，有时一杯也喝不完，剩下的再倒给我。

先生是美食家。如果他说好吃，那一定很好吃。他很难容忍那些劣质的食材和糟糕的味道。先生最喜欢吃淮扬菜，奇怪的是，他虽然是四川人，却不太能吃辣。"失饪不食，不时不食"，先生对此有深刻的理解。记得先生给我讲过他童年寄宿姑母家的故事，自传里是这样叙述的："早上，堂姐天天用一碗蛋炒饭送他们上学。他闻到了油香、葱香、蛋香，只是他的碗里没有蛋花、没有油星。有些早晨，堂姐还叫他去小铺为外甥买卤肉、香肠、花生米，他回来把纸包放在外甥碗边，转过脸去。他埋头吃完自己碗里的饭，一眼也不看外甥的碗。从此，他一生都不看他人的碗。"

疫情刚暴发时，单位门口的保安开始查体温，大门都堵住了，我觉得情况不妙，就给先生打电话，让他一定注意。春节过后，先生一个人住到北师大去写作，自己做饭吃。起初他还到校内菜市场买菜，后来疫情越来越严重，我建议他不要冒险。于是每隔一周左右，先生让我帮他用外卖软件订一次食品。疫情期间，外卖骑手不允许进小区，只能自己去门口取，因此不能买太多，先生提着上楼吃力。疫情期间，很多商品缺货，每次都不能完全满足先生的需求。大多是这样：鸡蛋10枚、西红柿4个、"黄元帅"苹果4个、黄瓜1盒、小油菜1盒、云吞一袋、水饺一袋，有时会订1箱牛奶，偶尔订2斤排骨、1包方便面。很难想象先生如何忍受那些速食。他总是说，自己做饭太占用时间和精力。我猜想，那段日子，先生每顿饭可能只是勉强吃几口。

后来疫情稍有缓和，我还给先生订过饭店的外卖：两次红烧肉，但先生说第二次的质量比第一次差太远；一次东坡肘子，但那肘子太辣，他分了几天才吃完。先生在电话里说：总是有饿的感觉，身上也没过去有力气了。我心里很难过，想去看他，但又怕在路上带去病毒，并且北师大的小区也封闭着。

在自我隔离的日子里，我和先生每天下午通两小时电话，谈他的诗。我谈我的感受，他谈他的创作过程和与之相关的思想。我自然没有和先生对谈的能力，大多数时间都是他讲我听。有时先生谈得很高兴，说起有趣的事情，我们一起哈哈大笑。有时又会陷入沉思，我们就在电话的两端一起沉默着。每天这两个小时，对先生，对我，都是疫情期间心灵的宽慰。我们原计划谈12

首诗，形成 12 篇文章，每篇四五千字。刚谈了 4 首，3 月中旬，我就去西藏了。先生说，他计划利用我在西藏的时间继续写自传，并把已有的 4 篇对谈基本定稿，剩下的等我回去再谈。

到了西藏，我依然帮先生在网上订食品。有一次他说，某物流在校内开设了一个取货点，可以存放三天，方便随时去取，让我查查走这个物流的有没有合适的食品，比如香肠之类的。还说最近感到更加饥饿和乏力。我赶紧查了查，给先生订了两包广式香肠。还有一次，先生说肩膀很疼，怀疑是提东西上楼拉伤了，让我帮他查一下膏药。现在想起来，这些或许都是胃癌的症状。我母亲胃癌复发后，也是后背和肩膀疼。先生每次来电话，都很关心我的情况，担心我的安危。可我们不知道，癌细胞正在邪恶地侵蚀他的身体。

先生曾说，没能去西藏，去看看布达拉宫，是个遗憾。他说参加青海湖诗歌节时，在海拔三四千米的地方，并未感到不适。我在珠峰时，有次他打来电话，心情很好，听我说了许多西藏的事情。他告诉我有个实景演出《文成公主》，听说不错，希望我回到拉萨时去看一下，给他讲讲感受。先生常对我说，我们只此一身，只此一生，要尽可能地穷尽它，多体验、多感受、多思考。人生在世，不是看你有多大的房子、多豪华的车子，而是你对这个世界有什么样的看法。

从疫情暴发到先生查出胃癌晚期，只 4 个月的时间。而胃癌发展到晚期，大概需要半年到一年的时间。癌症病灶不知何时悄悄产生在先生身体里，疫情期间的隔离生活和低质量饮食，无疑加快了癌症的发展。该死的胃癌。

二

　　我和先生在 2010 年初冬的一个诗歌活动中相识，至今整整 10 年了。那年他 73 岁，我 27 岁。

　　那是原中国国土资源作家协会（现中国自然资源作家协会）主办的第二届全国乡土诗歌大赛颁奖活动。每当念及和先生相识相知的过程，我内心都对徐峙充满感激。徐峙是那次活动的组织者，也是先生的学生，对先生推崇备至，自然邀请了先生参加。

　　恕我不敬，在无锡太湖边第一眼看到先生时，我并没有把那个瘦小的老人和任洪渊这个名字联系在一起。可当他开口说话——我想很多人都和我一样，那些词语以及词语组合的方式，那如烟花般炸开的智慧，把我震惊了，仿佛此前我从没有真正听到过、见识过汉语。当天晚上，我给几个好友发短信：从此以后不要再说王少勇写过诗，他连语言都未曾认识。

　　先生常说，拥有什么样的语言，就拥有什么样的人生。从那天起，先生改变了我的人生。

　　回京后，我常跟徐峙到先生家里去。那时先生刚刚开始他的自传写作，不过当时他并没有称之为"第三人称自传"，而是"我的邛崃文学地理"，他想用自己的写作，为家乡做点贡献。我们在先生北师大的居所，听他从白沫江开始讲起，讲成都透明的氤氲，讲巴蜀文化，讲儒释道。先生的语言如有魔法一般，形成一个强大的引力场。现在回想起来，那些夜晚依然冲击着我的心灵。

　　先生不用电脑，他的手稿大多写在 A4 大小的白纸上，草书。

先生写作总是先打好腹稿，他常常在散步特别是夜里散步时创作，一旦灵感来了，心中就汹涌成江河。先生写作速度不快，他对每一句话都有近乎苛刻的要求。先生常说：不要做重复的事，不要做没有创新的事，没有创新就没有意义，就是浪费时间。有时先生写一段，在讲给我听时，会突然说：这个感觉还没完全写透，我再琢磨琢磨。先生一直追求透亮的表达，看似清浅如溪水，甚至隐约能看到底部的石头，实则如深渊般意味无穷。对于语言，他从不妥协。

先生记得他写过的每一个字，甚至每一个标点。可以想见，那些句子，他经过了多少遍斟酌。可是，在信息社会，脑中的、纸上的，总得录入电脑才方便传播。无比荣幸的是，10年来，这件事一直由我来做。有些手稿我拿回家中录入，因为先生都讲给我听过，即使有些字看不清楚，我也能猜到是什么。有时是在先生家中，他讲一句，我往电脑里敲一句。2012年春节假期，我没回老家过年，先生刚过完春节也回到北师大的住所写作。我们整日在一起，沉浸在语言中，一直到夕阳装满阳台。

先生一边写自传，一边修改他之前的诗作。那本《女娲的语言》，他翻开书，一首一首地给我讲，并直接在书上修改。2015年，先生开始写组诗《第三个眼神》，每写一两首，就读给我听。先生读诗的时候，俨然回到了20岁，激情洋溢，浑身闪耀着光芒。

先生的很多教诲，对我都如醍醐灌顶。先生说，写诗就是写第一感觉。第一感觉并不是指最直接的感觉，而是第一次有的感觉，前无古人的感觉。当然这种感觉也需要加工、提炼，但它是自身的、自然的，是真实感觉到的。先生说，汉语有很大的空间，词语和词语之间有内在的联系，就像把东西摆在一张桌子上，你可以自由地去摆，它们会自己联系在一起。先生说，写作最重要的就是打破陈规，把词语重新擦亮，并打破固有的节奏。现在想起先生对我说的这些话，他真是把我当成自己的孩子，耐心地手把手地教啊。

先生还一直操心我的发展。他认为我不能局限于记者这个职业，可以寻求机会做点文化产业，他还认为只写诗也是不够的，应当写点有分量的纪实文学。他经常督促我说，在忙工作的同时，你要抓紧自己的写作。可惜我愚钝而懒惰，至今一无所成，辜负了先生的期望。

2017年春，我在鲁迅文学院学习，先生去了四川，我们许久未见。他回京后，由于北师大的房子刚装修完，甲醛超标，就在北师大东门对面租了间房子。我在北师大对面的一个胡同里见到先生，他紧紧握住我的手。那一刻，仿佛站在我面前的，不是老师，而是至亲。

2012年夏，我随远洋科考船赴太平洋两个月。船上没信号，我和先生中断了联系。当我回来见先生时，他说一听到台风的消息，就为我担心。他说，这段日子常想，还没为少勇做过什么。

2011年秋，我的孩子出生，先生赐名王旗。他给了我一个北京四中的牛皮纸信封，里面装着他在四中讲课的800元讲课费。

2019年冬，我和先生从北师大出来，打车去金融街吃饭。车过新街口，行驶在赵登禹路，我们听着某微信公众号朗诵先生的诗。天黑了，路灯的微光照进来，我们在后排坐着。小提琴簇拥着诗句，北京一片寂静。

三

　　先生高贵、单纯，因此孤独。天才或许大多如此。

　　先生说，他一生从未写过一个让自己脸红的字。

　　我要说，先生一生写下的字让很多人脸红。

　　先生的高贵是骨子里的，高贵得那么自然、那么绝对。他从不向任何人、任何事低头屈膝，从不谄媚或迎合，也从不违背自己的内心。

　　先生对我说，年轻时曾有知名学者提出想和他合写文章，但他看不上那人的文字，就不留情面地拒绝了。军艺文学院创建时，负责人邀请他任教，并许诺很高的待遇。先生回复："我怕自己散漫的作风坏了军队的风气。"

　　先生常对我说，过了70岁，自己才懂得了一点人情世故。是啊，不然他怎么会退休时只是一位副教授？先生曾把职称评审的经历写下来，但最后决定不放进自传里。先生原谅了，这世上有什么人或事值得他耿耿于怀？

　　但先生的高贵不是高傲自负，他待人和蔼、真诚、不卑不亢。如果谁对他好一点，为他做了什么事，他都会记在心里，想办法回报。先生装修北师大的房子，也是为了有一个好点的环境招待朋友们。他说，书房收拾收拾，以后朋友们可以经常在这里聚会、喝茶聊天，还是很不错的。

先生平时关心时事，常看凤凰卫视的新闻资讯。我们闲聊时，也会聊些时事。对于那些暴露人性黑暗面的事件，先生总是一声叹息。他还特别关注天文、物理学方面的进展。我想，这些都是先生对人类命运和存在本身的关怀。有时听我说起趣事，先生就会哈哈大笑起来，嘴里说着"好玩，好玩"，像个孩子一样。

先生有大智慧，因此孤独。

《女娲的语言》《墨写的黄河：汉语文化诗学导论》《汉语红移》，在我看来，就像向日葵、星月夜、麦田上的乌鸦一样，这个时代还没做好接受它们的准备。

先生总是能读懂其他诗人最核心的部分。洛夫在读了先生关于他的评论后，回信写道："一个诗人能得到如此完整的、多角度的赏析，至少在中国当代诗坛是罕见的，而哲学性地直接切入一个诗人的骨肉，你还是第一人。"郑敏在读了先生的评论后，回信写道："我的收获是意外的，因为我深深地被您的透视、周密的思维和极富表达力的文字所吸引，已经忘记自己这被审视的地位。如果任何解释都是一次翻译，您的翻译是一'绝'。"

先生评论托尔斯泰、普鲁斯特、昆德拉的文字，也是那么精妙，令人拍案叫绝。他似乎有一双慧眼，能够透过文字直抵内在的真相。

可鲜有人读到他作品中语言和生命原初的力量，读到那空明的智慧。有些人对先生的解读，令他遗憾，又哭笑不得。先生曾拿着一篇关于《她，永远的十八岁》的评论，笑着对我说："搬来这么多理论，难道他们就没恋爱过？就没对女性有过冲动吗？"我知道，先生的笑容背后，是不被理解的悲哀。

先生不仅是语言天才，还是数学天才，并且记忆力惊人。但他并非用逻辑和思辨去面对西方的逻各斯，而是用中国智慧，用汉语。先生以他对生命的强大感受力和对存在的深刻理解，生发出独特的语言体系，并用语言创造出一个宇宙。在这个宇宙中，中西、古今的各种哲学思想和艺术创造，都凭借自身的引力运转，一切时空的界限荡然无存。这个宇宙就是真理呈现的场所。

先生一直在和老子、庄子、李白、杜甫等先辈神交，并用自己独特的感悟和言说方式，让中国传统文化的精华活在了当下。这正是中华民族精神重建所需要的宝贵财富。

先生在最后的几年里，一直在寻求被理解的可能性。他曾让我把他的近作发给一些朋友。每次让我代发邮件或短信，先生都会字斟句酌。哪怕几十个字的短信也精练文雅，有礼有节。我想，先生收到的真诚回馈，应该低于他的预期，因为大家都太忙了。

先生说，他侧身走过一代人身旁。我想说的是，他不只侧身走过朦胧诗人身旁，也侧身走过随后一个个诗歌浪潮的身旁。他从不主张或争抢什么，却一直是无法被忽视的存在。正如先生所说：无影的雪照，不遮蔽，也不被遮蔽。

先生并非完全孤独。他常提起夫人，有时一脸骄傲的表情。师母是位真正的大美人，先生的书柜里摆着她年轻时的照片，明星一般。师母曾让先生拥有了第二个二十岁，让他感到自己是一个太阳，要把其他的太阳撞沉。先生常提起他的女儿任汀，哈佛毕业的女儿也是他的骄傲。先生在女儿的教育上倾注了大量精力。比如他曾自创一套数学题，帮助女儿理解数学的原理，而不是死记公式。对此，他颇为得意。

先生常提起他的弟子：伊沙、侯马、沈浩波、李静、徐江、朵渔……教育出众多优秀的弟子，令他感到欣慰。

四

直到先生走了，我才意识到，我陪他度过的这一段时间，是他生命的晚年。

2020 年 5 月底，先生住进了北京大学国际医院。他说是侯马帮着联系的，医疗条件很好，还有最好的大夫。先生说，女儿有孝心，要不惜一切代价为他治疗。先生说，不用担心他，他应当还有一些时间。

6 月初我回到北京，去医院看先生。一见到他，我的眼泪就差点掉下来。没想到先生消瘦成了那个样子，皮包骨头，脸色苍白，甚至说话都感到费力。

我坐在先生床边。先生说沈浩波提出要出版他的全集，他知道出版这种书就是纯投入。他说学生们为他做了很多，他心里很感激。他说想和沈浩波签个协议：一是表达感谢；二是写明如果这套书在收回成本之后还有盈利，版税属于女儿，也算是对女儿的一点安慰。当然，这种可能性不大，他随后补充道。

先生又对我说了一遍关于三卷本全集的设想，他说细节再慢慢和我敲定。还有自传的最后一部分，我们也慢慢敲定。他说现在身体状况还好，专家正在商量治疗方案。

先生问我的情况，我说在珠峰期间写了一些日记，有出版社打算出版。先生眼睛一亮，笑着说："太好了，祝贺你，这次去收获很大。"先生让我念一段给他听。我念的时候，先生闭着眼睛听。念完后，他说，挺好的，语言明快，有画面，也有对生命的感悟。那一刻，我们仿佛回到了先生在北师大的家中。

没过多久，北京疫情复发，北大国际医院一名护士感染，医院封闭。先生的手机大部分时间关机，我只能等他电话。每次打来电话，先生都会说："我先向你说一下我的治疗情况。"有一天，他说已经做了一次化疗，反应不大，挺好的。先生一直保持着乐观的心态。

可先生说，这里的饭实在是太难吃，比食堂还要难吃十倍。那时先生已经几乎吃不下东西，越来越虚弱。有一天，先生打来电话说："少勇，看来我们得抓紧了，今天美国的专家网上会诊，认为我的身体状况已经不适合任何治疗方案了。"

不久后，先生转到首钢医院疗养，不再化疗。

先生躺在病床上，在病痛的折磨下依然写诗，写了很多首。除了创作新诗，他还把此生写的所有诗在脑子里过了一遍。先生有时打电话来，特别兴奋，一连复述两三首新诗给我，让我录进电脑。每当这种时候，他的声音都充满激情，根本不像一个患病的老人。有时先生打电话来，只是为了修改某首诗里的某个词。他说："这样一改，感觉更通透一点，你觉得呢？"先生身边并没有他的诗集，能把自己的作品记得如此清晰，简直不可思议。

诗一直陪伴着先生，也陪他度过了生命里最后的时光，在一定程度上缓解了他的痛苦。

先生最后的诗里有这样的句子："我细胞一样生殖着的墓群 / 埋不下死亡。""自挽？完成的孤独 / 无形，无影，大寂寥中无音。"大空恒寂寥，唯有寂寥才是恒久不变的吧，先生的语言和生命来到了最后的完成。

把所有的诗敲定之后，先生开始向我口述补充自传中的一章，他的 80 年代。先生说话的气力越来越小，有时说几句，就恶心呕吐。再后来，我就很难听清楚先生说什么了，一句话他要逐字逐词地说，许久我才能明白什么意思。每次我都特别焦急、特别愧疚，但又不得不说：任老师，请您再说一遍，我没听清楚。先生也用抱歉的口吻说：没办法，我现在口齿不清。一个多小时，我们只能完成两三百字，中间还伴随着先生的几次呕吐。

有一天，先生在自传中谈到他亦师亦友的邵燕祥先生。夜里我竟看到邵燕祥先生的讣告。但第二天，我犹豫了一下，没告诉先生。7 月 18 日，郑敏先生百岁生日。我就想，如果先生也能活到一百岁该多好啊。可惜我们的世界无此福气。

有一次先生来电话，并没有修改诗或口述自传，而是和我随便聊了几句，听上去他精神很好，最后他突然说："说说你的情况吧。你还好吧？"我愣了一下，说："我挺好的，任老师。"我说最近有件好玩的事，有个官员写了本《平安经》，通篇都是名词加上"平安"两个字。先生笑了笑，没有发表评论。我不止一次后悔，当时说什么《平安经》呢？我应该说内心最想对先生说的话。

我和先生最后一次见面，告别时，先生让护工扶他起身，他坐在病床上，郑重地握住我的手，微笑。就像我们每一次见面，告别时，先生总是站得笔直，微笑着向我挥手。先生说："再见。"我说："再见，任老师。"

2011年夏我去成都出差，抽出一天半时间去了先生的故里——平乐古镇。我去了先生提到过的芦湾、金鸡山，想象自己踏着先生童年的脚步。夜里我坐在乐善桥边喝酒，欣赏乐善桥"美丽的曲线"。第二天一早，我拿着《女娲的语言》，站在乐善桥上，面对奔涌而来的白沫江，朗诵先生的诗。

如今先生长眠在白沫江畔，"如霜、如白露、如梨花雪霰"的白沫江畔。

从平乐回来，我写了首诗献给先生，打印在两页A4纸上，带着去见他，忐忑地读给他听。先生听完说："挺好的，'穿透'一词用得好。但你这是在颂我。你颂我干什么呢？你看古代那些诗人间的交往，都写得很亲切。"先生这番话令我脸红，我悄悄地把那两页纸装了起来。第二天，先生打电话说："你怎么把诗带回去了？下次再带来给我吧。"先生走前几天，我按照他的嘱咐，去北师大整理他重要的书信和手稿。我发现那两页纸就夹在先生珍藏的一沓书信中，顿时百感交集。

愚钝如我，先生在世时，没再写一首诗献给他。十年过去，诗艺也未精进。先生走后，我某夜大哭，草草写了一首不算诗的诗，姑且作为这篇文章的结尾吧。

先生，树叶开始落了
我们该去大董吃顿烤鸭

你那精妙的句子，想念它们的听者了

顺便聊聊"诺奖"和美国女诗人

聊聊大海的此岸和彼岸

陆地披着一件黑色的幽默

不曾为你停下脚步

先生，我梦见你让我修改

诗中某一行词句

你说生命的感受要更直接

醒来我却找不到那首诗

一定是你新写的吧

我多么懊悔，哪怕记住一句

此刻面对星空

我就不会这般疑惑

丽泽 4 楼 3 单元 403

是最神奇的所在

时间常常凝固，我逗留在

你的词语和激情中

忘记了窗外还有一群群

狡猾的乌鸦

闻不见偶尔钻进来的

刺鼻油烟味

那些时刻，我看见

一个完整的宇宙环绕着你

其中必定有一颗星球

人们以智慧为粮食

所有讲台和书本

都为诗人空着

每一家饭店都对诗人打折

某日我去找你

请带瓶好酒为我接风

先生，还是像过去那样

我等你电话吧

等听筒里传来你的声音

你另一个 20 岁的声音

少勇，现在方便和你说话吗？

方便的，任老师

这世上每一对耳朵都方便

您说吧

王少勇，诗人、记者，任洪渊先生的学生。

任洪渊回乡记

李浥

　　8月13日下午5点，一个朋友转发了一篇文章——《83岁诗人、学者任洪渊逝世，他曾培养出"北师大诗群"》。我的脑海一下子空空荡荡，转而又思绪万千，觉得有很多事情要去做了，为送别老师，也为迎接老师回乡。

　　3个月前，疫情的阴霾还没退去，我打电话问候任老师。他说："北京防控得很好，不过，既然你来电话了，我还是要告诉你一件事情。"这件事就是他已经住进了医院！他不想亲友担心，叮嘱我不要告诉任何人。他说，沈浩波他们在整理他的作品，准备出版他的全集，其中大量内容涉及邛崃，需要我收集他在故乡留下的图片和视频，包括他为我的微信随笔集《流水手账本》作序的手稿照片。他保持了一贯的侃侃而谈，平静的声音无法让人联想到他正饱受病魔摧残。

　　在治疗期间，我是不忍心打扰任老师的。虽然他曾经带夫人和女儿回过家乡，可我并没有留下她们的电话，无从打探他的康复状况，只有徒劳地牵挂。一个月后，任老师给我打来电话，郑重地拜托我为他在白沫江畔寻找一块墓地。他说他想回到生于斯长于斯的平乐古镇。这个电话让我热泪盈眶，随即紧张起来：原来死神离他已经很近了！

　　任老师跟我的最后一次通话是在2020年7月18日18点41

分。这些年，老师一直忙于自传的书写，遗憾的是直到住进医院也没有完成，只有在电话里向学生或者学生的学生口述。那天，老师刚做完 20 世纪六七十年代的口述，还兴奋地沉浸在如烟往事里，他跟我聊起了口述的内容，语气依然很诙谐。我提醒他别讲太久，把自己累倒了。挂电话时，我特意看了下通话时间——38 分 18 秒。如果早知道这是我听到的他最后的声音，我肯定要跟他聊很多家乡的事。

任老师曾经说过多次，如果他只有十个朋友，我必是其中之一。面对一位 80 岁老人，我掂得出这句话的分量。在他离世以后，那些跟他在一起的时光不断地浮现在我眼前。

与任老师的初识是在 2010 年秋天。那是他很多年以来第一次回到故乡。那一次，他回到平乐古镇大碑山祭祖，先后在南街小学、邛崃一中、平乐中学举行专题讲座，向家乡师生讲述他的研究成果。当时我在平乐古镇工作，在乡友联谊会上认识了这位远在他乡的著名诗人、学者。会后，我给他当起了导游，我们沿着白沫江，一路寻访他儿时的足迹。

任老师在平落堂居住的日子，我几乎每天都要陪他在古镇走一走，听他讲曲折的身世。他提到自己名字的由来，说他生于白沫江边，由于五行缺水，被取名为"洪渊"，"一下子有了很多水"，他后来是这样解读的，"是水，才不会被水淹没"。有一天，他在平落堂的签名簿上一笔一画地写下了"我是平落人"五个字。相比于今天通行的"平乐"，他还是想称故乡为"平落"，仿佛这样才能够真正回到故乡。

2017 年，老师再次回乡，那时候我已经调离平乐几年了。他给我打电话的时候很激动，说他向很多人打听过我，终于在平乐亲戚那里找到了我的电话。我在邛崃南岳街的一家小旅馆找到了他，依然满头银发，精神矍铄。他拉我在阳台上坐下，从那里可以眺望临邛古城的旧街巷。他开门见山地告诉我这次回到四川的行程安排：最重要的是创作个人传记，还要参加李白诗歌节领取终身成就奖，到四川大学讲学，到金沙讲堂做报告。我帮他优化了日程安排，顺理成章地成为他回乡期间的生活顾问。

随后，他的夫人、女儿和诗人沈浩波、里所相继来到邛崃。我全程陪同，而他则担当起了还乡之旅的导游角色。我们沿白沫江而上，从平乐古镇来到了天台山。他要带他们走到白沫江的源头，像在寻找自己的生命之源。

第二年任老师还回过一次故乡，在续写个人传记的同时，还要到川大讲课，讲的是东西方文化交流中的中国精神，川大要全程录制视频，开发音像产品。故乡在他的传记里占了很大的篇幅，他说只有在故乡写传记，文字才能真正进入故乡的血液。

这次回乡，在征得老师同意后，我举办了一场分享会，让他与喜爱他的读者们进行一次面对面的交流。那是一个夏天的暴雨之夜，读者们人手一本《任洪渊的诗》，争先恐后地与他交流阅读感受，老师一一作答，让我吃惊的是他对多年以前写下的诗句还记得非常清楚。其实，老师的很多作品我读起来是很生涩的，但我感动于先生的诗歌没有变得流行——它们不会让小女生因为多愁善感而泪流满面，但一定会让老男孩多年以后因为悲痛欲绝而欲哭无泪。

老师回到北京以后，我觉得自己在首都有了亲人，每次到北京必与他见一面，而他则不管隔多远都会偕夫人陪我吃顿饭。2018年冬天，我和他在北师大的工作室"雪照斋"见面，窗外是满地的银杏叶。这次见面，他拿出了为《流水手账本》作的序言手稿。他在序言里这样描述我们的初识：

"2010年10月，我70岁回乡，李淲在白沫江边等我。也不知道是谁安排好的，李淲1971年出生在白沫江上游，仿佛就是为了在40年后，到乐善桥等候一个迟迟归来的白沫江人。"

在我们相识10年以后，这个"白沫江人"突然走了。时间定格在2020年8月12日21点49分，不久就是他的生日了，而他却等不到了。他还有很多想做的事情，可是已经来不及完成，给我们留下了长长的遗憾。

北京媒体在发布任老师的讣告时，公布遗体告别仪式将于8月18日上午9点在北大首钢医院举行。我想我该去一趟北京了，看老师最后一眼，再跟他家属商量在故乡找墓地的事。

在临行的夜晚，我在邛崃文艺之家举行了一场题为"从远方到故乡"的追思朗诵会。这一天，白沫江涨了今年最大的一场洪水，我有感而发写了一首诗——《洪渊归来》。朗诵会开始前，我特意展示了两张白沫江洪水的照片，说老师名叫"洪渊"，母亲河正在以一江洪水为他送行，也欢迎他回家。朗诵会从发起到举办，只有三天时间，因为有大量志愿者的支持，朗诵会得以圆满举行，这一切都源于老师的感召力。

在北京的告别仪式上，沈浩波代表亲友致辞。他感慨地说："任洪渊老师始终保持着天真而孤独的诗人的灵魂，是真正的诗人，他用一生创作、研究、传播诗歌与文学，可以说培育出了中国诗歌的半壁江山，而我们对他的研究还远远不够，他的文学价值还没有得到应有的认识。等到他永远离开，我们才发现他就是身边的大师。"而任老师的女儿任汀则含泪转述了老师生前的三个愿望：一是出版个人全集，二是把骨灰安葬在家乡白沫江畔，三是设立任洪渊文学奖。沈浩波表示，要把颁奖仪式放在平乐古镇，以完成老师最后的心愿。

不管离开故乡多少年，任老师的心始终守候在白沫江畔。现在，他终于可以回到故乡了。

欢迎回家，任老师。

2020 年 8 月 23 日

李沚，原名李志，成都市文艺评论家协会理事。在国际在线开设有随笔专栏，出版有《流水手账本》。

从一本杂志到一册诗集
——我与洪渊先生的交往

席永君

20世纪80年代是中国新诗空前繁荣的年代，全国各地诗歌流派蜂拥而出，民间诗刊、诗报层出不穷。80年代中后期，我还在故乡邛崃。深秋的一天下午，天空高朗，流水岑寂。我从西郊造纸路去县文化馆的图书馆借书。远离热闹的人民公园（今瓮亭公园，俗称新公园），清幽僻静，罕有人光顾。文化馆就在小桥流水、绿树环抱的园内。若要去文化馆，进了公园大门后，还要单独进一扇门，于是便形成了有趣的园中园。如此幽中之幽、静中之静的环境，自然是读书的好去处。

那时图书馆还是文化馆的一个下设机构。因为我是常客，加之经常参加文化馆组织的文学活动，所以馆内的工作人员基本上都认识我。见到我来，一位名叫罗华平的馆员便向我推荐新到的几种文学期刊。在《北京文学》杂志上，我看到了一组洪渊先生的诗。作为当期重点推介的作者，杂志专门配发了一幅洪渊先生的速写肖像，面颊瘦削，目光如炬，一看便知是一位人格高标、铮铮铁骨的诗人。结尾处的作者简介这样写道："任洪渊，男，生于1937年，四川邛崃人，现任教于北京师范大学中文系。"我当时十分惊讶，我的惊讶包含以下三层意思：

居然在北京还有一位写诗的邛崃人；"德不孤，必有邻"

（《论语·里仁》），自己又多了一位写诗的同道，而且从年龄上来看，出生于 20 世纪 30 年代的洪渊先生显然是我这个"60 后"的前辈；自西汉以降，故乡文风鼎盛，英才辈出，新时期的新诗创作亦不甘于人后。

我早已忘记了洪渊先生那组诗的标题，现在想来，应该是后来收入《女娲的语言》中的那组《东方智慧》了，因为，我清楚地记得组诗中有一首诗的标题叫《远方》。全诗如下：

远方

我走回童年　走回
我的十一岁　身后的群山拥着走出
还能第二次出发吗
走不出的眺望　在故乡

故乡　我一步就走进汉代　走进
司马相如堆砌成了赋的岁月
走到今天这么长
走不到的远方

远方遥望
我四十岁的背影
我少年的脚步　害怕起程
走不回的回头　在远方

只有我身后的群山　不肯退转

还拥着一个个十一岁的早晨

走过我　远方

倒下再多的背影也遮不住的

远方

　　诗的结尾处特意注明："我的故乡是四川邛崃。"

　　这首写于1986年的《远方》，给我的印象实在是太深刻了。洪渊先生后来告诉我，此诗是他阔别邛崃29年后，于1980年9月送祖母骨灰回平落（今平乐）大碑山安葬时获得的灵感。因为那句"故乡　我一步就走进汉代　走进／司马相如堆砌成了赋的岁月"，我从此认定，洪渊先生和我乃同道中人，都是现代意义上的汉语诗歌的原教旨主义者。

　　仅从这组《东方智慧》便可以看出，洪渊先生的诗既不同于更多地关注自我、张扬个性、被他称之为一种"诋毁的荣耀"的"朦胧诗"；不同于新崛起的"敢于砸碎枷锁，摆脱束缚"的"第三代"，他们激情飞扬，非要和旧思想说"不"；也不同于艾青、唐祈、唐湜、吕剑、蔡其矫、公木、公刘、白桦、邵燕祥、孙静轩、苏金伞、梁南、孔孚、流沙河等"归来者"。这些在20世纪70年代末扎堆"归来"的诗人，特别关心社会问题，重视诗的社会干预作用。在诗与现实关系的调整上，在对时代情绪和社会矛盾的感受和思考上，诗人们以强烈的政治参与意识和理性思辨精神，做深刻的社会探求，其诗歌美学追求显然与洪渊先生大异其趣。洪渊先生一直是汉语的持灯者与守护人，在他看来，每一首诗都是命运之诗，都是他对汉语命运的深度思考，对人生图景的深度呈现。他是我们这个时代少有的学者型诗人。他一直在路上，一直在黑暗中苦苦求索，从不曾离去，又谈何归来。总之，在中国当代新诗中，洪渊先生的诗歌是另类的、独特的，甚至是无法归类的。不知为什么，他整个人的形象常常让我想起金庸武侠小说中那位与雕为友的独孤求败。正如洪渊先生的生前好友、诗评家吴思敬所言："他（任洪渊）不属于任何诗群或流派，却用自己的诗歌与理论著述为汉语诗歌注入了新的语言和生命的活力。"这一评价无疑是中肯的。

于是几天过后，我便给洪渊先生写了一封长信，把我个人的创作情况，以及邛崃青年诗社的杨然、陈瑞生、杜卫平、李建忠、何洁民、陈建文、任家义等诗友的创作情况，对洪渊先生做了详细介绍。同时寄了一册我的自印诗集《中国的风水》和一本邛崃文化馆最新出刊的《崃山文学》。那时我担任邛崃青年诗社社长，同时兼任民刊《晨》诗刊副主编，向洪渊先生介绍故乡的文学现状义不容辞。不久，我便收到了洪渊先生热情洋溢的回信："我真的没有想到，临邛已有一个文学刊物和诗人作家群。请代我向故乡的文学朋友们致意，也把我看作你们中间的一个吧。"信末，还邀请我"来京时，请来我家一聚"。从此，我和洪渊先生便有了书信往来和诗艺交流。

从洪渊先生的回信中得知，他在邛崃平落小学、蜀才小学、敬亭中学辗转求学之后，于1951年春"离乡去武汉"，从此离开了故乡邛崃，离开了天府之国，并于1957年，从湖北武昌实验中学顺利考入北京师范大学中文系。现在回想起来，我应该是和洪渊先生交往较早的四川青年诗人。1991年4月，我应邀去北京参加《诗刊》组织的"北京笔会"。从邛崃出发前，我特意写信告诉洪渊先生，并对即将与洪渊先生见面充满了期待。笔会在北京石景山举行，会期七天。

笔会期间，除了与会诗人之间交流、改稿，主办方还特意安排了几场诗歌讲座。其中有一场讲座，主讲老师就是洪渊先生。洪渊先生学贯中西，既是诗人，又是教授，讲课别具特色。讲座中，洪渊先生还专门提到我："今天在座的有一位青年诗人，他叫席永君，是从我家乡来的。"在讲到现代诗如何化欧化古时，洪渊先生对我的一首小诗《花园与海》做了点评。那是发表在《人民文学》1989年第11期上的组诗《瓷》中的一首。洪渊先生如此厚爱我，让我非常不好意思。他不经意的"点名"，让我意外地成了那次笔会的"明星"，当晚就有与会诗人来我房间交流合影。北京笔会让我见到了神交多年、一直有书信往来的韩作荣、李小雨、邹静之、王家新等诗人，同时还结识了宋琳、莫非、何卫东、林木等诗人。

笔会结束后，我约上一同参加笔会的重庆诗人、现供职于南京财经大学的何卫东，专程去北师大拜访洪渊先生。既然是从家乡来的，土特产自然少不了。邛崃的特产一是酒，二是茶，我平日里嗜茶而不善饮酒，以己度人，于是，便给洪渊先生带了两盒刚刚上市的新茶——文君茶。洪渊先生对卓文君情有独钟，他认为卓文君是邛崃永不褪色的文化符号，认为司马迁将司马相如与卓文君的爱情故事写进《史记》，特别有眼光。对卓文君浓得化不开的情结，几乎贯穿了洪渊先生的一生。睹物思乡，两盒文君绿茶唤起了洪渊先生遥远的记忆。卓文君是洪渊先生童年的词条。20 世纪 40 年代，洪渊先生就读于邛崃蜀才小学，老师每年组织同学们春游、秋游，去的都是城里的文君公园（俗称老公园）。对洪渊先生来说，文君公园意味着朦胧的情与景。一片朦胧中，"卓文君"成了他小学词典外的一个词语，隐隐约约，一个美丽的东方女性。多年后，洪渊先生在接受《成都日报》记者、作家蒋蓝专访时，再次讲到卓文君："卓文君在司马相如的剑和诗后面，在道、侠、儒和百家的后面，那是更有生命意义的词。一个从豪门逃亡到井边的女子，第一个向人间公开了生命的绝对命令：爱。这是我对卓文君的定义：她是第一个在中华文化中公开了生命的绝对命令就是爱的女人，她就是自己的原因和目的、召唤和回答。她以井当垆，以井水为酒，把酒临风，在文君井边开始了一场永不结束的青春酒会。"

那天下午在洪渊先生家中会晤，洪渊先生的夫人 F.F 一直作陪，我知道她是洪渊先生诗歌的崇拜者，更是洪渊先生心中的女神、心中的卓文君。那时，他们的女儿任汀只有五六岁，那天下午一直缠着洪渊先生，并不时地在洪渊先生怀里撒娇，一派天真烂漫。我清楚地记得，小任汀不叫洪渊先生"爸爸"，而叫他"白头发老头"。两鬓染霜的洪渊先生中年喜得千金，他与女儿尽享天伦之乐的场景，让人好生羡慕。让人羡慕的还有小任汀尚未被历史和文化的世界压垮的童年。而我要在 8 年后才姗姗走进婚姻的殿堂，并在新世纪才有了自己的儿子。

那天，洪渊先生特意留我和何卫东在他家晚餐，让我在异乡备感家的温暖。告别洪渊先生之后，第二天我便从北京坐火车去了上海。

1993 年 3 月，我借调到成都后，因工作繁忙和生存压力，和洪渊先生的通信便少了，但还时不时收到洪渊先生的来信。洪渊先生知道我藏书万卷，平日里喜欢读书，因此他出版的专著《女娲的语言》《墨写的黄河：汉语文化诗学导论》，我都是在第一时间收到的。自 1991 年 4 月与洪渊先生在北京见面之后，我和洪渊先生还先后见过四次面，两次在邛崃，两次在成都。

2010 年秋天，洪渊先生自 1951 年离开家乡后第二次回邛崃。11 月 13 日，邛崃市作家协会秘书长陈瑞生特意打来电话，要我回邛崃，和洪渊先生一聚。那天的聚会安排在邛崃西郊一个环境清幽的山庄。参加聚会的有杨然、陈瑞生，以及专程从成都赶来的孙文波、凸凹和我。两代诗人相聚，其乐融融。

2019 年 6 月 8 日，洪渊先生再次回乡讲学、撰写自传。我们又在成都神仙树一酒店相聚。参加聚会的有何春、黎正光、邓翔、杨然、李沚等诗人、作家。那天，我将自己最新出版的诗集《春天的木牛流马》（作家出版社，2018 年 4 月版）签了名，准备送洪渊先生批评指正。临别，洪渊先生说："永君，我行李太多，你就邮寄给我吧。"谁知，这一别竟成永诀。由于我的疏懒和健忘，诗集一直没有邮寄给洪渊先生。如今，那本在扉页上签了"任洪渊老师雅正"的《春天的木牛流马》，竟成了一册无法寄出的诗集，不禁让人唏嘘感慨。

2020 年 8 月 30 日于成都

席永君，诗人、作家，1963 年生于四川邛崃。著有诗集《中国的风水》《下午的瓷》《春天的木牛流马》等。

附：任洪渊致函席永君（1989 年 1 月 15 日）

永君：

收到你的《中国的风水》和《崃山文学》，我很高兴。我真的没有想到，临邛还有一个文学刊物和诗人作家群。请代我向故乡的文学朋友们致意，也把我看作你们中间的一个吧。

你的诗我已转给了一个编辑朋友。

我 1937 年出生在平落镇的那条大河边。——不知你是否去过那里。在蜀才小学上过几年学。1950 年秋，敬亭蜀才联中第一次招生，我竟考了第一名。1951 年春离乡去武汉。1980 年 9 月，送祖母骨灰回平落大碑山安葬，来去匆匆。当时写了"故乡 我一步就走进汉代　走进／司马相如堆砌成了赋的岁月"（《远方》）。人是永远走不出自己的童年和故乡的。

去年，应《外国文学评论》《我与外国文学》栏目之约，我写了一篇长文《我生命中的三个文学世纪》。这是我的第一次文学回顾。寄给你，请文学朋友们随便翻翻，那算是我写给朋友们的一封长信。

我在文学上独自走自己的路。台湾著名诗人洛夫主编的《当代大陆诗选（20 家）》，今年上半年由尔雅出版社在台北出版，其中选我为一家。刘再复等评我诗的评论近 10 万言，我选青年批评家黄伟林的一篇复印寄给你，也许朋友们从中能进一步了解我。

今年，北京大学语言文学研究所中国新诗研究中心（我是中心研究员之一）可能在四川召开一次"青年诗歌讨论会"。如我参加，一定回乡看望朋友们。

我能为故乡的文学和教育做点什么？在这个讲究头衔的国度，如朋友们有机会与县宣传部、文化局、教育局的官员们说起我，请用下列学术"头衔"：北京师大中文系副教授、中国作家协会会员、北京作家协会理事、北京大学语言文字研究所中国新诗研究中心副研究员。

朋友们来京时，请来我家一聚。

专致

春祺

洪渊

89.1.15，北京师大

信寄北京师大中文系当代文学教研室

第二辑　写秋天的诗，行冬天的路，去往春天

诗人之死
——大雨送诗人任洪渊

李正荣

1

诗人之死，死在大雨滂沱

诗人走了，走向没有预警的黑色

诗人就该死在雨中吧，死在雨的迁

雨的愚，雨的语，死在大雨涤荡俗恶的狱

诗人死了，结束这一轮跨世纪

用但丁的灵魂，用老杜的孤愤

诗歌在世纪末，纷纷站起

而你，是第二个二十岁的挺立

十八日的雨点和雨丝不是雨

是八十岁魂灵打击五千年章句

洪水从天上泻下，从那一瘦小的身躯喷射

雨点鼓盆，流泻成京西的凯歌

洛神早已神光离合等待你去颠倒

女娲重启恨天愁海准备你去红移

2

洪荒的渊，二十岁窒息，四十岁奔放

青春被青草点醒，又被青草埋没

地球不会没有春天，有雨有水

每一个汉字喂养你的青春和诗

而笔，在哪里？挺立的笔找不到宣泄的纸

所有的纸已经写满了别人的月亮

只好喷射到虚无，空将洪水的明月对岁月

大学床铺臭烘烘陪着绮丽

唯有断章　有断句有残笔

破碎诗句，恰如满天星光

黑暗弥补动词，或者晨曦是宾语，晚霞是主词

记下那个时代的史记，无意间成为密码

革命也总是被称作洪流呀，洪流滚滚

文化也无非是生命渊源呀，静静骚动

3

补天的石头偶然废掉一块，二十岁废掉

四十岁闪光，清气满乾坤，还是浊气泛滥

不，诗灵有另外的组合

诗是西风凋树，是东风横吹江川

千年朝雾暮雨，涓涓琴心

汇成白沫江，出夔门，绽开

绽开在第二个青春，绽放在北师大

铁狮子融化了铁狮子坟，铸成诗天

重新命名月亮　命名太阳　又一次创世纪

汉语新生　抖落五千年尘土

汉字浴火　裸露五千年沉积

你让每一个汉字跃上绝顶　平视诸语

回望　汉语不该是　一篇篇条约的屈膝

放眼　汉语因为你　一次次壮丽地红移

4

六十岁是一道门　假如我是一条金鱼

早已经越过，假如我是一条鲇鱼

早已经钻过，假如我是一条鲸鱼

早已经吞没。不，我不是鱼，我是诗人

我蜗居，但我不是软体动物。我是一个诗人

我无车，依旧歌唱，但不弹铗。我是一个诗人

我用笔画，沉鱼落雁，用声韵，穿云裂石

用汉语创世纪　我　是一个诗人的

艳丽的词语也会破口怒骂

管弦交响无法喷薄的时候，是人声

道义规矩难以公正的时候，是起义

歌的旋律也有兼天怒浪，有酣畅有淋漓

我是一个诗人，活着，我是一个诗人，

我是一个诗人，死了，我是一个诗人。

5

是第四个二十岁汛期，又是十八岁的孤寂

本以为能写到九十，老天爷，不容

前一日，白衣人说　你将不能呼吸

后一日，黑肤人说　我不能呼吸

而你说　只要一息尚存，依旧写诗

判笔已经落下一坛重墨　已经是晚期

诗笔依然放射情彩　黄昏焕然黎明

彩笔果然干气象，雨，诗人的雨，滂沱大雨

大雨成渊　菊花满地

天倾西南　地陷北极

精灵舞蹈　鬼神哭泣

一丝一丝一丝雨，一句一句一句诗

你在说　熔炉中的最后一点水　是诗

我相信　地球的最后一句呼吸　一定是诗

2020 年 8 月 18 日　雨中

李正荣，北京师范大学文学院教授，任洪渊先生的学生、同事、朋友。北京师范大学中文系 1978 级本科生，苏联文学研究所 1984 级研究生，苏联文学研究所及外语系 1991 级博士生。

任洪渊来信句读（选五）

伍方斐

之一：1987 年 11 月 9 日

你提醒我说
我的诗，"似乎有
越来越理性化的倾向"
这是我，想尽力避免的

诗，只能呈现在语言中
因此它是直觉的
也是智慧的；是哲学的
也是艺术的
上乘的诗，应该写出
哲学背后的艺术
艺术背后的哲学
这是一个理想的状态
可惜我，至今还未达到

这里已下过初雪
你那里，好像还留在夏末

一个季节，也很难走过

这么大的一片土地

之二：1989 年 3 月 20 日

你写的辞典[1]条目

很不错

已送印刷厂

大约六月成书发行

我二月二十号

才收到你的"快邮"

那时真是

焦急万分

等我诗集出版后

再请你写篇文章

从辞典条目的写作看

你会写得很好的

---

1 "辞典"指《中外现代抒情名诗鉴赏辞典》，陈敬容主编，北京：学苑出版社 1989 年版。任洪渊主要负责组织和编写台湾地区现代诗歌方面的词条。

之三：1993 年 3 月 13 日

刚收到你参与撰写的
《二十世纪中国文学史》
读到你为我写的
几段话，很感动……

几年没有给你写信了
因为，我一直陷在
深不可拔的困境中
似乎找不到
一种力，逃离原有的
近似死亡的轨道
报刊上，没有我的作品
说明了一切
想你能理解

最近，我突然发现
我已面临
一个新的开始 [1]

1　"新的开始"指在童庆炳、李元洛、刘再复等"寥寥几位挚友"的评论之
后，1993 年前后出现的"几篇讨论所谓'中国后现代文化'的论文和笔谈"
对任洪渊诗歌的重新关注，包括《文艺研究》等组织的评论专稿。

除了，寥寥几位挚友

我没有希望过

在这个世纪，就有人

注意我。在这个

被"朦胧诗""第三代"

"台湾诗人"占去了

全部批评视野的

世纪，还会有

看得更远的眼睛吗？

我不走进任何"群"

始终是"一个"

生命，在空间的和时间的

意义上，是唯一的

不可重复的

"一个"或"一次"

而现在，面对这个

不期而至的开始

我应当，奋力投入[1]

---

1 "应当，奋力投入"指拟出诗集（指《女娲的语言》，后由中国友谊出版公司于 1993 年出版）、举行作品研讨会（"任洪渊诗与诗学研讨会"，1995 年 10 月 17 日由北京师范大学、清华大学、北京大学、中国友谊出版公司、北京作家协会五家单位联合主办），以及进行巡回系列讲座等。

之四：1993 年 12 月 7 日

伦敦大学
赵毅衡来电话
要为顾城
办一个悼念展
要我写几句话
我当时说
悲痛——无言

当然你们
想出一个专刊
是好事。是否
只谈他的诗?
——不必责备死者
但也不必
再制造神话
像目前不少刊物那样

只是关于诗!

之五：1995 年 3 月 25 日

蒙你们的盛情
我们一家在广州
度过了一个
难忘的早春
我们等待着
在北京
与你们重聚

正在弄一本
庄子式的书
第一篇《主语的诞生：
词语红移的曹雪芹运动》
（就是我带来
你见过的那篇文稿）
云南《大家》来电
说用。一万五千言
想一年弄两三篇

寄上几张照片留念

伍方斐，广东外语外贸大学教授，任洪渊老师的学生，1982—1987
年就读北京师范大学中文系。

钻石般的语言
——纪念任洪渊教授

宋晓贤

对语言不诚实的人
是不值得信任的
于是，他开始在显微镜下
研究语言

校园里有电学家
光学家，生物学家
……
那么，诗人算是
绝无仅有的
语言科学家吗?

就像一个痴心的恋人
诗人一生都忠实于语言

又像一名矿物学家
为了寻找到
最准确，最简洁，最美丽

钻石般的语言

一辈子都在旷野流浪

风餐露宿

一辈子的积蓄

都用来购买那些

宝石般稀缺的词语

离世后，没有留下

什么遗产

除了满满一筐子不合时宜

为市井小民

所深深遗忘的语言

2020 年 8 月 13 日

宋晓贤，诗人，1989 年毕业于北京师范大学中文系。《葵》诗刊成员，《白》诗刊发起人之一。已出版诗集《梦见歌声》《马兰开花二十一》《逐客书》《日悔录》《月光症》等。

八月悼诗（组诗）
——送恩师任洪渊先生

伊沙

即时诗：噩耗

译布大师
《有时候你是如此孤独
这只会让你感觉丛生》
是在中国正式出版的
其第三部诗集的主题诗
（我家译版）
当我译完最后一句：
"准备好给丫另外一枪在这
黑暗里"
竟热泪盈眶
这时任老师的噩耗传来

任老师死了
我无力再译布大师
今天收工

任洪渊先生遗像

他的嘴角

有着钢筋刺穿的坚毅

带着一丝庄严的不屑

对这乱世撒手放弃：走了！

天意

昨日黄昏

与妻临窗远眺

回想恩师任洪渊先生

去年六月

来家小住的三日

点点滴滴

犹在眼前

想到去年秋在北京

他用"太美好"

评价那三日

心中便得些许安慰

也许这是仅有的

最后的一点安慰

原本可以不做的事

当时那么执意要做

现在可以说成是"天意"

先生们纷纷离去

我们也在老去

越来越爱说这个词

是越来越感到

人生无常

人之无力

毕业风景

31 年前的夏天

毕业前夕

我和老 G

流连在小广场

附近的长椅上

看见任老师

带着小女儿

在广场上玩

他们玩得

那么投入

老 G 说:

"上去告个别吧"

我说：

"别打扰他们

反正以后还会见"

送诗人任洪渊

传送恩师噩耗的雨

让长安滚入秋天

大疫阻绝

无法亲送

先生一路走好

去往天国

步入众神之列

活着的人

写秋天的诗

行冬天的路

去往春天

我的先生任洪渊

一日看尽长安花

三日吃遍关中美食

只是到了去年夏天

陪恩师做最后的长安游

他背向大雁塔

跟我和老 G

跟外国友人维马丁

大讲俄乡文学众神之时

我才恍然大悟

先生终究不是复古派

不是什么新古典

这便是稍后

他为何关心

我的《乌托邦》

所以我知道

他去了天堂

会找谁玩

鲜有同胞

名师荟萃

我们上学那会儿

便发表《任洪渊论》的是

童庆炳老师

我们毕业以后

为任洪渊评不上正教授

拍桌子的是

王富仁老师

忆恩师

中间有段时间

我好像成了诗坛

一大微妙的麻烦

什么人见了我

都要忠告几句

在一些诗会上见了面

我以为任老师

也要说点什么

但却什么都没说

这就对了我的倔脾气

更进一步赢得了

我内心的尊重

遥送先生

洪渊先生

羽化登仙日

长安下了

一夜的雨

神州大地

雨霏霏

这是天替人哭

事实的天意

先生存在的意义

因有任洪渊在

令北师大诗子

成为中国少有的

真正的诗歌科班出身

令知识分子

令学院派

成了草台班

令脑子不够的

后生纳闷儿道：

咦，他们

师出名门

为啥还要写

口语诗？

仰望雨后蓝天

我相信

诗人羽化

其灵魂

必托体为其生前

写过的鸟

一飞冲天

那么

诗人任洪渊

我们的任老师

必化身为朱鹮

飞越秦岭

向其故里

四川邛崃

飞去

往事浮现

很多事
慢慢地想起
很多事
人走了

才想起

三年前

在青莲

任洪渊诗歌研讨会

结束的一刻

师母面对面对我说

这是他所有研讨会中

最高大上的一次

当时我鼻子一酸

现在我最想告知

蒲永见、蒋雪峰

校外弟子

与唐欣电聊

对他和中岛

出现在任老师的

告别仪式上

感到既温暖

又亲切

虽然中岛

穿着短裤

诗人本色

1988 年某一天
在北师大教二楼 101 教室
在上当代文学课之前
我向任课教师任洪渊先生
提了一个混账无理的请求:
能不能让出一节课
让混居在我们宿舍的
流浪歌手张楚
为大家唱他创作的歌
任老师说: 可以呀
于是在当代文学课上
响起了琴声歌声
站出了最初的魔岩一杰
试想: 我们全年级
一百二十多个学生中
有一个坏人
任老师便被投诉了
但是偏偏就没有
这么一个坏人

早课

早晨起来
进早餐时
任老师的课
自动飘入
我的脑海
他说：
"艺术是要争第一的呀"
然后在黑板上
画了一个以古今为纵坐标
以中外为横坐标的坐标系
并说：
"看谁在这个坐标系中
能找到一个黄金坐标点"

最初的课

第一次进任洪渊的课堂
听的是顾城讲课
那是 1985 年 11 月的一天
师兄杨家禄（笔名布克）
让我自己偷偷溜进

他们的教室

不要告诉其他人

可我还是告诉了

徐江等男同学

老 G 等女同学

在教七楼一间教室里

个子不高眉清目秀

穿米黄色风衣的顾城

随意挥洒着

他的语言天赋：

"那年我和江河去大兴安岭

白杨树像女中学生一样站着

小花摇曳着小拳头……"

他讲课不看人看天花板

我悄声点评道：

"这是在学徐志摩"

四周的师兄师姐们

全都侧目看我

像看一位神童

敢为先生出头

数年前

某冬夜

与任老师电话长聊

提及某位实权人物

任老师似有纠结

我脑子一热

脱口而出:

"我的资源比他多!"

数年来

我一直为这句

大俗话

而羞愧

现在老师走了

我在这个清凉的早晨

忽然想起这一幕

我觉得自己很棒

伊沙,原名吴文健,诗人,西安外国语大学教师,任洪渊先生的学生,北师大中文系 1985 级本科生。

真正的诗人（外十三首）

侯马

在经历了一段时间

痛苦的化疗之后

您做出了一个

真正的诗人的决定

放弃治疗

集中精力

完成最后的书稿

我内心赞同

并且钦佩

那段时间

最怕看到微信圈

有人发您的作品

每次都是心里一沉

我以为已经做好了

与您告别的准备

谁知噩耗突至

仍然失声恸哭

2020 年 8 月 13 日

呵斥

当年在黄亭子酒吧

忽听在台上朗诵的

诗人南人

痛斥母校

没有给您评上教授

南胖

好像都给气哭了

呵呵

对于一个伟大的诗人

确实没有任何一顶帽子

值得去争

2020 年 8 月 13 日

十二橡树酒吧

在脑海里翻拣了一下

之前有没有写给您的诗

能记起来的就那么一句

退休后的某一天

您在十二橡树酒吧

向我们炫耀

您的晨勃

2020 年 8 月 13 日

诗歌父亲

毕业三十多年

见面屈指可数

电话也越来越少

有事情您总是

让沈浩波告诉我

他仿佛是

生活在您身边的幼子

不多的电话里

您总是要解释

打算给我写的长篇评论

什么时候动笔

我觉得您跟我爸爸一模一样

这代知识分子善良

傻

2020 年 8 月 13 日

年轻诗人

我和伊沙
跟一个后来当了警察的
女孩约好去滑冰
突然接到消息
任洪渊老师
请来了顾城
给我们讲课
伊沙断然决定去听课
我独自去见女孩
但她也不想去滑冰了
我匆忙赶到教室
顾城眼睛望着天
嘴里说中学生
漂亮得就像白桦树

2020 年 8 月 15 日

父辈

您清高正直善良
英气逼人

才华横溢

但迂腐固执

郁郁不得志

俗世小失败

您不是站出来的英雄

但有内心的坚守

从您所处的时代来看

何止风流

有人认为您可欺

而我要叫您一声父亲

2020 年 8 月 15 日

图腾

毕业几年后
我们去拜访王一川老师
我问他记得我吗
他说记得
你是班头
但是与任洪渊老师
一直到世纪末盘峰诗会
才相会

其实我的女友

是他的研究生弟子

我也手抄过诗稿

请老师过目

真正感受到

他诗歌父亲般的魅力

是在哈尔滨

他对《那只公鸡》

一个儿童寻找图腾的解读

对一个诗人而言

记得作品才是师生

正直善良

才是父子

2020 年 8 月 16 日

诗集的样子

20 世纪 80 年代

任洪渊先生在北师大

给我们上诗歌课

他打印了自己的诗歌

作为教学材料

那个纸很轻

颜色有点发黄

墨很香

16 开大小

有五六十页的样子

是最美最珍贵的诗集

应该有的样子

2020 年 8 月 16 日

辽阔的阴天

离开首钢医院

高铁一路向北

北中国的阴天辽阔

灵柩启动的那刻

从早晨一直在下的雨

骤然加大

此刻您的故乡邛崃

也是山洪暴发

菊花撒落

一瓣瓣贴着大地

您的三个遗愿

那样纯粹

干净

跳跃着自由赤诚

不朽的诗人之心

出版全集

魂归故里

设立一个

以任洪渊命名的文学奖

2020 年 8 月 18 日

闻南人师弟得糖尿病

恩师面临死亡的

超然和勇气

多少冲淡了我

对病情发现太晚的遗憾

参加完葬礼

想起一件不放心的事儿

久未见面的南人

反常地消瘦

他语焉不详地解释

因为疫情

长期服用的药物断供

有了这令人意外的减肥效果

但之后他还是去检查了

得到了及时治疗

恩师慈爱

保佑弟子

2020 年 9 月 5 日

再悼恩师任洪渊

师妹李静来信

——看见许多

你悼念任老师的诗歌

不知有没有其他文字

她打算编一本文集

我表示我会写

但真正坐下来

笔未提泪先垂

我还是写诗吧

就算是口语诗

如此直白

直抒胸臆

也能藏住那么多秘密

那么多心结

2020 年 9 月 6 日

中文系

我们上的是世界上最好的中文系

老先生有启功钟敬文陆宗达黄药眠

年轻的老师有任洪渊蓝棣之

王富仁王一川

中间是童庆炳

北国剧社创始人黄会林

这样的名单可以列出几串

每一串都光彩照人

但三十年的时光告诉我

有些人也会渐走渐远

老先生早已驾鹤仙逝

比任洪渊老师年轻的

有的也已不在人间

老天爷何止是天妒英才

2020 年 9 月 10 日

诗人的女儿

任洪渊的葬礼上
我第一次见她
但心里早已非常熟悉
她是 T.T 啊
F.F 之后
任老师诗歌新的主人公
在阳台上给月亮命名的
诗人的女儿
毕业多年
每逢任老师
话题除了诗歌
就是这个学霸女儿
葬礼后隔几天
就见她在微信圈祭奠父亲
这个哈佛毕业的博士
讲的是头七的习俗

2020 年 9 月 10 日

任老师的玩伴

他喜欢跟年轻人

在一起

到了那边

我不确定他

会不会与普希金

阿赫玛托娃

曼杰施塔姆玩耍

但我知道

我的老师

是跟屈原

司马迁李商隐

曹雪芹心心相印的人

2020 年 10 月 5 日

侯马，诗人、任洪渊先生的学生，北京师范大学中文系 1985 级本科生。

写给任洪渊先生的八首《杂事诗》

徐江

杂事诗·挽师

一楼暗室窗边

打开手机

看稿前

先回复一些公务

忽然看到大学时的老师

诗人任洪渊先生

去世的消息

刚评转了两篇纪念文字

忽感有水滴落在头顶

怀疑是墙上的空调

回头看

没问题

怀疑是屋顶

抬头看

也没问题

看窗外

刚才的雨

早已住了

再回到手机

屏幕上多了滴

细小的水珠

杂事诗·八一三

大日子

七十多年前

外公家被战火

焚烧殆尽

从此开始绵延的

逃难……

北迁之旅

……

此刻

我失去了

大学时代

几乎是唯一的

纯粹的文学老师

杂事诗·任洪渊

一个一生在

各式各样狼群中

独立写作的人

享年 83 岁

杂事诗·号

在饭桌边

一面让坏牙

避开饭菜

一面看同学群

和朋友圈悼念

任洪渊老师的信息

投屏的高清电视上

唐·维克多·柯里昂已从医院

平安回到家中

家人把孙子

抱到唐·维克多面前

孩子蹬着小胖腿儿

挣着、号着

任何影视

一出现娃娃的哭号
生活的味道
就彻底出来了
是的
生活的味道

杂事诗·遥望青春

我大学时代的老师
（无论是用今人的眼光
还是过去大多数人的眼光）
教的基本都是"无用之学"
从谋生的角度上讲
甚至可以这么说
——作为学生的我
没从他们那里学到什么本事
除了毕生追求
去做一个脱俗的人

杂事诗·安

晚安！一天的悲伤

树垂下了脑袋
凉秋就快到来

晚安！一年的悲伤
病毒还在杀人
凉秋还在路上

晚安！整隧道的玻璃碴子
嚼它们的人走了
好奇的新人来尝
他们三三两两

晚安！更远的更亮的更带希望的字纸
诗的手稿时间的钞票
亡魂一层覆盖了一层
它们的塔通到了月球上踩着雨梯

晚安！母语的黄金
没有时代　是的只有黄金
从来没有黄金的时代
但这不等于它不会到来

晚安！手中酒杯的倒影
烟的倒影声音和音乐

一生的倒影

它们折叠成为新的一代熟悉又陌生

晚安！晚安中的一切

成为晚安的早安

一个个离去的疯狂

来吧！夜就是这样它值得更疯狂

也只有更疯狂

杂事诗·告别圆舞曲

送别了王老师

更早是郭先生

启先生

（当然还有我们每天

一次次初见、告别的

周先生）

现在又到了

任先生

其实所有的先生和老师

都还在那里

那里灯火渐暗

那里在长长隧洞的某一段
（我们每个人
也都在这个隧洞里）
闪着光

所以让我对你说
"孩子，大胆
我们走下去"

杂事诗·悼词的模本

一般来讲
无论中外
对于艺术工作者
一上来都可以写
"他是个真正的诗人"
对于其他从业者
或者说
对于所有人
都可以这样开头
"他是个真正的人……"

很少有人会写

"他是个让人

感到快乐的人"

或者

"我生命中某一段快乐的时光

也曾得自他的赐予"

比如此刻

我想起的任洪渊先生

徐江，诗人、文艺批评家，任洪渊先生的学生，北京师范大学中文系1985级本科生。

在任师的告别会上

桑克

前天我是第二个到北大首钢医院的，
楼房停车场让我有些吃惊，乡下人对什么
都吃惊算不得怪事。告别厅那么小反而在
意料之中。杜蘋师妹是第一个来的，
之前并不认识她，个子高高的，站在空无一人的告别厅里，
望着屏幕滚动播放的任师照片，眼圈儿湿漉漉的。
工作人员正在厅外敞开的棚子里调整花圈上的白菊花，
白百合，还有白玫瑰。那些花儿见过太多的消逝，
看起来还是那么冷静。之后来的是多年未见的唐欣，
他是一个老派绅士，表面温和，内心是极清晰的。
我们坐在路边塑料凳子上聊天，一忽儿小雨把我们赶进
棚子里。其他人陆续到来，侯马和傅琼到的时候，
雨下得大了，我抱住高大的侯马，哽咽着说不出话来。
南人师弟、浩波师弟，李静师妹、里所师妹也都来了，
还有同学大宝，吴老师，阎老师，晓渡兄，清华兄……
还有诗人安琪，多年未曾联系的中岛，替伊沙和老 G 的周葵……
浩波讲得极好，任师教出了半壁江山……
李柳杨在我左侧嘤嘤抽泣，我抑制着，抑制着，
任汀回忆她父亲临终前讲的，写了一辈子诗，

没卖出去几本——我终于绷不住了，眼泪，喉咙和嘴

发出咕噜咕噜的声音。眼睛模糊了，雨声轰隆隆地大起来。

想起那年夏天同样的雨声，想起任师家的小床上

我和几个同学与任师挤在一起的情景……

实在写不下去了。见到告别厅里……三鞠躬……

师母依稀可辨的面孔，拥抱师母，眼泪……

写不下去了，让雨替我写下去吧……

雨，越来越大，比我更擅长记录悲痛的雨……

2020 年 8 月 20 日

任洪渊老师（外二首）
南人

任洪渊老师
参加完上午的磨铁诗会
就被安排送回师大

一路上任老师直流老泪
下午的活动浩波让我不再参加了
要把机会留给那些年轻的徒弟
浩波这话说得真的很不对呀
诗人只有老诗人新诗人
诗歌只有好诗坏诗
诗歌圈哪里来的师父和徒弟呀
这不跟我前段时间说过的
写诗也要讲他妈的逻辑
一样扯淡吗

请不要误解
请浩波不必介意
以上内容只是我昨夜的一个梦
觉得很有意思

而且记得深切

所以记了下来

2017 年 12 月 1 日

任洪渊

被阉割的年代

你给自己起名叫司马迁

在你自己的诗中

被禁言的岁月

你给自己起名叫庄子

在你自己的诗中

被折腰的时日

你给自己起名叫项羽

在你自己的诗中

在被抹黑的夜晚

你给自己起名叫伍子胥

在你自己的诗中

任何时代
总有人破帽遮颜
总有人侧身走过

你挖出心
埋进诗中
是大山的矿

你剁碎肉体
藏进爱情
是水中的鱼虾

2020 年 8 月 13 日初稿
2020 年 8 月 15 日修改

送别恩师

女娲语言谁人解
汉语红移任风流
——学生南人敬挽

北京很少下雨
可你离去的当晚

大到暴雨

今天的告别仪式

大雨如注

我们都知道

老天在送你

两场大雨

护送一个灵魂

究竟要去哪里

当我默念你名字

这才恍然大悟

雨入洪渊

雨入洪渊

2020 年 8 月 18 日

只有一个真的

沈浩波

我在北师大读大学那会儿

任洪渊先生已经退休了

但我知道他是真正的诗人

经常把他请出来做讲座

即使这个学校直到任先生退休也不肯给他评教授

我依然觉得

北京师范大学是一座有光芒的大学

它居然奇迹般地拥有一位真正的诗人

那时除了任洪渊

北师大没有别的跟当代诗歌有关的老师

没有诗评家也没有别的写诗的家伙

只有任洪渊

太棒了

只有一个真的

没有假的

2018 年 7 月 10 日

你的腹稿，我打字（外二首）

里所

你从病房打来的电话

每分每秒都对应到

一个字或标点

五个晚上

我们写完了你的侧身十年：

一九六六至一九七六

红色交织黑色的那场噩梦

批斗和大字报的经典景象中

忽然跳出一个十七岁少女

在禁忌中对你大声喊

"我爱你，我为什么不能爱你

爱是命令"

你说她就像双臂的维纳斯

让你双眼一片雪盲

那晚是你最近以来唯一一次

暂时摆脱了虚弱的病音

你青春的嗓音重现

在红卫兵散场的长安街和她道别

你们都不知道那就是诀别

然后你对我说
看吧，这就是人的生和命啊
我希望你可以一直打来电话
没有衰老没有癌症
我们每次写完当天的内容
互道晚安

2020 年 7 月 30 日

我不停避开那个词

转达各种消息时只说
任老师的告别仪式在下周二
我避开了"遗体"
冰冷的
在冷藏中的
再也说不出话的

这个词令我惊怵
它带走你清醒的意识
锁住几天前还能
释放思想说出诗的你
你更多能刻进时间的字

都因它缄默了

我多后悔呢
最后探望你那天
北京疫情正紧
因为害怕触摸过室外东西的手
沾染你病中的身体
我没有握你的手
没有拥抱瘦削可依然温暖的
——装满词语
有诗歌的宇宙在其中循环的——
你活着的身体

2020 年 8 月 14 日

底片

诗人已八十一岁
黄昏正透过茂密的树梢
影影绰绰落在他的书房
这是他独居于此
写作的房间
书架上放了一帧

他爱人年轻时的照片

光影交错在那张好看的脸上

让我想起他的一句诗

大意是

"我要反复用词语

绚烂并丰富她的十八岁"

当晚在一个川菜馆吃饭

那是他年华正茂刚到北京时

去过的第一家高级餐厅

席间他对我和同行的小姐妹说

去恋爱吧孩子们

去找到你见他第一眼

就必须说出

"我心中有你的底片"

的那个人

2018 年 7 月 8 日

他失守的只是城府

—— 悼任洪渊先生（外一首）

轩辕轼轲

那年在周庄

见过他孩子般生气

去年在北京

见过他孩子般开心

和他灿烂的笑容相比

我们的平静

显得那么世故

多少年前

在那个疯狂年代

也是他

在簇拥新装的人群中

发出过孩子的惊呼

经过多少次

岁月的围攻

他失守的只是城府

而胸中的这座赤子之心

已经

愈加坚固

2020 年 8 月 13 日

很少有哪一个帅哥的眼神不被……

在酒桌上

沈浩波提议

让女诗人

评哪位男诗人帅

82 岁的任洪渊

也不甘示弱

他让大家

搜他年轻时的照片

1957 年的他

目光纯净

根本看不出

10 年后

开始悲怆地望着

他们那一代人

2019 年 8 月 27 日

轩辕轼轲，诗人，1971 年生于山东临沂。著有诗集《在人间观雨》《广陵散》《藏起一个大海》《挑滑车》《俄罗斯狂奔》等。

给我颁奖
——悼念任洪渊先生

盛兴

他走上台来

一个健步

但是慢动作

我们握手

我紧张到发抖

他的手很大

是温暖的

他给我颁奖

然后站到我的右边

我紧张到发抖

搂住他的肩膀

那里有很硬的骨头

我紧张到发抖

挤出一丝笑容拍照

他走下台去

我紧张到发抖

准备好的受奖词

在脑海里空无一字

我看到他坐下来

看着我笑

我紧张到发抖

只为这人生中

至高无上的荣幸

2020 年 8 月 13 日

盛兴，诗人，1978 年生于山东莱芜。著有诗集《安眠药》《我还没有》。

诗人之间（外一首）

西娃

我提着一篮水果
去医院看他
他躺在白色床单上
骨瘦如柴，任何一只手
都可以将他轻轻抱起

他的学生沈浩波
正用不烂之舌挽留他
"现在医学发达极了
靶向药让我婶婶从胃癌
轻易脱险，你也会
我要给你出诗歌全集
还有你没写完的自传
你要活着
给我们每个人签名……"

我也即兴点火
"你的写作高潮是写'文革'
那一段，因为你最闪亮的灵魂

经历并反思了它们

你熬过这次胃癌，会赢得

另一次写作高潮，因为你

经历了死亡，我们都缺这种

生命经验，你可以把更多人

甩更多条街……"

他眼里充满光，骨瘦如柴的一团里

发出有力的声音："我要把没写完的，全部写完……"

2020 年 8 月 13 日

不，我要逃离

"周二，沈浩波的车

在早上 6 点来接你

我们一起去首钢医院

告别任老师"

这是北京 32℃的夜晚

我却想冲出房间去晒太阳

眼前闪过跟爸爸遗体

告别的场景，跟哥哥于晓阳

闺密阿倩遗体告别的场景
每次之后，我的日子
都留在大段大段黑色冰冷里

不，我不去。里所
你们勇敢你们去
以后想到任老师，我眼前
出现的永远是这一幕——
每天晚上8点，他躺在
医院的床上，对着电话
自诉自传，你在另一边
噼里啪啦地打字
他说到自己的初恋
你们都笑出声来

2020年8月14日夜

西娃，诗人、小说家，70后，生于西藏，长于李白故里，现居北京，
玄学爱好者。著有诗集《我把自己分成碎片发给你》、长篇小说《过
了天堂是上海》《北京把你弄哭了》等。

悼念师爷任洪渊先生

韩敬源

我从洛阳的传销组织

逃出来的当天早晨

去了龙门石窟

拜见菩萨

黄昏的阳光给洛河大桥披上

金色圣衣的时候

我在一个旧书摊里

遇到了微笑着的你

你用《女娲的语言》

送我走过金色的桥

和我恩师伊沙一样

在我身体中

叮叮当当地锻造

铸成我脊梁中最坚硬的部分

三年前在陕西商南

聆听你的诗教

那是我最近一次心智最低的时候

随你在青山中转悠

在秦岭山中的一户农家

搀扶着走过一段小桥

听蝉鸣鸟叫

也是三年前

在江油李白家

我醉醺醺敲开你的门

请你在诗集上签名

火焰一样的字

在昌明河的水里燃烧

此时师爷驾鹤

一路西游

我在的丽江

暴雨如注

有蓝色的火焰

在闪电中

在天地里

熊熊燃烧

2020 年 8 月 13 日 午夜于云南丽江

韩敬源,诗人,80 后,云南石林人,毕业于西安外国语大学。

传承

李勋阳

今天不适宜

说话

更不应该

聒噪

我只需要

想想自己

有条暗流

已经通过师道尊严

流淌在我体内

而它还会继续

从我身上

流淌到下一个

并且在月光下

汩汩而涌

四肢充盈

漂在大海上

2020 年 8 月

李勋阳，诗人、小说家，80 后，陕西丹凤人，现居云南丽江。著
有诗集《身体快乐》，小说集《我们都是蒲公英，飘着飘着就散了》
《黑白心跳》、儿童文学《小尾巴奇遇记》《少林鼠》等。

铡刀与心脏
——悼任洪渊先生（外一首）
周瑟瑟

寂静的早晨

空气还没化开

鸟亮出嘴巴的铡刀

鸟没有牙齿

上嘴唇与下嘴唇

组成一个机关

咔嚓咔嚓

铡断早晨的光线

空气里弥漫

青草与泥土的气味

咚咚咚

敲木鱼的声音

或许是鸟

是睡梦中的人

心脏一张一合

撞击的回声

2020 年 8 月 14 日

我们住在白色屋子里
——悼任洪渊先生

天空漆黑，漫无边际

我们住在白色屋子里

白色墙壁高耸

墙与墙像两张白纸对折

轻轻对折

我们看不见黑色屋顶

只有一个方形窗口

一个黑夜的洞

感谢白色墙壁

投下灰色阴影

我们住在白色屋子里

我们抬起白色面部

倾听隐秘的宇宙

轻轻对折

2020 年 8 月 17 日

周瑟瑟，诗人、小说家、艺术批评家。著有诗集《松树下》《栗山》《暴雨将至》《鱼的身材有多好》《向杜甫致敬》等。

8 月 13 日

张文康

在高速公路服务区
听到任洪渊
仙逝的消息

再次上路时
我一脚急刹车
副驾驶上的水果
因未系安全带
散落一地

这个世界就是这样
经常不系安全带
诗人和诗
坐在星空的副驾驶上
宇宙一脚刹车
他们就飞出来
直面死亡

2020 年 8 月 13 日

张文康，诗人，1993 年生。毕业于北京师范大学，目前工作、生活
于山东。

想起任洪渊的一件事

马非

至今我都想不明白

当我得知培养出

一大批优秀诗人

自己也是优秀诗人的

任洪渊只是副教授

为何没有惊讶

至少没有太惊讶

仿佛诗人就应该

是这个样子的

以至于在什么时候

什么样的场合

通过什么人之口舌

知道这件事情的

统统想不起来了

马非，诗人，生于 1971 年，现居西宁。出版诗集《一行乘三》《宝贝》《青海湖》《四处走动》等。

悼诗人任洪渊

彭俐

喜欢听你说话

听不够

你有自己的语言节奏

愿随着你睿智的思想

忽而坠入深谷

忽而直上云霄

我用尽平生气力思考

也还是不如你说得好

说得妙

是那鱼潜在渊的幽邃

是那鹤鸣九皋的嘹唳

其实那只是你

唯有你的絮叨

你说

语言决定命运

至今把我惊到

彭俐,高级记者、教授、诗人、评论家、文化学者。中国作家协会
会员,北京作家协会理事。著有传记《千年一遇马师曾》《醒木惊天
连阔如》,文集《行走京城》《热爱思想》,诗集《我和祖国》《剪一
缕阳光》等。

任洪渊老师（外二首）

李海泉

去年和您远赴商南

那次诗行中

我是年龄最小的一个

犯了些诗外

毫不起眼的错误

我欣然接受

唯一不能释怀的是

大家评头论足

我的白裤子

略感震惊

有伤小自尊

您在几千年大槐树下

来到我身边

安慰我

"穿白裤子

说明一个男人爱干净

不要管"

悼念任洪渊先生

您生来不是坛中人

心比天高

和那些饥饿岁月

度过的文人略有不同

他们啃着骨头上的一点油星

满嘴油亮

活在往事

掌故

笑声

拍掌声

开怀大笑声中

纷纷如雨

滔滔入流

是早早把自己吃死

喝死的

死后没有哪个学生

以及学生的学生

学生的学生的学生

为其老师写诗

我们活在大疫之年

写着告别您的诗

大疫之年离开

也许是最好的

和大先生一样

都是走得及时

走得好

任老师的馈赠

凡是在身上的抚摸

都是众神的考验

在您步入众神之列的今天

我在公园散步

从朋友圈读您的学生

伊沙、侯马、徐江、沈浩波

纪念恩师的诗

一片红叶

画着奇异弧度

飘落下来

落在我脖子上

我就将这枚血迹般

按理不该出现在此季节

通红的落叶当作

您在天外扔来的诗篇

提醒我抓住机会

好好写诗

李海泉，诗人，1991 年出生于青海，毕业于西安外国语大学，现居
西安。出版诗集《超车》《放荡的天才》等。

黄河启示录

邢昊

那年，在北京

中国现代文学馆

任洪渊先生演讲完

赠我一本刚出版的

《墨写的黄河》

我这才恍然大悟

黄河原来是黑的

又是一年春草绿

在山西长治的

捉马红房

我读了他的学生

诗人伊沙的《车过黄河》

非常震惊

没想到滚滚黄河

还能被一泡尿冲走

邢昊，诗人、画家，60后。著有诗集《房子开花》《人间灰尘》等。

对角线
——致任洪渊老师

苏不归

他突然离世的消息

像灼目的寒光

刺痛神经

令我忆起

三年前

那场秋日午后

我内心的默片

老树葱茏

庭院一尘不染

书店室内

一位八旬先生

站在桌前我对角线的方位

谈论他一生的诗歌写作

谈及他总是"侧身从人们身边

走过"

交流活动开始前

我的目光就多次注视到他

他有着雕像般坚毅的神情

不善寒暄

且陷入写作困局的我

想和他聊聊诗歌

却莫名退却了

而今他坐在

天空的一角

在更遥远的对角线上

供我仰望

2020 年 8 月 15 日

苏不归，诗人、诗歌译者，1982 年生于重庆。

悲悼
——纪念任洪渊先生
西毒何殇

曾经我们以为

此生

活成一个人

是最最重要的事

事到如今

死成一个人

似乎都已是奢望

真好啊

作为一个诗人逝去

众人悼念

多么幸福

让人向往

2020 年 8 月 13 日

西毒何殇，诗人，生于 1981 年，现居陕西西安。出有个人诗集《人
全食》等。

听任洪渊读情诗

张小云

这一回他不是读那首《她，永远的十八岁》

而是题目长长的

《很少有哪一个少女的身姿不被乐善桥曲线无情解构》

在同一个空间

他不急不缓地读着

我屏气凝神地听着

诗不长，但静静聆听的我

望着他讲了很久讲了很远讲得很幽深

听出来了他用了

6 岁的当下 10 岁的当下 80 岁的当下

的那颗心讲诗

讲身世

讲变迁岁月

讲倒影

母亲祖母祖父飞机江河桥栏

的曲线

他回放的许多许多镜头伊沙他们

可能也是头一回听到

（听时的表情透露无疑）

整整两天了我一直在反刍这些镜像

和镜像里

的 6 岁的心 10 岁的心 80 岁的心

的交响

直到在绵阳机场过完安检坐着候机

我还静听着反刍着仿佛专精覃思

最后带着凝成的三个字去刷码过闸上飞机

乐善桥

乐善桥

2017 年 5 月 11 日

张小云，诗人，1965 年生于厦门，著有诗集《我去过冬天》《够不着》《现代汉语读本》《北京类型》《一路畅通》等。

故乡：童年的启蒙词典
——写给同乡诗人任洪渊的哀歌

席永君

回不去的故乡，才叫故乡

多少次，我们在梦中回到邛崃

回到各自的人生起点

我们的童年拥有不同的启蒙词典

你的启蒙词典发源于

天台山，叫白沫江

我的启蒙词典发源于

镇西山，叫布濮水

两条小河在临邛镇西南交汇

流向十方堂，流向回澜塔

邛崃人亲切地叫它"南河"

在民国，在共和国的天空下

在平乐，在芦沟、金鸡沟

在高何，在楠木溪、石塔寺

在我们各自的童年语境里

脚步叩响空山的寂静

清凉的小山村

世界从来没有生成一个词
来安慰一个少年的孤独

什么时候，我们才能
怀揣"俄狄浦斯情结"重回故乡
续写童年的欢乐与哀愁
续写汉代的《盐铁论》
对于故乡，或许只剩下历史叙事
我们再也无法真正抵达
如今，我们随身携带着一条河流
早已把异乡活成了故乡
今夜，暴雨撕碎月亮
故乡的那束光，足以照亮我们
身体的黑暗，照你上路——
在天堂重启汉语的红移

你说，是水就不怕被水淹没
而你的名字已成为
白沫江中的一座孤岛

2020 年 8 月 15 日　成都雨夜

第三辑　生命与美的双重拥抱

最明亮的黄昏
——怀念任洪渊老师

吕芳

梦见任洪渊老师了。他是那么兴致勃勃地跟我谈诗，谈散文，谈中西诗学，谈人生。谈了好一会儿，说，再约下一次吧！于是我就要约下一次。但下一次约见却那么难！我跟师母谈，我跟谁都谈，却还是不知该怎么约。

凌晨醒来，不知是真是幻，静心回味，才觉是老师来托梦了。自8月13号惊悉老师离世以来，一直在想念他。而肆虐的疫情与在一线教学的紧张忙碌生活，让我一直无法安心坐下，记写我对老师的缅想与思念。不过近来入睡前，我总会翻开老师的诗文，细细品读。这样的阅读让我忘却疫情时代的困惑与焦虑，沉浸在老师纯粹的诗情与深邃的哲思中。有时，就这么捧着老师的书入梦了。

三十多年前的往事，也已如烟似梦了。可老师当年给我们讲诗论学时的澎湃激情与清亮声音，即使在我三十多年后的梦里，仍是那么生动明晰！

我1982年入北师大中文系，1987年读当代中国文学专业研究生，遇见任洪渊老师时，正值诗人的盛夏。他的诗，他的文，给了我一个又一个的震撼。我惊讶于他诗中开阔神秘的意象和磅礴气势，也诧异于他将巨大深情化作漫天初雪之花景开成海之花

257

潮的新奇诗语，更目眩于他诗化哲理散文中升起的语言自明之光。不过20世纪90年代初我就离开中国了，三十多年来一直辗转海外。当年还没来得及对老师的诗文展开探索，许多好奇就一直隐在心中了。但每次当我教学生中国诗词，讲到屈原"路漫漫其修远兮，吾将上下而求索"，或李白"君不见黄河之水天上来，奔流到海不复回"时，就不由自主地想到任老师，那些不曾来得及问的问题，就会在心中响起：老师，您如此磅礴的气势从何而来？如此执着的探求之力源自哪里？而如此巨大的深情又因何而生？老师，您对美对情感的感受力怎么这般敏锐？对诗文构思、字词斟酌怎么这般独辟蹊径？而对语言的思考又怎会这般澄净？老师，您清癯的身躯里怎能发出那么洪亮激越的诗声？宽阔的前额后面怎会有这么多的异想奇思？而您明亮的眼睛里为何又总有那么一丝迷蒙和忧郁？

仿佛冥冥中了然我心存的疑问，三十多年后老师居然托学生给远在异乡的我寄来了他新写的自传《他从几代人的身旁走过：任洪渊小传》[1]。读到这份传记，我再次被深深地震撼了！老师，这是一份怎样的叙述啊？您不仅帮我一一解开了心存的疑惑，也让我那么亲近地感受到一个诗人的诞生、成长与风华正茂，更让我的视野冲破想象，仿佛看到古今中外那么多没能留下自传的伟大诗人神秘诗句背后动人心魄的故事，让我学会如何更好地教学生诗与诗之思！那个傍晚，读完您的自传，我站在阳台上，看到一轮火红的落日正亮遍西天，霞光将那些水分饱满的云朵都镶上了

1　任洪渊：《他从几代人的身旁走过：任洪渊小传》(任洪渊老师生前手稿，尚未出版)。

灿灿金边，熠熠生着光辉。老师，我看到了一个最明亮的黄昏。

四川邛崃，我从未去过那个山高水长的地方。蜀山蜀水，一直是靠着李白"难于上青天"的蜀道来展开想象的。而老师生动纯美的文字为我展现了一个如此神奇而具体的所在——一个诗人的故乡。从此，那白沫江边乐善桥头黄葛树荫下的平落（乐）古镇就不只是一个地理名词，而更是一个充满诗意的文化符号了。原来白沫江水也从天上来，奔腾入岷江，然后入长江，然后到海不复回！这近天峰顶的岩层里沁出的源泉是如此纯净、无沙无尘，而又能如此奇绝地随着山势变成涧、滩、瀑、潭、霜、露、霰……并成洪波深渊，成大江大河！老师，原来这就是流淌在您一生血脉中永不会被淹没的白沫江水！这就是您无邪又多姿的水性！而白沫江边的群山啊，原来山藏着山，山隐着涧，连绵在如此空旷的苍幽里。您 6 岁的脚步，踩响的是这样的空山里的静寂，所以会一山一山地传响；您 6 岁的黄昏坐在祖父家门前的方石凳上看到的落日，是无数耸峙的山峰也托不住的沉没，所以会在它最圆最大最红丽的时候，将一个幼小的、带着无数天问的孤独熔进了天地间一轮旷世的孤独。正是这样的落日，落成了您生命中一次又一次的日出。

老师从未跟我提及他在邛崃山中度过的孤苦童年。可 1988 年当我读到《找回女娲的语言：一个诗人的哲学导言》的开首："非常好，我 13 岁才有父亲。40 岁才有母亲。大概没有什么情结或者恨结束缚我的童年"[1]，感觉这简略带过的一笔背后，似藏有无

1　任洪渊：《女娲的语言》，北京：中国友谊出版公司 1993 年版，第 1 页。

限情结。30 多年后读到老师薄薄的自传，才知他童年时代那些深入骨髓、椎心泣血的痛，已在岁月的长河里，化成了一粒粒明亮的蚌珠，尽管那璀璨里仍似闪着隐隐的泪光。诗人童年的不幸，成就了诗的大幸。

于是我看到了那被他的童年"无意识反复拍摄，又被他的成年无意识反复修版、合成、剪辑的一张张底片"[1]，看到了白发的诗人在黄昏的光影里，带着充满智慧又宽广温暖的眼神，一页一页，翻看自己童年的心理剧本，凝视那些永不会消逝，并随着岁月流动色泽反而变亮的情、景、时、事、声音、身姿和温暖无比的脸，有时，还往后退几步，在距离的宽厚里，进行感悟式的点评。

于是我理解了为什么"很少有哪一个少女的身姿不被乐善桥曲线无情地解构"[2]，理解了为什么在他 40 岁后遇见善良美丽的真爱 F.F. 时，生命力的深层会发生如此巨震！"生命的秘密是婴儿期的第一个主动姿势——依偎，和少年期的第二个主动姿势——拥抱。"[3]是的，正是依偎与拥抱扶住了他，没让他倒下，并让他写出了那么多激情迸发的奇丽诗语。那个在乐善桥边的江波声里，在福惠街红砂石板路上牵着他的手款款走过的年轻母亲，那个曾青春自祭过、在他 6 岁时就退场的 23 岁的年轻母亲，留下

1　任洪渊：《他从几代人的身旁走过：任洪渊小传·第一章：白沫江水》。

2　任洪渊：《任洪渊的诗》，北京：北京师范大学出版社 2016 年版，第 19 页。

3　任洪渊、李正荣：《当代汉语书写：在克隆之外，在 0 和 1 的编码外／诗人学者任洪渊访谈》，《文艺研究》2016 年第 10 期，第 85 页。

了一个永恒的美、善、爱，却无限悲哀的身影。父亲不在场的童年，母亲曾是他的全部，而银灯下，6岁的他却得跟母亲告别。那盏银灯，一生从未在他心头熄灭过。

于是我也理解了为什么他咿呀学语的女儿汀汀指着月亮的"第一声呼叫"，会让"抛在我头顶的全部月亮／张若虚的／王昌龄的／李白的／苏轼的／一齐坠落"[1]，让正在寻找语言原创力的他灵感突发，发现正是女儿新鲜的"词语"击落了古典的"词语"。是的，这，源于他对女儿无比强大的爱。他那从未有过父亲肩膀的孤苦童年却让他自己成为一个最好的父亲，拥有最温暖的肩膀！"白发的年岁这么近地俯看着自己的第二个童年。苍老的人类回顾着创世纪。"[2]女儿的一声"月亮"让他多么狂喜与激动啊！而他自己咿呀学语时，父在哪里？是谁，听他叫出第一声"月亮"？我眼前闪现的是山路上跟着爷爷奶奶沉默无语地走着的那个孩子，那个忧郁的眼望着夕阳无语问天的孩子。两幅童年图景，蒙太奇般地合在一起，然后化成老师俯看汀汀时充满爱意的眼神。是的，正是这份巨大的爱与喜悦触动了他灵感爆发，让这位苦苦思索的学者诗人，解开了"女娲的语言"的一个秘密，找到了他第一个诗学名词"T.T的月亮"，从而成就了他关于第一次命名的寓言。

我一直对老师别出心裁的诗语与独辟蹊径的诗学建构颇为好奇。看到老师描述爷爷的柏木楼时，忽有豁然开朗之感，心想：

1　任洪渊：《女娲的语言》，北京：中国友谊出版公司1993年版，第4页。
2　任洪渊：《女娲的语言》，北京：中国友谊出版公司1993年版，第5页。

老师，这就是您"任任美学"[1]的一个源头吧？一个诗学美学建构的原型。故乡是您心中的桃花源，而桃花源的中心，正是爷爷自立门户亲手建起的这座"偎山、怀水、虚脚弄云的柏木楼"[2]！

这座楼的地理位置堪称奇绝，它"半倚着山的一片石壁"，要登上几十级石阶才能进门。"门，不过是两旁重叠着几块粗犷的岩石，空空地向外排开旷远的群山"。俯瞰，则是"一条条曲曲折折的溪涧和沿着溪涧蜿蜒的山道"。但一进去，却别有洞天，背山一列正房，两厢拱抱着，有"楠木雕花窗"与"红砂石走廊"，檐前还有一个橘树环阶的庭院。这座山居的营造费时耗力，十几年才竣工，因为"要在陡坡上垒筑五层楼高的石基"，而山中骤雨一次就冲毁一次；而爷爷，靠的是西西弗斯精神，倒塌、再建，又塌，又建，最后"伐12株与正房等高的杉木立柱"，创造性地撑起了这山中虚脚的、带着几分空中楼阁仙姿的柏木楼。这楼是"一色柏木"，"不潮不蛀，甚至不留尘垢，满楼风雨不败的年轮花和欲辨已无的柏香"。多神奇！它的生成还借了天工：在一个满月之夜，地下居然山泉喷涌，"几天就汇成清且涟漪的湖水"，成为山庄"最后入画的一笔，天绘的一笔"[3]。童年时代的诗人，就在这映着山岩和柏木楼的清清湖水中，划一叶小竹筏，

---

1   此术语出自任洪渊自传，是他青春时代与友人笑谈理想时，友人用于描述他独特的美学追求的。参见：任洪渊：《他从几代人的身旁走过：任洪渊小传·第七章：1956，中国大学新生专列》。

2   任洪渊：《他从几代人的身旁走过：任洪渊小传·第二章：邛崃山中》。

3   此段中的引语皆出自《他从几代人的身旁走过：任洪渊小传·第二章：邛崃山中》。

恍在桃源仙境。这至纯至美，在我看来，恰是他一生追求理想诗境的一个奇美镜像，九分天成，一分人力！

父亲缺位的童年，是祖父给了他一个父的原型。祖父的血脉连着山民原始的野性、巴蜀文化的彪悍和能工巧匠的智慧。他以猎豹的传奇、捕蛇的绝技、营造柏木楼的独创才能，以及栽培园林的天人合一之术，为孙儿树立了一个先祖与父的榜样，让他也拥有一股原乡的神力、毅力和勇力，并永葆心中的大自然："原山原水原石原木，原性，原，祖父一生也没走出他的山。"而这个从大山走出的孩子，从不曾忘记祖父"用树在山上写下的无字的遗嘱"，带着这股原乡的神力、毅力和勇力，终其一生，追寻原创之美。他作诗的立意与笔法，堪比他祖父择地建楼的眼光和勾勒楼之檐线、阶线、柱线时那种带着版画般明快的刀法；他对诗意空间的营造，也映现了祖父"隔与不隔"的园艺和山民美学的精髓；他生命盛开时节用语词酿出的诗的花海，也恍若他童年庭院里橘树开花时节纯美的视觉盛宴，"橘颂"般地"一树树地炸碎，花片狂洒"[1]。柏木楼早已不在了，但这个从大山里走出来的孩子，一生以其西西弗斯般的努力，用语词重构了一座诗与诗学的"柏木楼"。

祖父给了他一个心中的桃花源，但，是祖母，教会他怎样直面惨淡的人生。搬进这座山居不到两年，祖父就永远走了。是祖母独自撑起了一个世界，为他遮风挡雨，并教会小小年纪的他

1　此段中的引语皆出自《他从几代人的身旁走过：任洪渊小传·第二章：邛崃山中》。

如何生存。兵荒马乱的 20 世纪 40 年代末，活下来就已是一个传奇，但祖母还尽其所能与所有，供孙儿去城里上学。她自己则一个人留在山上，"种地，养猪，养鸡，为邻近的家庭造纸作坊做零工"，"每顿只吃一碗饭"，为孙儿积蓄上学的开销和以后"长大成家的钱"。世态的炎凉与寄人篱下的苦，成了他小学时代人生教育的第一课。在城里三姑妈家，幼小的他每天扫地擦桌，烧柴做饭，"站在高板凳上洗锅里的碗筷，成了他童年的晨昏仪式"。11 岁时，与他相依为命的祖母患了疟疾，他就当起了家，还根据《自然》课本上学到的知识，"提着两升米，去药店换取一盒奎宁丸"，救回了祖母。12 岁时，他已经能通过细读"土改前二五减租的布告"来获取信息，从他家佃农闵老幺那儿领取每月两斗米的口粮了。"他没有童年的忧伤，好像他流下的童年泪，是为了洗净晚年回望中的往事尘埃。"而回望中，在阳光下，他仿佛只看到祖母的一张脸，那是因为，"他的世界就在祖母的一张脸上"。"祖母脸上从不动容的对自己苦痛的隐忍，对膝下孙儿的慈爱，对周围更大不幸的悲悯"，让他懂得了什么是坚毅、忍耐、自信、尊严、善良、宽容、感恩，也让他生出了直面世态炎凉的勇气和智慧。老师一生纯洁坚韧，正直善良，且有一股超乎寻常的独特刚毅之气和一双洞明世事的眼睛。在漫长而曲折的人生路上，他懂得何时隐忍，何时迎头而上，何时侧身而过，何时执着，何时放手。他的生存智慧与道德勇气，以及他对佛、道、儒三家哲理的通透参悟，跟他那大地般坚韧踏实、阳光般温馨暖人的祖母的言传身教是多么息息相关！"他，怎么能够没有祖母？"[1]

　　这大概也是为何他对祖母的回忆会跟平落（乐）辉煌的灯节连在一起吧？因为，在父母缺位、祖父早逝的岁月，是祖母擎起一盏明灯，领着他继续走在那坎坷不平的山路上，一前一后，一步一步，走过人生最黑暗崎岖的一程，然后，送他走上一条更宽阔的人生路。平落（乐）的灯点亮了他的童年，祖母的脸照亮了他的人生路。那"灯树的抽象，又是一座用火和光造型的拟古的纪念碑，碑上写满了自有生命以来的所有伤悼词语。但是在夜空的黑色碑面，灯树明灭着光和火的文字，是天书"。这么辉煌的灯节，这么深刻的领悟！在日后的人生路上，老师自己，也以思想和语词，点起了一盏灯火，成为一个持灯的使者，照亮后人。而当一切"……都隐去了。乐善桥的元宵夜，他在众灯中，他也是一盏灯了"[2]。

　　这让我更清楚童年留给老师的这份孤寂对他生命的影响有多大。当幼小的他在黄昏时祖父的门前望着夕阳无语问天：我是谁？我为什么来到这个世界？我又要去哪儿？也许只有远山风的叹息，回应他稚嫩的哭泣。上学后他竭尽努力，一次次地考得第一，但"没有一个可以报喜的人。他在欢乐的时刻四顾着无人的空旷"[3]。他，只有一个没有童话的童年。他，因此也显得有些

1　此段中的引语皆出自《他从几代人的身旁走过：任洪渊小传·第三章：世界，在祖母的一张脸上》。

2　此段中的引语皆出自《他从几代人的身旁走过：任洪渊小传·第三章：世界，在祖母的一张脸上》。

3　任洪渊：《他从几代人的身旁走过：任洪渊小传·第四章：文昌阁前》。

孤傲了。从"蜀才"到"楚材"，再到逐渐发现自己"天骄的风华、风仪，到他天成的人格，天传的灵慧，天纵锋芒的语言"[1]，他渐渐地在才华中识别自己，肯定自己，并找到"天生我材必有用"的自信。但他也深知，"与世界相遇，他有时的倨傲，雄视，放诞，其实也不过是某种假象，……某种自己惧怕自己卑怯的假象"。他因此在"生命的卑点"看到了"天地的极点"，从而产生了敬畏、感恩和自觉自在："天下无极，无界，无差别——人，在不遮蔽什么也不被什么遮蔽的空明中。"[2]这种在空寂中产生的对生命的思考，让他渐渐离开了数学而走进了文学。他把空寂交给了诗的幻想，在孤独的空阔中，用幻想来重构自己的世界。为此，他开始对语词着迷了，开始寻找一种能准确表达自己思想的独特语言。"他不知怎么就开始在同学间讲故事了……他自己的'有声书写'开始了，也就是说，即使在他日的文本上，他的词语不仅是写给眼睛看的，也同时是说给耳朵听的，是笔下的，也同时是上口的——他的词语继续响在动在书页间，也可以随时从书卷回到唇齿中，因为那是始终带着他的呼吸、心跳、体温的词语。"[3]他也暗暗发誓，"他不必在一列一列书卷旁，寻找自己作为一本书的位置，尤其是一本复写的书的位置。他只愿意为重写和改写而来"[4]。语词，带着生命温暖与活力的语词，从此与他血肉

1　任洪渊：《他从几代人的身旁走过：任洪渊小传·第五章：成都透明的氤氲》。

2　任洪渊：《他从几代人的身旁走过：任洪渊小传·第四章：文昌阁前》。

3　任洪渊：《他从几代人的身旁走过：任洪渊小传·第四章：文昌阁前》。

4　任洪渊：《他从几代人的身旁走过：任洪渊小传·第五章：成都透明的氤氲》。

相连。从少年时代的"有声书写"到中年的"女娲的语言"，到晚年"词语红移的曹雪芹运动"与"墨写的黄河"，他一生浸淫与嬉戏在语词的长河里。"我只想走进一个汉字，给生命和死亡反复读写。"[1]

早年读过老师的《天鹅的歌声》，感觉诗中有一种凄美的无以名状的孤寂："听你，听你无边的静谧／暗暗鸣响我的天听／像听你语言前的语言／像听你声音前的声音／那也是你对自己的回应。"[2]读过老师的自传，才知这是弥漫了他一生的旷世孤寂，化在他明亮的眼眸里，成了那一抹"白沫江长流几十年也洗不去的忧郁"[3]。这种孤寂，也以其巨大的推动力，推着他以诗化的激情与语言，终其一生，永无休止地探寻自我，探寻生命存在的意义，直到进入思想"深度的透明"[4]。

我因此也更理解老师对知音的渴求与遇到知音时的巨大喜悦。爱情的知音让他迎来了生命的第二个春天，从而激发出他最绚烂的诗情；在古今中西语词长河里的文学知音们，则让他写下了《墨写的黄河：汉语文化诗学导论》与《汉语红移》这两部别开生面，字字珠玑，探寻母语、人类语言与智慧生成之间关系的诗学著作。在他看来，汉语与西方语言的现代相遇，也是一

1　任洪渊：《墨写的黄河：汉语文化诗学导论》，北京：北京师范大学出版社1998年版，第2页。

2　任洪渊：《任洪渊的诗》，北京：北京师范大学出版社2016年版，第167页。

3　任洪渊：《他从几代人的身旁走过：任洪渊小传·第一章：白沫江水》。

4　任洪渊：《他从几代人的身旁走过：任洪渊小传·第八章：第二个20岁，他从几代人的身旁走过》。

种"知遇"。就像他当年"过黄河而认识了他的长江"[1]，"语言相遇，我们在认识他人中找到自己。"[2]正因如此，他6岁的脚步，会踩响普鲁斯特溅落在贡布雷台阶上的门铃声，6岁的落日，也会返照出海德格尔"存在公开自身的地平线"[3]。老子的"名可名，非常'名'"可以启动他对语言无限的命名运动的思考，庄子的"卮言日出""卮言日夜"会流动在他的白沫江水；而他，也能从罗兰·巴尔特写作的"0"，符号的"空"，以及德里达书写的"无"，回到老子的"无名"和庄子的"无言"。"在每一个汉字上，我侧身走过同时代人的身边，相问相答；在每一个汉字上，我既与过去的每一个书写者未期地相遇，又是对未来书写者不期的期守。未来有多远，我的期守就有多长，是预约，又是先期的回声"[4]。

我们很幸运，能做老师的学生，因为他待我们，也温暖如知音。他总是认真地倾听我们诉说，然后激情满怀地与我们交流。言谈，这最古老的教授之道，在老师这儿发挥得淋漓尽致。他懂得如何提问，如何在交流中理解我们，从而因材施教，启发我们潜在的才华，因势利导，引我们发出自己的声音。我听说以前牛

---

1 任洪渊：《他从几代人的身旁走过：任洪渊小传·第七章：1956，中国大学新生专列》。

2 任洪渊：《墨写的黄河：汉语文化诗学导论》，北京：北京师范大学出版社1998年版，第90页。

3 任洪渊、李正荣：《当代汉语书写：在克隆之外，在0和1的编码外／诗人学者任洪渊访谈》，《文艺研究》2016年第10期，第81页。

4 任洪渊：《墨写的黄河：汉语文化诗学导论》，北京：北京师范大学出版社1998年版，第2页。

津大学高才生们的生花妙笔是在教授们缭绕的香烟吞吐中熏出来的。我们任老师不抽烟，可是常会请我们去他家共进美食。我依然记得当年读研究生时，老师请我去他家吃汽锅鸡的情景——那时汽锅鸡正好在北京流行。年轻美丽的师母端来热气腾腾的紫砂锅，任老师与我就在那洋溢着奇特鲜香之味的小客厅里谈我们的论题，而老师的女儿小汀汀，还不肯来吃饭，兴致勃勃地、吱吱嘎嘎地拉着一把父母刚给她买的超小型小提琴，音乐荡漾着，多么温馨的回忆啊！30多年过去了，老师有了一代又一代的学生，带出了当代中国那么多优秀的诗人，他也被称为是诗人最好的老师。这是因为他能把金针度与人，在读诗解诗时能融入自己独特的生命体验，从而引导学生去寻找自己的定位，寻找自己将激情与思想化成诗句的路径，并发出自己独特的声音。他总是让我们相信，"天生我材必有用"，重要的是怎样找准自己生命时钟的钟面，怎样摸准自己生命力的爆发点。老师爱跟年轻学子们交流，他永远好奇，永葆一种年轻的心态。这，也许是我一直不觉得任老师也会老的一个原因吧！

当然，理解老师，理解他的诗与诗学，也是需要时间，需要付出努力的。主流话语里有称老师为"迟到的诗人"[1]的，感叹他错过了年代也错过了年龄，我倒觉得他只是按自己的生命时钟，

1　参见洪子诚的《中国当代文学史》（北京：北京大学出版社1999年版，第283页）。洪子诚、刘登翰编写的《中国当代新诗史》（北京：人民文学出版社1993年版），将任洪渊列入"迟到的诗人"。在此书的修订版（北京：北京大学出版社2005年版）中，任洪渊被列入"迟到的写作者"一节。

以自己特有的生命节奏，步步前行，就像自然界的植物各有花期，到了该开放的时节才盛开。老师不随大流，偏于低调，许多时候侧身而过，那是他基于特殊人生经历而生成的一种智慧，是他选择的一种生命姿态，一种更能清醒看待人生的视角。老师读中西百家而杂学旁通，他诗学研究的路子因此看似逸出常规，但其实他是在独辟蹊径，试图"完成一次重建传统的双重超越"[1]。他想通过跨文化对照思考，来探索母语／母文化在全球人文环境流变中的困境与出路、宿命与使命。这，正是一个有担当的人文知识分子在全球化时代敢于直面挑战的智和勇。"林中有两条路，而我，选了人迹稀少的一条，这让一切多么地不同！"[2]

　　1993年老师的第一本诗与诗学的合集《女娲的语言》出版时，他高兴地给我寄到德国。信中说："从去年底起，出乎意料的，新一代批评家们开始谈论'任洪渊诗歌的语言'。是到了出诗集的时候了。……今年9月的《上海文学》《人民文学》及第6期《十月》（11月出刊）同时发了我的600多行诗——我近年写作的全部。我早就说过，这是我的'世纪末的最明亮的黄昏'。"老师，当年的我还未能那么深刻地领会"黄昏"在您生命中的意义，我读您的《黄昏时候》，努力想象，那半沉在您天边的那个

1　观点较集中地反映在他《当代诗潮：对西方现代主义与东方古典诗学的双重超越》一文的论述中。参见：任洪渊：《墨写的黄河：汉语文化诗学导论》，北京：北京师范大学出版社1998年版，第223—264页。

2　译自［美］罗伯特·弗罗斯特（Robert Frost, 1874—1963）《未选之路》（*The Road Not Taken*）的结尾（Two roads diverged in a wood, and I—I took the one less traveled by, and that has made all the difference.）。

朦胧了"今天和明天的黄昏","圆满失落的黄昏，起点终点的黄昏"[1]。读完您的自传，老师，我看到，"你有一个最深的黄昏／淹没所有的傍晚"[2]，并已将这黄昏，升成了一个新的早晨。这本凝结着您心血的传记，我相信，将会帮助更多的人读懂您的诗与思。您从几代人身旁走过，写出了几代人写不出的；您的语词，也要由几代人，还有一代又一代的后人，来评说。

想象中，老师已化作了仙人，那种他童年时代喜爱的，邛崃人口头尊称定义的仙，也就是那种"在人间出尘的，出入自身也出入万象的灵慧与无羁的飘逸"[3]。想象中，老师，在天国，也坐在祖父柏木楼前的方石凳上看落日。那轮火红的落日正亮遍西天，霞光将那些水分饱满的云朵都镶上了灿灿金边，熠熠生着光辉！老师，这是一个最明亮的黄昏！

2021 年清明节／复活节于波士顿

吕芳，美国波士顿学院副教授，加拿大西蒙菲莎大学比较文学博士，北京师范大学中文系本科与现当代文学专业硕士研究生。

1　任洪渊：《女娲的语言》，北京：中国友谊出版公司 1993 年版，第 47—48 页。
2　任洪渊：《女娲的语言》，北京：中国友谊出版公司 1993 年版，第 65—66 页。
3　任洪渊：《他从几代人的身旁走过：任洪渊小传·第五章：成都透明的氤氲》。

独行者拖曳着自己的时空"返乡"

段从学

20世纪80年代末期，我就在大学图书馆的阅览室里，读到了《女娲11象》《黑陶罐》等被笼统而含混地描述为"东方诗风"的著名组诗，也曾在震惊与困惑中，留意到了今天读来仍然令人惊叹叫绝的"任洪渊宣言"——

> 非常好，我13岁才有父亲，40岁才有母亲。大概没有什么情结或者恨结束缚着我的童年。我不必害怕，因为我没有母亲可恋，也没有父亲可弑。那么长久地，我连找都找不到他们，又有什么罪恶的恐惧需要逃避？既无须像那个王，离乡背井地逃亡；也无须像另一个王子，在智慧和行动、复仇的意识与自遣的潜意识之间痛苦地犹豫。孤独的童年把原初的力埋藏得很深很深。需要等一次发自生命最深层的巨大震动，而且对我来说要等到40岁之后。[1]

但遗憾得很，那个时候的"任洪渊"对我来说还只是一个单纯的声音符号，一个约定俗成的专有名词。被他轻轻一句话就扫到了视野之外的弗洛伊德两大"情结"论，以及"那个王"和

1　任洪渊：《女娲的语言》，北京：中国友谊出版公司1993年版，第1页。

"另一个王子"还静静地躺在著作或教材里，等待着书写我的命运。也搞不清楚"我 13 岁才有父亲，40 岁才有母亲"究竟是诗人的奇思妙想，还是什么别的东西。

随后，又断断续续地读到了他的"诗与诗学合集"《女娲的语言》和《墨写的黄河：汉语文化诗学导论》。人类注定只能看到 8 分钟之前的太阳。炫目的星光，或许来自亿万年前就已经死亡的巨大恒星。在一个没有准备好眼睛的生命里，"任洪渊"不能散发出他的光。对一个还没有长出自己头颅的生命来说，"任洪渊"的智慧等于"0"，——一种既不是"有"，也不是"无"的可能。

我和他的距离，不仅仅是西南师范大学中文系课堂和北京师范大学中文系课堂的距离。杜甫感叹自己和宋玉"萧条异代不同时"。在物理时间上，"1937 年夏历八月十四日"出生的"任洪渊"，曾经和我们有过不算短的"同时"。但在生命时间上，我们和"任洪渊"的距离，或许比杜甫和宋玉的距离还要遥远、还要萧条，弥漫着黑铁般沉重的无数个"异代"。就连 2007 年冬天，在廊坊师范学院召开的邵燕祥诗歌研讨会上，他诗朗诵一般地读他的文章《俄罗斯风雪中的斯维特兰娜独白——读邵燕祥诗剧〈最后的独白〉的旁白》，同时置身在当时会场上的我，也要迟到若干年之后才能听见。

一

　　2010 年 11 月，应李怡之邀，他到四川大学做讲座。在学校附近的一个咖啡馆里，"任洪渊"变成了任洪渊。他谈论自己的童年，讨论唐诗，谈到了他对"文言／白话"二分法的不屑。"长河落日圆""摇落深知宋玉悲""床前明月光"等长时间深埋在纸堆里的声音，在他的闲聊中变成了生动鲜活的生命，穿过物理时间和第一生命时间，化成了我的词语，进入了我的生命。他关于文学时间的讲座，也因这次前置的闲聊而变成了一场思想的盛宴。一个个鲜活生动的词语，从他的口中迸出来，化成了一束束炫目的光，穿透了横亘在"我"和"任洪渊"之间黑铁般沉重的"异代"。

　　感谢他的热情和信任。接下来，又有幸在他和成都几位诗人的交往现场，目睹了他睿智的谈吐，也见证了他对人的谦和，以及他对自己的诗与诗学的骄傲与自信。随后，又和李怡等人一起前往他的故乡平乐镇，追随着他的脚步走过乐善桥，走了白沫江。一位和他同年龄的老婆婆，生动地向我们讲述了他当年站在戏台上"说故事"的生动情境。而他自己，也站在乐善桥上，兴致勃勃地把他童年的"平落镇"一一指给我们看。

　　次年 5 月，他带着自己的《词语红移——多文体书写的汉语文化哲学》，再次返回故乡，让我有了联系他到四川师范大学等校讲学的机会。通过名叫"邱雯"的学生，他发来了自己精心准备的材料。我大而化之，自作主张地为他拟定了《在西方时间之外发现中国时间》和《在语言学转向中发现汉语》两个题目，请他"随便讲"。那个时候，我还不知道在"任洪渊词典"里没有"随便"的位置，还不知道他的每一次讲述都是全力以赴的冲刺，每一次行动都是拼尽全力的新生命的开始。

可以想见的是，尽管有他精心准备的大量"任洪渊语花"，他浸透了生命感情的词语和声音，还是没有能够像他期待中那样，放射出应有的光。德里达的"Da-"、罗兰·巴特尔的"0"、海德格尔的"此在"，其中任何一个词语，都距离听众太远了。再加上由此而被照亮的老子"大曰远，远曰逝，逝曰返"，那就更是一个大质量的思想黑洞了。就像他70岁的脚步和10岁的脚步同时踏在平乐镇的乐善桥上，但只有他自己听见了相隔一个甲子的回响一样。他洞穿了"Da-"和"逝"、唤醒了老子和德里达的精彩讲述，更多地只是回荡在他自己的世界里。他回到了自己的故乡，却不能推开横亘在他和那么多故乡学子之间的"异代"。好在这种情形对他来说似乎早已经不是第一次了。他转而聊起了和刘再复等人的交往，聊起了自己的"80年代"，聊起了一本正经的研究和阐释对他可笑而浮浅的误解。

据说只有鹰的眼睛才能直视太阳，人类只能背对着，或者侧过身去，才能认识太阳。高度浓缩、高度凝练的讲座，不仅对普通的莘莘学子，甚至对我这样缺乏充分准备的眼睛，也构成了巨大的黑暗。反倒是他讲台之下的闲聊、茶余饭后的只言片语，构成了我走近——确实只是"走近"——其生命-诗学世界的林中小路。

二

或许是为了弥补那么长时间不在场的歉疚,在他 13 岁才出现的父亲,曾经在他上大学期间,让他有了近距离接触和观察"另一个世界"的机会。他描述过"另一个世界"的周末舞会,描述过他们有组织的周末生活。"我真觉得没什么意思。"他说。后来,正如自传中所写的那样,他拒绝了到某艺术学院任教,放弃了在他人看来可能更辉煌的"发展道路"。他也说,"我真觉得没什么意思"。

曾经有那么多人为了明天的理想而抛弃世俗的物质利益。但明天变成了今天,曾经的理想变成了现实的权力,进而又还原成了赤裸裸的物质利益。"我真觉得没什么意思。"他看到的不是弗洛伊德,也不是历史的辩证法,而是历史,赤裸裸的历史。他极端讨厌把别人的昨天当作明天来重复的"死亡的开始"。他不想杀死谁,也不想取代谁,他只想成为自己。

大学期间,因为热爱写诗,在他 13 岁才出现的父亲,曾经想让他去见郭沫若。既是四川同乡,又是当时最著名的诗人,父亲的想法当然顺理成章。但他拒绝了:"郭沫若的东西已经不值得我学习了。"据说他的父亲曾因此大为生气。至少从感情上说,这则"任洪渊逸事"肯定是真实的。

他不是目空一切。当他说中国的书他只看古代神话、《庄子》、司马迁的《史记》和曹雪芹的《红楼梦》,其余都"没什么意思"的时候,就更清楚了:他需要的是元素性的东西,是建构人类文明、建构他的汉语文化诗学必不可少的基本元素。除此之外的东西，"我真的觉得没有什么意思"，他说。抛弃无关紧要的琐碎枝节，让他从 40 岁开始的生命，高度紧张，也高度深入地集中在了少数几种元素性的文化经典之上，避开了无聊的浪费。

上古的神话，尤其是人首蛇身这个他最热爱的原型形象，代表了一度被他以数学序列的方式命名为第一生命和第二生命的自然生命和文化生命之间的永恒争执，以及从这种争执构成的张力中源源不断迸发出来的创造力。从蛇的身躯，从自然的身躯上长出了头颅，开始了理想与自然、文化生命与自然生命的永恒争执。他由此以"任洪渊词典"的方式，把 19 世纪命名为"头的世纪"，以这种方式分析米兰·昆德拉的《不朽》，发现了阿格尼丝的头颅和劳拉下坠的身体。对被砍掉了头颅，又能够用自己的新器官代替头颅继续战斗的刑天，他激动不已地赞赏说："你看，那是多么旺盛的生命力啊！"他赞赏汉语文化在蛇的身躯上长出了儒的头、道的头，随后又把佛教改写成了禅的头的旺盛创造力，也为近代以来的知识分子再也不能把基督的头改写为汉语的什么头而扼腕叹息。他更鄙视那些追逐着、期待着用西方某个人的头来代替自己的头的石化了的身体。

抛开那些"没什么意思"的书，回到上古神话，就是回到一个人、一个民族最为原初的、在自然生命与文化生命的永恒争执中生发出来的创造力，在人之所以为人的人类学基础上，创造自己的文化生命。他的组诗《女娲 11 象》，因此豁然开朗，变成了清晰而硬朗、充满了金石撞击之声的生命–诗学宣言。

从《庄子》那里，他找到了蝴蝶、鲲、鹏。人首蛇身的女娲，是人在动物（自然）身体上的创造。当蝴蝶开始飞翔——他称之为第一只蝴蝶开始飞出汉语——的时候，人也就开始了自我创造。从 0、从空、从男性的身体和女性的身体开始，庄子推动了汉语的第二生命序列，创造了汉语的生命文化。人首蛇身，是在蛇的身躯上长出了人的头颅，是在给定的，所以也是不能脱离的自然基础上的第一次创造。没有这种自然基础，就不可能有人的头颅。蛇的身躯为人的第一生命提供了基础，但也注定了第一生命不可能脱离自然基础、脱离蛇的身躯获得自由。

必须有一只翩翩起舞的蝴蝶扇动它的翅膀，才能让汉语文化飞起来。一个人和另一个人也才能从 0 开始，从空开始，以人自身为基础，而不再是以蛇的身躯为基础，创造自己的第二生命。对庄子来说，这样的创造或许真的只需要一只小小的蝴蝶就足够了。但对 40 岁之后才开始自己的文化生命的任洪渊，对早已丧失了把基督的头改写为汉语的什么头的能力，甚至把追逐或借用西方的什么头来代替自己的头当作毕生事业的现代汉语文化来说，蝴蝶太小，也太柔弱、太古典了。他需要的是鲲，是鹏，是在和无边无际的大海的搏斗中起飞的鹏。这样的身体，这样的翅膀，才有能力、有资格展开一个 40 岁的生命。这样的身体，这样的翅膀，才有能力、有资格为汉语文化划开一片绯红的天。

任洪渊的诗里，因此而洋溢着水，洋溢着女性身体的曲线，洋溢着一次又一次从 0 开始、从空开始的飞翔和创造。如果庄子的蝴蝶停下了翅膀，那也只是为了在任洪渊的诗里、生命里再一次起飞。或者说，也只有任洪渊创造第二生命的力量，只有任洪渊的诗，才能让庄子的蝴蝶再一次起飞，为汉语文化飞翔出一片绯红的天空。

但假如他和她没有相遇，假如一切都只是黑夜，没有蝴蝶，也没有鲲，没有鹏呢？假如鲲还只是 0，只是起伏着波浪、起伏着曲线的大海，而鹏也还只是 0，只是无边无际的空呢？我们需要重复欧洲人的故事，继续等待戈多吗？他就只能等待她，而她也就只能等待他，而不能创造自己的第二生命了吗？而任洪渊，也就只能等待着"新太阳"升起之后，再来创造自己，展开自己吗？

当然不。他在司马迁的《史记》中找到了自己所需要的元素：死亡。作为男人的司马迁，失去了自己的自然生命。但恰好是自然生命的死亡，让司马迁爆发出了最炫目、最耀眼的文化生命创造力，而且是最有男性色彩的文化生命创造力。组诗《司马迁的第二创世纪》，淋漓尽致地展现了他从司马迁和《史记》里提炼出来的生命——诗学元素。阉割把司马迁变成了"男性的创造者"。高渐离在"挖掉眼睛的一刹，他洞见了一切"。被断了足的孙膑，让天下所有的男子从此无路可逃……

任洪渊对司马迁和《史记》的重新书写，让不少人至今还挂在嘴边的存在主义的"向死而生"，变成了肤浅可笑的重复。所有对生命的叙述，都是从对死亡的叙述开始的。自然生命死亡之处，文化生命才能开出灿烂的文明之花。这是文化隐喻，也是生命常识。只是由于我们长期不敢直接面对这样的常识，以至于对常识的重复也变成了高深莫测的理论和主义。刑天从自己身上寻找头颅的神话，和司马迁在男性的死亡中爆发出来的"第二创世纪"，构成了任洪渊生命–诗学永不枯竭的源泉和动力，托起了他回到汉语文化、回到个体生命创造力、开启自己的"第二创世纪"的生命–诗学信念。

他也谈到了对弗洛伊德的理解。那么多专家学者只关注前期弗洛伊德，关注以自然生命的"性本能"为基础，也就是以蛇的身躯为基础的压抑假说，而不涉及后期弗洛伊德，不关注《摩西与一神教》对弑父的重新解释。"我真为我们那么多的专家学者感到悲哀。"他说。事实上，如果以自然生命的"性"作为人类文明的原初推动力，以欲望的满足为最高价值，那人就注定只能是奴隶。为了"性本能"的满足，他不断压抑自己，不断在罪感的折磨下逃避自己，最终变成了"文明人"，变成了欲望的奴隶。现代人津津乐道的"主体"（Subject），恰好道出了这个隐秘的奴隶逻辑：他只有预先"屈服"（sub-），屈服于欲望，屈服于权威，屈服于他者，才能最终成为主体。按照早期弗洛伊德的逻辑，那个终其一生都在逃避的王，和那个终其一生都在犹豫而丧失了行动能力、生命能力、第二创造能力的王子，就是人的必然宿命。难道就没有一个男人敢于站出来，对这样的必然宿命说"不"吗？没有一个人看见这里的荒唐吗？究竟是弗洛伊德本来就这么肤浅，还是"我们那么多的专家学者"太愚蠢？

在这里，我要为"我们那么多的专家学者"辩护一下：大概和任洪渊同时期，偏处海南的、在我有限的阅读范围中唯一当得起"哲学家"之称的当代学者张志扬，曾经通过对美国电影《本能》中的"死本能"解读，打破了"性本能"的奴隶宿命。同时，也不是弗洛伊德太肤浅——他晚年对"死本能"的发现才让他成为思想家。但这个天才的原创思想，却再也未能像作为奴隶思想的"性本能"那样引起足够的关注。只有肤浅才能流行，而流行的也注定只能是肤浅的东西。这是弗洛伊德自己也无能为力的事。

但任洪渊的悲哀仍然是成立的。他有充分的理由和事实根据"为我们那么多的专家学者感到悲哀"。这么多的专家学者当中，难道就没有一个真正的男人了吗？

确实没有。而且不只是今天没有，几百年前就已经没有了。宋代的晋祠里，隐藏着 48 尊美丽的女性雕塑，隐藏着一个压抑的宋代。但这 48 种美丽，却没有等来一个男人。把梵语的"佛"改写为汉语的"禅"之后，汉语文化似乎就已经耗尽了生命力。晋祠的女性依然美丽，依然起伏着她们水的曲线，依然在召唤着，也等待着再一次从 0 开始的鲲鹏之变。但庄子的蝴蝶，早已在宋词里死去。宋词里的蝴蝶，飞在油菜花上，飞在青草地上，但就是飞不出它们的自然生命，撞不开汉语文化绯红的新空间。

《红楼梦》把水变成了泪，把晋祠的 48 种美丽提炼成了十二金钗，但依然唤不醒，也等不来一个真正的男人。无论怎样深的情，怎样深的恨，都不能把那块冰冷的石头变成男人。水的温柔，女性的温柔，反而只是衬出石头的冰冷和僵硬。而且那块石头还是一块假的石头，一个绝望的执念造出的幻象。宝玉就是石头，石头就是宝玉，两者本无所谓真假。是人的期待、人的想象把石头变成了宝玉。期待幻灭了，宝玉也就还原成了石头。"曹雪芹怎么能没有那么多的眼泪，怎么能没有那么深的绝望呢？"

任洪渊激动了。

"五四"从19世纪的欧洲借来了头颅，但仍然没有打破曹雪芹的绝望。这个借来的头颅，本身就没有身体，或者说长在一个不足以支撑其思想重量的身体上。且不说不少头颅早在借来之前就已经死亡，已经萎缩了。争先恐后的追逐，只是出席一场迟到的葬礼而已。所以沿着"五四"的借头文化，一百年来，头颅花样翻新，乱哄哄你方唱罢我登场，但借他人之头以代自我之头的事实，却丝毫没有发生变化，以至于彻底忘记了还可以，也应该从自己身体上长出新头颅。"我真为我们那么多的专家学者感到悲哀。"任洪渊多次感叹说。

谁能打破曹雪芹的绝望——或者说，谁是贾宝玉之后的第一个男人呢？

任洪渊说：我，任洪渊。

怎样打破曹雪芹的绝望呢？任洪渊说：回到汉语文化，回到个体生命自身，以古代神话的自然身体为第一推动力，以司马迁从死亡中开启第二创世纪的男性文化生命力，回应埋藏在晋祠里的48种美丽和哭泣在《红楼梦》里的十二金钗的诱惑和召唤，循着庄子从0开始的鲲鹏之变，让庄子的蝴蝶重新扇动翅膀，为千年的汉语文化撞开一片绯红的天空。一句话，只有用任洪渊"词语的曹雪芹运动"，才能打破曹雪芹那么深的绝望，擦干曹雪芹那么多的眼泪。

在这样一种以最必需的元素为标准，以打破《红楼梦》的绝望，继儒的头、道的头、佛的头之后推动汉语文化"第四创世纪"，在蛇的身体上创造汉语文化第四颗头颅为目标的生命–诗学的抱负面前，郭沫若的诗"不值得学习"，难道不是理所当然的吗？岂止是郭沫若，整个"五四"文化在任洪渊看来也只是残缺的、盲目的"借头文化"罢了。

任洪渊意识到：仅仅有19世纪的头还远远不够。更重要的是，还得有一个足以撑起这颗头颅的身体。19世纪的欧洲沿着加法的道路走到了自己的尽头。尼采回过头来，沿着减法的道路，返回他的古希腊、他的罗马，找到了被19世纪的欧洲抛弃了的身体。"那么多的专家学者"忘记了加法可以还原为减法的数学常识，争先恐后地跟着尼采的脚步，涌向了尼采的古希腊、尼采的罗马。

侧身而过的任洪渊，理所当然地和"那么多的专家学者"划清了界限。他不跪，他拒绝重复别人的失败，他返回自己的"故乡"，返回汉语文化深处，以古代神话、司马迁的《史记》、庄子和《红楼梦》"四大元素"为推动力，开始了自己的"汉语红移"。

三

就在2011年春夏之交的"返乡"期间，在北师大中文系任职，同时也在四川大学任教的李怡教授，提出了一个计划：邀集同道，在任洪渊的故乡平乐镇召开学术会议，讨论其诗歌创作和诗学思想，时间就定在第二年。他非常高兴，兴致勃勃地讨论了种种可能的细节，也获得了当地的积极支持。作为南方丝绸之路的起点，任洪渊的"平落镇"上至今仍然印着马帮、背夫、挑夫凭借着第一生命力踩踏出来的文化脚印。他祖父早年凭借"蛇"的自然身体，以超乎常人的力气和吃苦耐劳的精神，顶着乡里"任骡子"的外号，经过多年一点一滴的积累，有了自己的造纸作坊，从一步一步背运纸张到成都交货的四川所谓下力人，变成了古镇上颇有名气的小手工业主。晚年的任洪渊，显然非常乐意用自己的文化生命力，推动古镇展开"第二生命"。哪怕只是稍稍减轻一点第一生命力几千年来的沉重负担，显然也让他感到了某种发自生命深处的兴奋和期待。用时下的话来说，他非常乐意充当故乡的"文化名片"——尽管他童年的"平落镇"，早已经变成了"平乐镇"。他期待着能在这里写完他的自传，讲完他的生命–诗学故事。"我在北京没什么朋友，所以特别愿意听听你们年轻朋友的声音。"他反复表达着自己的兴奋之情。

遗憾的是，这次拟议中的研讨会到今天也没能实现。据我所知，地方政府的人事变动是一方面原因，另一方面则是他本人不屑于"那么多的专家学者"，一心想要把自己的"几个朋友"邀集到一起。他似乎没有时间感，忘记了"几个朋友"不是恒定不变的诗学元素，忘记了他们会在时间中遭遇到数学的减法。我们几个他口中的"年轻朋友"，无论在事实上还是在情感上，显然都不足以用加法的逻辑，平衡他遭到的减法。

随着 2020 年 8 月 12 日的降临，这次可能的开始，从 0 变成了永远的无。他扇动了自己的翅膀，为曹雪芹之后的汉语诗学注入了新鲜的血液，让苍白的汉语文化再一次开始绯红，开始有了

"第四创世纪"的生命活力。但他天才的翅膀，却推不动一次小小的"任洪渊诗学研讨会"。很难说是幸运还是不幸。假若他和"那么多的专家学者"一样，也致力于而且热衷于推动这样那样的研讨会的话，或许也就不会有他天才的翅膀，不会有他以一己之力展开的"词语的曹雪芹运动"。现代汉语思想的天空，或许至今仍然是一片铁的黑，一块石头的死寂和僵冷，而不会有他留下的绯红的生命初潮。

这次胎死腹中的 0，这个永远没有开始的研讨会，拉近了被他称为"年轻朋友"的我和任洪渊生命-诗学世界的距离。他的"故乡"，也似乎离我更近了一些。

四

但再近的距离也是距离。即便一步，也是数学上可以任意分解的无穷多的点。而每一个点，经过反向的放大和还原之后，都有可能把我们引向另一个星球，而不是引向诗人的"故乡"。如果不是走得足够远，谁又能回到故乡？如果没有能力穿过横亘在路上的那么多"异代"、那么多"异乡"，谁又能回到他的"故乡"？回到就连曹雪芹也回不去，而只能绝望在无数的"异代""异乡"里的"故乡"？

苏东坡的"把酒问青天"显然不够远，李白的月亮又离人间太近。继屈原的《天问》之后，任洪渊无疑是汉语诗歌中走得最远的一位。仅仅是为了和跪着的一代人拉开距离，仅仅是为了不再跪着，他毅然开始了自己的"飞行"。所以早在 20 世纪 80 年代初，他的《船》就负载着地球，悬挂着"日和月"，航行在"世纪与世纪之间"，驶向了"天海中的列岛"；他的《帆》，就迎着凄冷的"地球的风"，迎着"透明的太阳风"，比 1982 年才开始启动的宇宙飞船更早地"升向太阳边"。

在格林尼治时间因为长久的统治而变成了时间本身之后，在格林尼治时间让智慧沦为知识，进而又把知识划分为一块又一块形状千差万别但性质相同的石头之后，现代知识分子就成了和石头打交道的西西弗斯。从低处往高处看，确实是西西弗斯在推动石头。而神则居高临下地俯视着，也冷冷地嘲笑着西西弗斯的不自量力。低处反抗高处，人反抗神，头颅反抗身体的理性主义神话，把西西弗斯的反抗变成了人义论的悲壮，把西西弗斯变成了人的英雄。但任洪渊不是跪着从低处往高处看。在一个时间和空间不断膨胀着，也不断坍塌着的宇宙里，上和下的划分早就没有了意义。他看到的是荒诞，是石头在推动着西西弗斯，而不是西西弗斯在推动着石头。石头决定了西西弗斯的命运，最后把西西弗斯也变成了石头，《红楼梦》的眼泪也唤不醒的冷酷的石头。"那么多的专家学者"顶着借来的脑袋，扬扬自得地把自己变成了石头。格里高利变成了甲虫，但仍然忧虑着如何准时到达办公室，丝毫不值得奇怪。"那么多的专家学者"变成了石头，但依然在黑暗中不断为借谁的头、用怎样的姿态去借而争吵不已。这样真实的历史文化场景，还不够黑色、不够荒诞吗？

曹雪芹是绝望。萨特是恶心。任洪渊呢？

死人不能抬走死人，抬走死人的人站在门外。石头不能搬走石头，搬走石头的只能是活人。如果不能说是唯一的人的话，任洪渊也是少之又少的几个既有明确的、从个人的身体和文化生命里生长出来的诗学抱负，又有能力穿透现代学科建制的知识划分，推开那么多的石头，让汉语思想的原创力穿越无数的"异代"和"异乡"，重新回到"故乡"的诗人之一。

不能否认还有像他这样天资卓绝的诗人。哲学研究领域，也会有像他这样高度睿智而富于洞察力，能够在海德格尔、德里达、巴尔特和老子、庄子之间圆融而自如地来回穿行，将其组织在同一个思想时空里的人。科学、哲学研究者里，也不会缺乏像他那样随时随地关注科学的最新进展，能够随意挥洒爱因斯坦、普里戈金和霍金的自然哲学思想，最后又能用无可辩驳的数学智慧，顺理成章地推论出现代物理学如何"重新发现时间"的智者。文学研究领域，让我们也乐观一点，承认会有像他这样天才而敏锐地把《红楼梦》和《浮士德》联系起来，洞见其中的同一性，以及能那样"诗性地"解读普鲁斯特的人。最后再让我们承认：当代中国也会有像他那样，同时在哲学、诗和数学（科学）三个领域拥有高度成熟的智慧而又能够圆融自如地将其统一在自己的人学之中的天才。

尽管同时具备这一切的智慧与能力，已经近乎于一种宇宙学的偶然了。就像他在《汉语红移》的导言中诗意而激情地描述的那样：

假如不到宇宙史的 150 亿年，银河繁星的密度和引力，就不会正好把我的太阳和地球和伴月转动在今天这样的时空方位、远近、轨道与周期里。……假如太阳不是把地球抛在14959.8万千米远的阳光下，假如地球再靠近太阳，赤道早就融掉两极的冰雪，热死了夏天；或者相反，太阳再远离地球，两极的冰雪就将漫过赤道，冻死冬天。……假如碳核的内部激活点，不是在非常态之上的7.653百万电子伏特，就永远不会合成碳核、碳、有机化合物，地球上就永远不会有第一点绿、第一朵红、第一滴血、第一次摇撼地球的性冲动、第一个呼喊的词……再假如光速不是29万千米/秒，就不会有我的星光、月光的诗意，而且最根本的，就不会有与星月同辉的我的目光，灵视与神思，就不会有人与宇宙相同的时间方向与空间维度，当然，也就不会有我的"视通万里"与"思接千载"。[1]

但仅有这一切，还远远不够。按照他自己的划分，这一切也可以说是"第一生命"，在"蛇"的身躯上长出来的第一头颅。更重要的还是他凭借空前强悍的"第二生命"，也就是在个人自觉的选择中诞生的精神力量，拒绝了那么多"蛇的诱惑"，推开了那么多他所谓"我真觉得没什么意思"的石头，让他最终回到了自己的"故乡"。他拒绝了一切，坚忍不拔地守住自己高贵而又高傲的原创生命力，守住了汉字和汉语最原初的，也最饱满的

1　任洪渊:《汉语红移》，北京：北京师范大学出版社2010年版，第26—27页。

文化"故乡"。

尽管只是坐在一边的旁观者，但他曾经距离"那么多的专家学者"至今仍然梦寐以求的权力那样近，几乎唾手可得。在随后的岁月里，他也并不缺乏"机会"，并不是没有"蛇的诱惑"。但他只是转过身去，守住自己的生命–诗学原创力。此外的一切，"我真的觉得没什么意思"，他轻轻地说。

他回忆早年和祖母一起生活的情形，说自己不知道为什么没有选择跟着母亲，而是紧紧抓住祖母的手，跟着祖母走回了山中。"也不知道一个 4 岁的小孩为什么会那样选择。"他说。祖父创立了一份颇为殷实的家业，也和那个时代的老人一样，为孙子的婚姻，准备了一堆金丝楠木。他说："我后来对我的妻子说，我早就为你准备了结婚的金丝楠木。那是写实，不是开玩笑的。我的祖父在我一出生就为我准备好了，而且规定不许卖，只能留给孙子结婚用。"他笑着继续说，"要是放到现在，那要值好多钱啊。"他感叹："那个时候的人真不一样。你看，我和祖母两个，日子过得那么艰难、那么穷，我的祖母想都没有想过要把这些东西拿去卖了。她只知道，这些东西不能动，是留给孙子结婚用的。"

她的孙子结婚的时候，当然没有用上这些金丝楠木。这些金丝楠木化成了轻描淡写但意味深长的感叹："那个时候的人，真不一样。"堆在那里的金丝楠木，一直在召唤着、支撑着，也等待着他"返乡"。

2017 年夏天，他回故乡写自传。这个时候我已经从四川师范大学辗转到了西南交通大学。他的自传暂告一个段落，学校正好举办一个诗歌活动。我们邀请他，他没谈什么条件，没提什么要求，就高兴地答应了。讲座结束后，不少人拿着他新出的《任洪渊的诗》请他签名。写完名字后，他停下来问我职称，在"段从学"后面添上了"教授"，开玩笑说："啊？你那么年轻就是教授了，我到退休都还只是个副教授。"

还能说什么呢，除了感叹"那个时候的人，真不一样"之外？事实上，也没有"那个时候"。任洪渊从"跪着的一代人"中挣脱出来的事实，就是明证。"既然运动的天体拖曳着和它一体的时空运动，那么人呢？除了自己的时空，难道还要向外再问：'人在何处又在何时？'"[1] 循着他这诗意的追问，我们也可以说：除了任洪渊自己的"那个时候"，难道还能有别的"那个时候"？不是"那个时候"保存或者养成了任洪渊，而是任洪渊用自己的生命展开并托起了"那个时候"。

运动中的天体拖曳着和它一体的时空运动，任洪渊的生命-诗学世界，就是和他一体的"那个时候"。一个人只能自己返回自己的"故乡"，没有别的人，也没有别的"故乡"。

诗歌活动结束之后，另一位青年教师周东升和我一起陪他到都江堰看看。他当然也感叹都江堰的伟大，感叹"那个时候的人"真了不起。但印象最深的，还是他避开拥挤的景区主道，转到水池边漫步休息时的一件小事。有位年轻的母亲用四川话大声警告自己的孩子离水边远点，以防摔进池塘，"站过来点，一会儿栽下去了"。他非常开心，对我们说："你看，四川话多生动

1　任洪渊：《汉语红移》，北京：北京师范大学出版社 2010 年版，第 177 页。

啊。形容一个人摔到低处的水塘里，说'栽'，说人像一棵树一样'栽下去了。'"那位年轻的母亲听了，莞尔一笑，拉过自己的小孩，有点不好意思地看着我们，因为我们三人一直都在说普通话。事实上那位母亲的发音虽然是"栽"，但写成汉字，却应该是"摔"。他的理解，是一次"诗意的失误"。返回个体生命自身的原创力和返回汉语文化最初的诗性源泉两者的同一性，让他有了这样诗意的误解。

返回故乡四川，返回生命的原创力，返回汉语和汉字最初的原动力，在任洪渊的时空里重合了。多么诗意的语言啊——"运动中的天体拖曳着和它一体的时空运动"。经过漫长的运行，走得足够远，也在运行中创造了足够的光和力之后，诗人拖曳着自己创造的诗性时空，终于回到了故乡。还有比这更有诗意、更圆满的"返乡"吗？

五

他当然不是自己说的那样，"在北京没什么朋友"。他说起给自己写过评论的几位名家，言下不无得意。他也说起从自己的课堂上走出去的当代诗人、作家，那些已经写进了他的自传里的名字，那就不只是得意，简直是眉飞色舞了。他谈到自己的妻子和女儿，把照片放到讲座现场，满脸幸福感和满足感，让他变得那样天真、那样妩媚。

2019 年 5 月，他到四川大学短期讲学。这一次他做了充分的准备，希望让更多的人理解他。他也委婉地希望我能参加，但遗憾的是，侧身于"那么多的专家学者"之列，有太多的石头堆在身上、堆在路上，我失去了听他最集中、想必也是最精彩地谈论他自己的最后一次机会。我实在是想再追随着他"返乡"的步伐，读一读至今仍然未能认真阅读的《从混沌到有序·人与自然的新对话》，读一读令他那样入迷的《战争与和平》，补课之后，再像他说的那样"好好聊聊"。虽然没有被他打入"那么多的专家学者"之列，但要准确理解他的生命–诗学世界，清晰地聆听他"返乡"的步伐，要补的课太多了。

讲学结束之后，他照例邀请成都的朋友们吃饭聚谈。时间是 6 月 2 日，他请客，诗人尚仲敏埋单。席间他再次谈到了最初结识尚仲敏时，两人如何相互激赏的情形。是逸闻趣事，也是他的叙述才能让众人大笑。回头看，这是最后一次在任洪渊的时空里，听他，也看他的言谈。第二天夜里临近 11 点的时候，他打来电话，谈了他的失望、他的感叹。第二天一早就要离开成都回北京了，他的感叹之中也夹杂着感伤。但面对他的感叹，除了照例结束于"好好聊聊"之外，还能说什么呢？

"我们的时代"，和他的"那个时候"，和他时空一体的生命–诗学世界之间，横亘着那么遥远的距离。而他一直生活在他自己的"那个时候"，他自己时空一体的世界里，"运动中的天体拖曳着和它一体的时空运动"。独行者任洪渊，拖曳着和他一体的时空，行走在他的"返乡"路上。

硕大而丰盈的头颅，和至今仍然在遥远的前方等待着我们阅读的，青春的思想和智慧，让我忘记了他的"蛇"的身体，忽略了他的第一生命。因为头颅过于硕大、过于丰盈，他的身体或许也有过抱怨吧？

六

他的"返乡"，就是创造自己，创造自己的"故乡"。就像他出生在"平落镇"，但最终只能返回平乐镇一样。"运动中的天体拖曳着和它一体的时空运动"，任洪渊拖曳着自己的时空，一直行走在创造自己的时间和空间，也承受着时间和空间自我坍塌的轨道上。不必等到后来，他一开始就进入了这个时空一体的生命–诗学世界：

> 故乡在哪里？空间化的时间和时间化的空间，空间的0度和时间的0度，可能是被无限的空间和无穷的时间抛弃的人所能为自己建立的唯一的永恒的自由的家园。这种非宗教非哲学非美学亦非心理学非生理学非物理学的纯粹生命体验，就是东方智慧"生命时间"的秘密。让愿意成佛的成佛，愿意当上帝的当上帝。人只还原自己就足够了。还原在空间化的时间和时间化的空间，空间的0度和时间的0度。天国与地狱，此岸与彼岸，都在今生在此身。毁灭与创造，沉沦与超越，同在人自身。一生就是整个宇宙

和全部历史。[1]

他的自传，最后没有写完。但换个角度，也可以说是写完了。他电子邮件发来的自传第8章，结尾这样写道：

> 天假之年，80年，他从几代诗人的身旁走过。一代一代诗人写出了他不能写或者写不出的诗篇，走过来了，他也写出了一代一代诗人不能写或者写不出的诗篇。

他的生命就是他的诗篇，他的诗篇就是他的生命。他"写出了一代一代诗人不能写或者写不出的诗篇"，写完了自己。

而且，是自己亲手写完了自己，严肃地、一丝不苟地。

七

2020年8月13日凌晨，朋友发来了他去世的消息。

还能说什么呢？无论怎样"至大无外"，也无论怎样"至小无内"，一个物体进入了它的轨道，就只能在经历自己的白天和黑夜、热带与赤道之后，才能返回"故乡"，才有机会和另外的时空发生交叉，甚至短暂重叠。拥挤在那么多的黑色石头、那么

1　任洪渊：《女娲的语言》，北京：中国友谊出版公司1993年版，第15—16页。

多的"异代"之间，除了浮上来透一口气之外，还能说什么呢？我只能继续埋头在自己的表格、数据和制度化的"异代"空间里。他高密度、大质量的生命–诗学世界，让我又一次深深地感到自己距离北京那么遥远，而且几乎是脱轨运行，深深陷入了自己亲手选择、亲手打造的"异代"，几乎没有力量再从一块绝望的石头，还原为有温热的生命了。

8月27日，李静告诉我，任洪渊老师临走之前，嘱她编纪念文集，提到了几个可能的作者，其中有我。虽然有幸能够在他的"返乡"之路上，近距离领受他炫目的光彩与魅力，但他高密度、大质量的生命–诗学世界，其实刚刚在我的地平线上升起。还没有开始动笔，艾青那现成的诗句就反复出现在眼前："我的在没有灯光的晚上 / 所写的无力的诗句 / 能给你些许的温暖吗？"他当然不需要我们的温暖，他自己就是一束炫目的光。但我不能不问。

还是他。他写完了"自传"，亲手刻下了自己的墓志铭："他也写出了一代一代诗人不能写或者写不出的诗篇。"由此，也解除了我的沉重。完整的诗篇需要助词。伟大的杰作需要有一只手来翻开。最好的献词，就隐含在他自己的诗篇中：

> 落日的响亮　他
>
> 砍掉自己的头
>
> 保存了心
>
> 剑　横在头和心之间
>
> 乌骓马踏痛今天
>
> ——《司马迁的第二创世纪·项羽　他的头，剑，心》

"非常好，我13岁才有父亲，40岁才有母亲。"一个人，自己开始自己的生命，最后又能够清醒而理性地面对癌细胞吞噬一切的残暴，从容地刻好自己的墓志铭，亲手关上了自己生命的大门。还能有比这更悲壮，更"任洪渊"的完美吗？

2020年夏历八月十五日清晨

段从学，西南交通大学中文系教师，任洪渊先生退休后结识的"小朋友"。

生命与文化的诗性转换
——任洪渊的诗与文人后现代主义随想
伍方斐

　　用现代主义甚至古典主义的价值尺度，诸如正义人性、终极
关怀、诗意神性之类的概念，来评判或批判后现代主义，是我们
时代逐渐流行的文化时尚。现代主义与古典主义以及各种文化专
制主义不经意的联手，成为在特定时期针对特定对象的一个有趣
现象。确实，传统的历史观念与主体观念的解体，以及文化的深
层结构与深度模式的消解，作为一个已然存在的、令人惋惜而又
不得不面对的趋势，作为我们时代最令人不安的重大事件之一，
让早已痛感"生命中不能承受之轻"的现代人，又面临不能不承
受的更大的心理"失重"，仿佛被抛到宇宙深处。在尼采和福柯
相继宣布神性信仰的上帝和历史理性的人"死了"之后，现代人
靠"逃避自由"的精神法宝，能否保持重心与信心地继续大胆往
前走，的确让人担心和疑心。现代主义的大师们（艺术大师与学
术巨匠），以天下为己任，设计了形形色色有版权为证的精神避
难所和文化乌托邦，但除了用于大师们自救自娱（不排除萨特所
说的那种"自欺"），对处于日常生活"沉沦状态"的芸芸众生，
难免陷入对牛弹琴或鸡同鸭讲的话语困境，成为规则繁复的高级
语言游戏。于是，大师和大众都慨叹世风日下、人心不古，呼吁
"理解万岁"。难怪现代主义著名的捍卫者和辩护人哈贝马斯也承

认，整体生活被分割为供专家们施展狭窄才能的领地，而具体个体却体验着"卑琐的意义"和"破碎的形式"，这乃"现代性"的严重失败。[1]

据说，我们的世界正进入一个既多元化又一体化，既虚无化又感觉化的，"去中心化"的真正世俗化的时代。人们习惯用"后现代社会"（而不是"后工业社会"）来指称这种文化与生活既割裂脱节又水乳交融的矛盾状况，指称这种与已有的一切文化规范（现代的和前现代的）既巍然对峙又浑然包容的"反文化"的文化。那么，在"后现代"或"走向后现代"的今天，用什么来填补"意义"的剥离与抽空留下的真空地带，用什么使现代人的"生命中不能承受之轻"转化为后现代人的"轻装上阵"和"尽量轻松地生活"（而不只是加缪所谓的"尽量多地生活"。尼采当年对边沁主义的嘲讽——"并不是所有人都为快乐而生活，只有英国人是这样"[2]，今天看来要赠给整个人类了），恐怕已不是单纯的现代精英式的意义追寻和理想重建所能解决的。在中国，这种与世界共通的后现代境遇，使现代中国人，尤其是文人，又多了一份"有中国特色的"不能承受之"重"，变成一种双重尴尬和焦虑：他们的双脚被捆缚在前现代化社会贫困的物质底座上，身体感受着现代的欲望与诱惑、荒诞与挣扎，头脑则意

---

1 ［法］利奥塔：《何谓后现代主义》。出自王岳川、尚水编：《后现代主义文化与美学》，北京：北京大学出版社 1992 年版，第 41 页。
2 ［美］理查德·罗蒂：《后哲学文化》，上海：上海译文出版社 1992 年版，第 144 页。

识到被后现代文明消解重组的恐惧和痛苦，唯有心中对终极家园的浅唱低吟和浪漫呼唤，使他们与在西方后工业社会养尊处优的现代主义同人兼导师庶几近之。这真是一幅令人感动而又忧虑的图景：多重负载与超重负荷下的瘦弱身体在成群蠕动前仆后继。这些人首蛇身、补天造人的女娲的后裔，能不能稍作休整，为自己减轻一点背上的负担、脑中的责任和心里的使命呢？

一、文人后现代主义：生命与文化诗性转换的过渡形态

也许一切——正如流行套话所说——只在观念的改变。任洪渊的诗与诗学合集《女娲的语言》，让我们看到这种后现代转换的可能及其积极的一面。我们感到，在中国这个有着深厚的历史人文传统和鲜活的世俗功利欲求的国度，后现代主义作为一种试图整合文化与生命的新尝试，在不断失落的、脆弱的精神家园和日益膨胀的、坚固的物质环境之间，确实提供了某种富于建设性和现实感的、开放性的新型平衡与综合（或者说混合）。任洪渊的诗学建构和诗歌写作，是一种在后现代的文化语境中对汉民族的神话、历史、语言以及文化智慧、生命体验等元素的解构和重构，让我们从喧嚣的后现代声浪中（浮躁、庞杂在所难免，因后现代从不做"庄严宝相、唯我独尊"态），依稀听到一种清晰稳健的足音。

我们把这种状况称之为"文人后现代"（或"文人后现代主义"），以便与前述的文人现代主义和后文将提及的"大众后现

代"相区别，作为对一种过渡性的后现代现象的描述，但愿不至于引起误解。

中国的后现代批评家，曾用"后新时期"[1]的概念，为正在形成的中国特色的后现代主义命名。这个概念敏锐地把握了后现代主义试图超越政治化的意识形态主流话语的实质，有人干脆用"政治后现代"来概括实际生活与艺术创作中这一越来越明显的倾向。而任洪渊的后现代性，首先表现在他进一步超越了解构政治的政治情结，把对以宏大叙述和深度模式为核心的传统历史观，进行边缘化与平面化消解，当作从文化的重负下拯救生命的起点。作为一位中年学者和诗人（文人诗人），他痛彻地意识到"历史是中国人生命沉陷的险区"[2]，他对历史的反叛和重构，表现出与年轻的"第三代"诗人（大众诗人）无视历史不同的后现代取向。（大众对历史的"不见"，比杰姆逊界定后现代的"对历史遗忘"走得更远，因历史已先天地在其视野与意识之外，这正是文人与大众的重要区别之一）创作于20世纪80年代中后期的长诗《女娲11象》和组诗《司马迁的第二创世纪》，不是我们在众多文人诗歌中习见的那种对民族神话与辉煌历史谱系的渺小的复写和改写，而是以卑微个体猛烈撞击历史、拆解历史的极具原创性力度与纯度的生命重写。借诗人自己的话说，是"作为一种文

1 《文艺争鸣》，1992年第6期；《读书》，1993年第2期；《天津文学》，1993年第3期；《作家》，1993年第8期。

2 任洪渊：《诗魔之歌·洛夫的诗与现代创世纪的悲剧》，转引自洛夫：《诗魔之歌》，广州：花城出版社1990年版，第177、182页。

化去与以前和以后的全部文化抗衡"[1]。这与台湾现代派诗人洛夫，以一曲现代《长恨歌》颠覆白居易流传千古的帝王爱情神话，有异曲同工之妙。可惜后者只是偶一为之，并像众多现代主义者一样，最终皈依了传统。这使我们想到任洪渊谈及洛夫的"时间之伤"即"历史之伤"时的一段话："历史，对于远离大陆的岛，可能是一种思乡的婉转的诗意；而对于大陆，则是一种再也承受不起的直接的重压。就是黄河，它那'黄河之水天上来'的气势激情冲决力，也已经消失在和它一样长的历史中。在我的血管里，只留下它一次又一次泛滥后一层又一层泥沙的堆积。[2]"

既然历史曾给诗人如许的重压，既然诗人以"女娲的语言"命名他的诗论与诗歌集，我们不妨以长诗《女娲11象》为主，参之以诗论《找回女娲的语言：一个诗人的哲学导言》，从神话这个历史观的内核切入"文人后现代"的中心话题，探讨文化与生命诗性转换的一面。与此相关，顺带对其他几组诗进行一点简略分析，探寻诗人的文人性与后现代性在语言观和生命观方面的一些表现，看看诗人和后现代文人们，是否真正地"轻松""潇洒"起来了。

---

1 任洪渊：《女娲的语言》，北京：中国友谊出版公司1993年版，第11、15、20页。

2 任洪渊：《诗魔之歌·洛夫的诗与现代创世纪的悲剧》，转引自洛夫：《诗魔之歌》，广州：花城出版社1990年版，第177、182页。

二、文人后现代主义的神话观与历史观

女娲在"层累地造成的中国古史"（顾颉刚语）中，是一个"箭垛式"的神话人物。抟土造人，炼石补天，制定婚俗，以及治平洪水杀死猛兽，在神话时代的中国人眼里，她算是一位以化身变形来创世的女性创世者（许慎在《说文》中称她为"古神圣女，化万物者也"。近年在陕西临潼发现蛙图腾彩陶图案，学者们认为可能是新石器母系氏族时代女娲的图腾原型[1]），比西方上帝全知全能、不着形迹的至高创世主形象，更具人性、更为世俗、神学意味更有天壤之别。《女娲 11 象》进一步消解了女娲的神性。诗人彰显女娲这个实际上已在种族记忆中"靠边站"的边缘形象，意在重构她作为创世者、进化者和反抗者的原初性、个体性及精神性的一面。换句话说，诗人再次把女娲作为"箭垛"，来放他的"文人后现代"之"矢"，不过真正关注的"的"，是让文人们不能释怀的文化与生命悲剧关系的沉重母题（也包括文化使命感问题）。诗人能不能凭借后现代性解开这个必然性的结，或者至少使它变得活套一点、松缓一点呢？

《女娲 11 象》包括上下两篇。在上篇的六象中，诗人首先展示了女娲作为世界的第一体验者和命名者，从"人首蛇身"这种象征状态（半人半兽是诸多民族的原始梦魇）的艰难诞生，"但是我拖着庞大兽身的头／是不自由的／爬行的肢体拖着我的思想

1　张自修：《骊山女娲风俗及其渊源》，转引自叶舒宪：《中国神话哲学》，北京：中国社会科学出版社 1992 年版，第 355 页。

／也贴着地面爬行"，经过"一日七十化"的痛苦蜕变（实际上是千百万年进化历程的浓缩），人终于"让野兽的躯体死去"，并"与世界一同开始"。这是人从兽、文化从生命裂变生成的伟大起点。但这种裂变注定是不彻底的，本能与文化（人身与人首）的纠结和冲突与生俱来，于是，人有了孤独、苦闷、焦渴。为战胜绝望这种致死的疾病（绝望、孤独、苦闷之类，原是人类文明进化到一定阶段的心理产物，正如动物少有绝望、少有自杀），女娲（亦即人）唯有不断地创造、命名、解答，"我用补了的天解答／我用黄土抟成的千万种生命形态解答／我用野兽的躯体上长出的人首／和人首下死去的野兽的躯体解答／我用我平分而成的他和她解答"，目的在赋予无望的生存以希望和意义。这是人类磨砺生命和提炼文化的自然上升之路，人作为类和个体都无法逃避。后现代主义者首先平心静气地接受了这一事实，他们不像老子那样认为"吾所以有大患者，为吾有身"，也不像浪漫主义者、现代主义者和其他形形色色的自然主义者，在"回归自然"以至"回到母腹"的旗帜下待得过久。后现代主义者的这份"平常心"，使他们在对待现代物质文明的态度方面，与现代主义者一味反"物化"、反"异化"的近乎神经质的纯粹否定大相径庭，他们几乎是毫无保留地接受并享用了它。后现代人的神经似乎具有较强的承受力，他们活得也轻松得多。因为他们知道什么可以改变，什么不能改变。

但这并不意味着后现代人是随波逐流的文化认同者，相反，"反文化"一直是后现代主义的根本特征和生命源泉。只是后现代人没有弗洛伊德主义者的那份自信，他们同时意识到文化与生命及本能关系中的宿命一层。这正如诗人在《找回女娲的语言》中所说，"生命从反文化始，却一定以成为一种文化形式终。人不能不是一种文化形式——上升为文化的生命和转化为生命的文化"。这种生命与文化的混合，使后现代人的反文化实际上已成为一种生命形态，一种带有游戏色彩的逃离"所指"的无穷的"能指"运动。《女娲11象》的下篇五象，呈现的正是人类生存的这样一种境况。诗人意识到，当文化定于一尊，凝聚为各种物质和精神的巨大力量给人以庇护或威慑时，个体生命的萎缩就成了一大问题。在这里，诗人把女娲神话作为神话母体加以泛化、重组，以断片化和零散化取代上篇的连续性，着重表现女娲和女娲的后裔们（刑天、后羿、嫦娥等）对禁锢生命的各种文化规范（政治的、宗教的、伦理的，等等）的反抗，以及个体作为"永远抛出的人"，从语言形态、精神信仰到生存模式的渐次剥离。刑天以"断头的身躯高高矗立""无头的呼喊张开肚脐的嘴／命名，叫响万物"，算是象征性地完成了一次身对头、生命对文化的奇特征服。最末一象《无象之象：神，佛，人》对人的后现代境遇揭示得最为彻底，剥离了神和佛的人只能面对自己："到底不能把头身躯四肢钉死成，十／为了天堂的地狱／为了复活的死亡／一生，向着自身回到开始／向外塌陷的空间／向前倒流的时间／退潮涨破黑色的，0／点，坟"这种生存的0度状态，是后现代人反文化的极致。相比古典诗人"前不见古人，后不见来者；念天地之悠悠，独怆然而涕下"的时空体验和孤独失落，现代诗人"我是谁？我从哪儿来？我到哪儿去？"的执着于终极关怀的文化使命感和文化幻灭感，就显得既沉重又缺乏勇气了。（刘毅然的小说《青春游戏》中"我觉得我在哪里我就在哪里，我认我自己是谁我就是谁"的后现代戏拟，正好与此形成有趣对照）确实，人为什么一定要从自身和此生之外，去寻找存在的根据呢？

这也是后现代主义文人诗人的关键一问。

面对神话和渗透着神话精神的历史观，后现代文人不惜花费偌大功夫去解构、重构，恐怕不是"六经注我"的癖好使然，这里面其实大有文章。

19世纪末神话研究在西方成为显学以来，在科学的名义下，为神权与王权服务的传统神话观逐渐被剔除；以同样的名义，现代神话学的原理也逐渐从人类学渗透到心理学、文学、哲学等领域。神话的意义和功用，再次被神话般地无限夸大了，它被视为民族的"活的宗教"和"灵魂"，被当作民族文化心理结构超时空的"原型"。荣格提出了"集体无意识"和"原始意象"等绝对理念式的概念，赢得满堂喝彩之余，甚至主张以神话拯救现代人类。这种把处于自然或半自然状态的原始初民的逻辑，强加于高度社会化和个人化的现代人的思路，对现代主义诗学同样产生了巨大影响。从波德莱尔的《恶之花》到艾略特的《荒原》，现代诗完成了从反传统到回归传统的大循环。《荒原》是西方圣杯传说等神话原型的现代再版，艾略特对此供认不讳并引以自豪（"这首诗不仅题目，甚至它的规划和有时采用的象征手法，也绝大部分受到魏士登女士有关圣杯传说一书的启发，该书即《从仪式到神话》，我从中得益甚深，它比我的注释更能解答这首诗中的疑难之处"——作者题注），他强调诗人须"感觉到远古和现在同时并存"[1]的宿命历史观，被中国不少现代主义诗人奉为金科玉律。从朦胧诗中客观派一支"呼唤史诗"和"远古梦想"的"文化诗"，到"新诗潮"中的整体主义和新传统主义，中国远未发育的神话乃至传说被一再复写放大，对其中微言大义的发掘揣测和反复改写，成为诗人们文化寻根和重振传统的主要内容，甚至连太极、阴阳、五行、八卦之类，也给诗人以原型的灵感和智慧的快乐。个人与世界被纳入各种森严可畏的黑格尔主义或逻各斯中心主义的体系图式之中。现代诗人们对必然的认识，让我们感到的不是自由，而是沉重和无望，我们离"自由王国"似乎越来越远了。

任洪渊对女娲神话的解读和解构，让我们松了一口气。他以深谙历史又反叛历史的文人式后现代主义，通过对神话的模拟和最后书写，以平面化的混合与包容，消解了文化与生命的二元对立，消解了必然性与决定论的深度模式的神话（包括拆解现象与本质、意识与潜意识、能指与所指等传统的或现代的深度模式），从而最终瓦解了神话与历史的神性依据和必然逻辑。诗人所要找回的"女娲的语言"，不是"发思古之幽情"的玄想玄念，也不是某种神圣使命或终极关怀的"新的宗教"，而是一种比现象学还原更彻底、更纯净的"人只还原自己就足够了"的原生的存在状态，是剥离一切"整体化原则"必然律和外在时空限制的"纯粹生命体验"。诗人断言："空间化的时间和时间化的空间，空间

---

1 ［英］艾略特：《传统与个人才能》，转引自伍蠡甫、胡经之主编：《西方文艺理论名著选编》下卷，北京：北京大学出版社 1987 年版，第 40 页。

的 0 度和时间的 0 度，可能是被无限的空间和无穷的时间抛弃的人，所能为自己建立的唯一的永恒的自由的家园"[1]。时间和空间由你开始由你结束，天国与地狱、此岸与彼岸、毁灭与创造、沉沦与超越，都由此身历尽，都在今生走完，一生就是整个宇宙和全部历史，是创世，也是终古。这实际上已从外求的历史观，进入全新的内在化的时空观和生命观。个体化的诗性存在，已成为一种消除生命与文化的分界的生命状态或文化状态，这是生命与文化的诗性转换与融合。

显然，在这个崇尚内在性、不确定性、狂欢化等后现代因素的"永远现在时"的生命世界里，缠绕女娲的后裔们的历史必然性神话，已无可挽回地断裂为碎片。

三、文人后现代主义的生命观与语言观

问题是女娲的后裔们愿不愿意面对自己的后现代境遇，或以何种方式选择自己的"女娲的语言"方能"符合国情"。这是文人后现代主义面临的又一个中国特色的难题。

后现代主义与以往的主义、理论的一个重要区别，在于它本质上是反理论（反体系）、反独断论（反主义）的，它主要是一种生活方式或一种捍卫生活的个性权利的文化生命本能，用费

---

1 任洪渊：《女娲的语言》，北京：中国友谊出版社公司 1993 年版，第 11、15、20 页。

耶阿本德的话说是"怎么都行",用田壮壮、刘毅然们的话说是"怎么痛快怎么来"(电影《摇滚青年》)。它的生活化与世俗化,它的宽容性与个人性(有时也表现为"无我性",这同样是自我选择的结果),是再明显不过了,这在"大众后现代"尤为突出。另外,后现代主义的这种内在性,使它对外在环境的要求不至于过分苛刻,因此它并非工业或后工业社会的特产和专利。杰姆逊据此提出了"第三世界文化"的后现代理论。我们所说的中国特色的后现代主义,也是基于这样一种理解。这就牵涉后现代文化的多元性与本土性问题。不少学者对汉斯·伯顿斯"从多种后现代主义走向一种后现代主义"的归"多"为"一"的观点[1]颇多非议,这不难理解,其实,重要的不是阻止"多"走向"一"(某种程度或某些方面的一体化,大概是不以人的意志为转移的),而是防止"多"走向坏的"一"。这是后现代文人们以多元性和本土性相号召的真正用意之所在,它与捍卫生活的个性权利是并行不悖的。中国的"文人后现代",其价值和功用也不外乎此。

这种多元性与本土性,使后现代主义共通的激进解构和反叛,带上了几分宽容、几分冷静。在解构传统历史观的同时,中国的文人后现代主义对生命观和语言观的重构,表现出的建设性和积极稳健的文化整合倾向,就是一个很好的说明。这使它更能投合中国人的中庸心理,从而也更"符合国情",具有现实可

1　[荷]汉斯·伯顿斯:《后现代世界观及其与现代主义的关系》,转引自[荷]佛克马、[荷]伯顿斯编:《走向后现代主义》,北京:北京大学出版社1991年版,第30页。

行性。这里我们以《女娲的语言》中的其他几个组诗为例略加说明。

先说生命观。《东方智慧》和《司马迁的第二创世纪》，走的仍是让文人们铭心刻骨的"历史－文化"的轻车熟路，只是与传统的或现代的咏史诗和怀古诗已南辕北辙，诗不再是历史现象与文化灵魂的简单反映或表现，因其生命底蕴——诚如海德格尔所言——已成为"支撑历史的根基"[1]。这就从"历史－文化"探究到了更深层也更表层的"人"。具体而言，《东方智慧》避开当时流行的"寻根"与"掘根"的文化决定论视角，从本土文化潜在的精神内核——传统诗艺与"诗的意象结构"（如李商隐的夕阳、陶潜的菊、李贺的红雨……）切入人的诗性存在，以体悟、洞见作为文化的"东方智慧"的生命本质，它那澄澈明净的"无时空体验"，及其内在化的"生命时间"的内蕴和奥秘。《司马迁的第二创世纪》，是继司马迁之后对历史和"生命的历史形式"的再一次"创世"般的书写（"第二"乃相对女娲创世而言），是对传统的"宏大叙述"、经典阐释以及权威话语的挑战和反讽。诗人把《史记》中的历史边缘人物（聂政、孙膑、项羽、虞姬、褒姒等）推到历史的前台，以民间性和体验性重塑被主流社会损害和被主流话语侵蚀的个性化的生命形象，表达"生命因为残缺而完整"的反主流生命观。诗人"发现"与"重写"历史的目的，不在我们常说的"还历史以本来面目"，而是试图为被文化抑制的

---

1 ［德］海德格尔：《荷尔德林与诗的本质》，转引自伍蠡甫、胡经之编：《西方文艺理论名著选编》下卷，北京：北京大学出版社1987年版，第583页。

生命及其历史形式提供某种释放的可能，尝试从"文化–历史"和"知识–权力"等不乏惯性倾向和暴力遗迹的话语网络中突围。用诗史做比譬，诗人在宋诗的沉重外表下，蕴含的是唐诗自由不羁的灵魂。这是中国式文人后现代主义的沉重之处（文人性）与轻松之处（后现代性）。

"女娲的语言"的最后落脚点自然是语言，尤其是写作最晚的组诗《汉字，2000》，更是直接以"汉字"为标志，并成为针对母语本身的极富创意与魅力的母语文本，较充分地展示了后现代文人诗人语言观中的生命感和本土性。诗人意识到"诗是生命和语言最初和最后会合的唯一存在"，并试图"让语言随生命还原"[1]。因此，诗人有意识地把古老的汉字和汉语置于后现代的文化语境中，把面向 21 世纪的当代汉诗和汉语文学的困惑与焦虑、潜能与生机和后现代的语言革命连为一体。这是整合了 1917 年白话对文言的现代语言革命及此后文言与白话、欧化与口语的长期对立的"后白话"对白话的革命[2]。诗人以一种质地坚固，形式纯粹，富于光泽与韧性、断裂与张力的诗化的新语体，开掘汉字原始的语言力量与命名力量，挖掘着汉语在人文性、形象性、修辞性以及自由的语序、词性、时态等方面的巨大潜能（突出的诗篇如《石头的字　红移成绯色的天空》《太阳缩小　种一粒莲字在

1　任洪渊：《女娲的语言》，北京：中国友谊出版公司 1993 年版，第 11、15、20 页。

2　张颐武：《在边缘处追索》，长春：时代文艺出版社 1993 年版，第 39—75页。

水中开放火焰》《词语击落词语　第一次命名的新月》等）。诗人以独特的体验和声音，加入了世纪之交汉语"后白话"的"众声喧哗"与"多元对话"。（应该指出，诗界与小说界的这种"后白话"的对话或独白，有些仅停留在语言层面，有些则从生命观、世界观到语言观均已后现代化，任洪渊属于后者）同时，面对语言与"历史–文化"的纠结和相互渗透，面对语言对生命的"澄明与遮蔽"，诗人把"第二次找回女娲的语言——汉语言的自由和自由的汉语言"（《找回女娲的语言》结束语）作为自己更高的乃至最后的理想，这是破除"历史–文化"的必然性神话之后，生命对语言的又一次不无沉重的挑战。语言作为我们最后的家园，在年复一年的风吹雨打下，需要清扫、整理和修补，这工作是艰巨而温馨的。

从"破"到"立"（这多少可以冲淡现代主义者对后现代"只破不立"的过分自信的指责），从存在到表达，后现代的文人们能最终赢得这份"活"与"说"的自由和愉悦吗？

四、文人后现代主义：在文人式"现代"与大众"后现代"之间

结局可能是难以预料的，或许人需要的原只是一个过程。哈桑在《后现代转折》一书中，曾从精神病理学角度把现代同后现代的差异区分为偏执狂同精神分裂症。真是绝妙！不过后现代的"精神分裂症"主要是后现代文人的症状，他们与传统和

现代"精神"的"分裂"(包括遗传与变异、裂变与后遗),是轻重交织、新旧相杂、悲喜参半的。所谓"恨了千千万,忆了千千万""说恨犹爱,说爱犹恨",后现代文人承受着较后现代大众远为复杂的精神负荷和内心冲突(不过已剔除了现代主义者的偏执而"游戏规则化")。过渡阶段前后的巨大落差与反差需要他们用个人性和本土性去填补、去平衡,他们对"女娲的语言"的最后执着,表明他们作为女娲的后裔和作为文人,对历史与文化自愿担当具有中国特色的"整合"角色。后现代的大众则走得更远。大众诗人们也曾倡导"诗到语言为止"(韩东语),但目的只是以此与语言之外的一切尤其是"历史–文化"一刀两断、划清界限,他们对诗歌的口语化(现实感)、叙述化(反抒情)、寓言化(反意义)的提倡,导致诗歌的散文化和向极端行为艺术滑行。文人后现代主义对诗在形式上的非诗化和精神上的神性化(从海德格尔到海子)的回避,反映出它与大众后现代主义之间的距离和自身的独特追求。

后现代主义不是一个流派,而是一种心态,一种真正的"敞开"状态,是一种直面存在、自我担当的勇气和胸襟,是宽容与调侃、狂欢与沉醉、行动与抗争甚至游戏与妥协纷然杂陈的矛盾混合。一句话,后现代主义是在解构必然性的基础上重构自我与自由的行动哲学和行动艺术(人的反必然和自然的必然律并无冲突,前者提供人的精神自由,后者和对后者的认识与"改造",使人的自由在物质上成为可能)。在中国,后现代主义面临着来自两方面的困扰:一是与现代主义崛起之初处境相似的真伪之辩,人们从环境出发的习惯思路使他们忽视了后现代主义的内在性及其于"义理"之外现实的、具体的存在。实际上，我们从余华、苏童、格非、莫言、王朔、刘毅然、池莉等的小说，从任洪渊、于坚、严力、韩东、伊沙等的诗歌，从王培公、牟森、孟京辉等的戏剧，从张艺谋、田壮壮、周晓文、张元等的电影，从徐冰、方力钧、岳敏君、王广义等的绘画，从谭盾、崔健、窦唯、何勇、李春波等的音乐……都不难感受到后现代主义（文人的和大众的）在中国富于本土性和多元性的喧哗与骚动；后现代主义受到的另一个困扰是现代主义者有意无意的误解，将精神生活和人文价值神圣化的现代主义文人们，往往把后现代评价为漫画化、低俗化、物质化，从而曲解了后现代文化宽容与多元的精神品格。这使我们想到劳伦斯在《查泰莱夫人的情人》中借 Dukes之口道出的疑惑："说也奇怪，精神生活，若不植根于怨恨和不可名状的无底的深恨，好像便不会欣欣向荣似的。"[1]

　　后现代主义远不是完美的，我们需要后现代主义正如我们需要现代主义，它给我们提供了当代中国人所急需的一部分精神：从宽容、多元到对话、理解，从本土性到现代化（现代主义对物质文明的弃绝姿态本质上是反现代的），从"历史–文化"悬置（20 世纪 80 年代后期以来西方的新历史主义及"历史–文化转轨"，目前中国似不宜生搬硬套）到知识分子人文精神的调整（重与轻、苦难情结与狂欢化、文化使命与诗性生命）……直到后现代文化所需要的良好的个人素质与健全的社会环境因素的配

1　［英］D.H.劳伦斯：《查泰莱夫人的情人》，香港：香港艺苑出版社 1988年版。

置。而这一切的目的只是为了人：个人与人类。此外并无深意。

范成大的《次韵乐先生除夜三绝》有云："团蒲曲几坐成痴，北看南观恍是非。道眼已空诗眼在，梅花欲动雪花稀。"八百年前的诗人历尽人世沧桑，在"恍是非"（道与必然性）的"北看南观"（让我们想到维特根斯坦的名言"不要想，只要看"）中似乎曾"超前"地洞见人的后现代境遇，体验文化与生命诗性转换的一面，融通功利与审美。这是女娲的后裔们的又一种"东方智慧"。

"道眼"已空，透过"诗眼"，我们能否看到属于自己的"梅花"与"雪"？

（原题为《文人后现代的"女娲语言"》，

载《今日先锋》丛刊第 4 辑，

生活·读书·新知三联书店，1996 年版）

生命与美的双重拥抱

——对任洪渊诗歌的适度理解

桑克

引子

洪子诚先生在《中国当代文学史》里提及先师任洪渊先生是"迟到的诗人",其实前面还可以加上一个明确的限制性词语——"传播学意义上的"。因为在任师厘定的文学生涯里,他一直都是在场的,从未缺席。而且与某些当代诗人不同的是,任师的全面学养和敏感天性不仅使他成为诗歌表达以及自我阐释的行家里手,而且他在自我阐释与他者阐释的契合与冲突中,同样能够清晰地解析二者的边界问题,从而有效地显示出自我阐释所包含的幽深内容,比如隐蔽的作品构成之出发点,比如他所热烈期待的审美效果与读者实际抵达的审美效果之间存在的差异。让我敬佩的是,任师的知识结构与思想结构的完整性,使他不仅可以深刻地融合与剖析各种元素的冲突,同时也能尝试性地或者自信地给出困境的解决方案与精神出路。任师的诗歌表达与自我阐释早已构成一个自足的世界,因此本文只是对任师之诗的适度理解,并不奢望有能力做出整体评价。

一、生命和语言的狂欢

感受是诗歌批评的出发点。比如任师的《我选择夏天》，本来是写野草肆虐的景象，但任师却把野草人格化，"又一年，野草把大大小小的路走完"。这种修辞手法给我当时的感受是震撼性的。

任师的成名作《初雪》给读者的主要感受就是缤纷。他自己曾说："《初雪》是我生命和语言的第一场狂欢。"狂欢即词语缤纷，狂欢即语言盛宴。这首诗集中多种形态的物象表现初雪，起句"我开花了／水的花，洁白的缤纷"，表面写水写花，内里写雪。全诗读下来，"我"既是雪也是人，雪的美就是人的美，雪的感受就是人的感受，雪的解放就是人的解放。从"水的花"这个暗喻开始，任师对喻体"花"进行丰沛的展开式书写，"连戏浪的水鸟也衔不去／我的一枝花朵／在羽翎上已经零落"，气韵生动，眼里是花，心里是雪。最后引进新喻体"白火焰"，则将喻体层面提升到新的维度，"我又开花了／纷纷的白火焰，烧毁了冬天"，这番叠加就是为了向世界敞开。即便抛却其中的意义部分，其所描绘的情境也已达到高度的美感。

对词语和语言的高度重视使任师成为一种本体论意义上的诗人。他在《找回女娲的语言：一个诗人的哲学导言》中说："汉语虽然还没有完全死在语法里，但是几千年它已经衰老：名词无名。动词不动。形容词失去形容。数词无数。量词无量。连接词自缚于连接。前置词死在自己的位置上。"这种"发现了当下汉语的症结"[1]的深刻认知正是构成任师诗歌风貌的动因。他在《巫溪少女》里写道,"第一次,你的肢体词语叫出了你 / 叫住了我,在巫山云的外面雾的外面 / 是名词也是动词和形容词 / 移位着变形着转义着 / 那些蒙羞的负罪的无邪到无耻的词语 / 那些不可及物的不可捉摸的词语",这既是诗,也是语言观的形象表达。

任师技法细腻,有时将文字予以直观重写与显示,使熟词变成新鲜的生词。这和臧棣拆解成语使之焕发生机的方式有异曲同工之妙。汉诗以及汉语的发展正是落实于这些细微之处。比如《高渐离》中"再也升不过黔首 黑色的头"。"黔首"就是"民",但在秦国却不能管老百姓叫"民",只能叫"黔首"。这是根据秦始皇嬴政的官方辞令规范做出的具体规定。说"民"就是违法。读者在乔治·奥威尔《一九八四》的"新语"设定中可以获得相关参考。贾谊在《过秦论》中也曾提及"焚百家之言,以愚黔首"。查考一下就知道"黔"的意思就是黑色,"首"的意思就是头颅。任师在"黔首"之后,直接写出"黑色的头"这样的形象之句,远比还原成"民"更有美学效果和心理效果。

利用汉字构成形成一种独特的写作方式非常有趣,有时任师干脆以对文字的解构以及富有逻辑性的联想,生成一首诗,比如《蛹佣》。蛹佣既是联合词组,也是两个可以分开的单字。每个字的字形和字义都有用。"从蛹 / 咬穿坟墓也咬穿天空 // 到佣 / 不是埋葬,就是殉葬。"不禁让人想起美国的语言诗传统。当代汉

---

[1] 赵思运:《任洪渊汉语文化诗学的本土性反思——兼及任洪渊的诗歌创作》,《中国文学研究》,2020 年第 2 期。

诗就是因为语言诗的数量非常少，才造成言说的困难。而任师在自己的语言诗中抓住一切机会表达自己的语言观，比如"语言后的人，先从玫瑰词旁／偷闻到荆棘丛中的花香"，或者"生于语言，也葬于语言／一个一个词的永远流放"，这对当代汉诗写作具有直接的启发性。

语言是皮，生命才是骨。"我从庄子的梦里飞出／飞过李商隐的梦，像是一种光／翩飞不起一片雪花冷的重量……"（《蝴蝶》）谁是皮的现实，谁是骨的梦幻，谁能分清楚呢？清楚的反倒是动词"扇成"的应用，"我是蝴蝶，要把花瓣都扇成翅膀"，任师把花瓣如同翅膀这个暗喻直接写进句子，彼此的连接则由动词"扇成"承担，这种创造在当时是革命性的。"把跌碎的色彩衔回枝上／再扇成飞翔"，"扇成飞翔"，也是一种革命性创造。这种实验精神在当代实属罕见。

任师还擅长两种不同事物的相互书写，比如"汉字象形，我的形象／象形的汉字书写我，生命／我书写的汉字形象，死亡"（《汉字象形，我的形象》），出路一生一死，六经注我我生，我注六经经死。这种说法可能是有局限性的，却显示出一种方向性，即突出我这个主体和文字这个客体。其后"飞落天空的飞，飞掉翱翔的翱翔？"气象之大难以企及。字塑造的人，人拆解的字，不仅关联生死，也关联我们此时此刻的一切。

二、概念圆及其动词化

理解任师，圆是关键词。它既是诗歌词语，也是诗学概念。任师在《面对希腊逻各斯的中国智慧：汉语与拉丁诸语世纪对话的一次语言学准备》一文中说："时空真的是圆的……"他把"圆"的概念与罗兰·巴特的"0"与"空"、德里达的"无"和老子的"无名"以及庄子的"无言"相提并论。而在他的诗歌实践中，圆的用武之地极为广大，大到宇宙哲学，小到词性转换。

"她／十八年的周期／最美丽的圆"（《她，永远的十八岁》），这里的"圆"，是描述也是概念，后者的意味似乎更为浓烈，具有一种完美的闭合状态。但是任师犹觉不足，从"圆"之大小予以进一步的阐释，"如果这个圆再大一点　爱情都老了／再小　男子汉又还没有长大／准备为她打一场古典战争的／男子汉　还没有长大"，形状只是表面，真正的意思是指时间与年龄。"再大"就是年长，"再小"就是年轻，它们都存在问题，年长意味着爱情的老态，年轻意味着男子的青涩。只有此时此刻的十八岁才恰如其分，才契合标题中的"永远"。第二节写到"当这个圆满了的时候"，由"圆"而至"圆满"，词语变化，境界也随之变化。

将名词和形容词"圆"动词化是任师的发明，比如"圆的十八年　旋转／圆了泪滴　眸子　笑靥／圆到月月自圆／月月同圆／月圆着她　她圆着月／一重圆弥散一重圆　变形一重圆／圆内圆外的圆"（《她，永远的十八岁》），动词的圆和名词、形容词的圆，相互交织，绕口令般缠绵。再比如"你的新月／圆了，

319

又圆在天空 / 几千岁也不老去的童年"(《第一次命名的月亮》),圆的对象是天空也是童年,空间和时间叠加,抒情强度几乎达到极限。

形容词动词化不止于"圆",比如"红楼梦里的梦 / 还要迷乱一次 / 桃花扇上的桃花 / 还要缤纷一次","迷乱"是有动词词性在身的,如李旦华之"空阶迷乱人意",极为正常,但是"缤纷"大多时候都是形容词,如李渔之"莫怪人心诧异,只因世局缤纷"。任师把形容词"缤纷"当作动词来用,初觉奇怪而新鲜,细品则有妙意回甘,似乎印证着"任洪渊的语言观是选择性的或排他性的"[1]这一洞见。

圆的物质实体与概念虚体往往同时共存。如《文字　灿烂成智慧的黑洞》中,"当王维把一轮　落日 / 升到最高最圆的时候 / 长河再也长不出这个　圆 / 黎明再也高不过这个　圆",第一层意思是关于圆的实体,第二层是关于圆的虚体,其中涵盖着对王维的评价。两层意思合在一起就是完美遭遇完美。"自圆　自照　自我熠耀的燃烧 / 无思　无言　无问也无答的沉默",这种认识的创造性与融合性,让我陷入长久的沉默。后面关于"黑洞"的说法又有反思之意。也许诗中并无真正的矛盾,只有关于矛盾的呈现。这似乎就是诗与哲学的不同之处,诗的美学答案并不明确,它总是尝试着把答案置于提问之中。"我的太阳能撞破这个圆吗? / 我的黄河能涌过这个圆吗?"气象宏阔唯美,对于我来说这是一面不折不扣的美学镜子,又如悬崖顶部伸向空中的凸出

1　王一川:《中国形象诗学》,上海:生活·读书·新知三联书店1998年版。

部分。

在《天鹅的歌声》中，读者可能并不在意天鹅是谁以及其后潜伏的各种答案，而更关心天鹅临终唱歌的行为。其中的"圆"尤其吸引读者的眼神。"明月圆展过你的白翎／留我在你无影的月下，听月无声"，"圆展过"这种名词动词化的过程对"圆"又有新的发展，而"像听你语言前的语言／像听你声音前的声音"，则在情感表达背后黏附着语言观表达。这种情感与语言观的融会后来渐渐成为任师的文本特征之一。

三、同构的时间与空间

对任师来说，时间和空间是批评家绝对不能轻易绕过去的重要概念，它们绝大多数时候是同构的，很难切割开来。比如《望》，既有从唐朝到今朝的时间，也有在时间之中蹉跎的空间幽州台。它难免让人联想起陈子昂的《登幽州台歌》。陈子昂的孤独是前后看不见人的孤独，而任师的孤独是连幽州台都看不见的孤独。两种孤独是不同的。任师甚至以身心为工具探查陈子昂的孤独，"回头／已经远在他的视线之外／不能相遇的目光／碰不掉他眼眶里／千年孤独"。千年孤独肯定与百年孤独不同，今人体会孤独的方式也与古人不同，"不用登临　一望／我已在悲怆之上"。登临是为了看到空旷与虚无，今人不必登临，也能感受到空旷与虚无的力量。这不是精神进化论，而是精神考古层的堆积。时间、空间都在变化，而孤独从来不变。

"夕阳 / 把我和李商隐拉到 / 同一条地平线上"（《黄昏时候》），时间是夕阳和李商隐显示的，空间是地平线显示的。李商隐是什么年代的人？我又是什么年代的人？我和李商隐之间相差了多少年？但是现在我们却站在"同一条地平线上"，看到的是同一轮"夕阳"。这种将时间的飞速消逝与空间的相对恒定结合的方式，产生的语义张力之大，引起的内心震撼之大，值得读者深思。同时也让我想起博尔赫斯的短诗《雨》："在哪一个昨天，/ 在哪一个迦太基人的庭院里 / 也下过这样的雨？"（西川译）我们昨天看见的雨和某个迦太基人看见的雨都是同样的雨，这就好像一台电视机的两幅分屏画面，同时演示着同一空间在不同时间的下雨景象。这种因为空间、事件的相同或相似，时间变得模糊的感觉，会让人产生一种怅惘之情。随着情绪的酝酿与发酵，它会无边无际地蔓延开来，成为一种面对时间的强烈情感。但是我的夕阳和李商隐的夕阳还是存在差别的，李商隐的夕阳如春蚕，"将死还未死　总停在最美的一瞬"，而我的夕阳"……升起，给另一个天空"，空间发生改变（可以联想平行宇宙），夕阳的状态也在发生改变，即夕阳的降落变成朝阳的升腾，别人的黄昏正是我的早晨。这对婚姻、事业大器晚成的任师来说，这种精神逻辑为他的人生与写作提供了强力动能，而读者也能在与古人的共情之中发现亘古未变的伤感与宏阔。

在诗中，物理定律有时并不存在，时间和空间也可以保留单一性质。比如《时间，从前面涌来》直接写时间。这里的时间既是个人的时间也是历史的时间。历史时间由个人时间组成，而个人时间则处处彰显微妙的历史气息，所以我们才说写个人就是在写历史。无论是"……白浪　把我淘洗一空",还是"飘着一个一个枯黄的太阳",时间在起点的时候,在现在这个时候,都在扮演重要的历史角色。也许命运就是时间的代名词。再比如,气象盛大的《船》直接写空间。起句是海天,随后是世界。"我终于载起了我的世界／海,装满了压碎的波澜",后面这句的意象构造方式在当时绝对是让人耳目一新的。随着诗的掘进,空间越来越宏阔,不仅有大西洋和太平洋,还有赤道和两极,甚至直接写到"地球的渡口"。任师从这种空间认识中渐渐发展出新的观念,即宇宙与诗同构的观念。

时间和空间都是运动的,任师创造性地将物理学和天文学名词"红移"与人生及诗相互联系起来。

根据百度百科上的描述,我们知道"红移是指物体的电磁辐射……在可见光波段,表现为光谱的谱线朝红端移动了一段距离……"此外它又说,"红移有三种:多普勒红移(由于辐射源在固定的空间中远离我们所造成的)、引力红移(由于光子摆脱引力场向外辐射所造成的)和宇宙学红移(由于宇宙空间自身的膨胀所造成的)"。这种原始概念对理解任师诗学中的"汉语红移"和诗歌中的"词语红移"具有明显帮助,比如《吃尽胭脂词语红移的曹雪芹运动》中的"词语红移"。如果我们尝试着把诗中的物理学解释和天文学解释还原成普通解释,这首诗可能就没有看起来这么宏大与神秘了,甚至带有一种知识与情感混合的日常气息。在这种气息中,曹雪芹的青春与情感,喜怒哀乐与春夏秋冬,变形与移动,显得既单纯又复杂。单纯的是情感世界,复杂的是其中的起承转合与跌跌撞撞。对"词语红移"的具体展现同样显示着情感之外的内容，比如任师在和评论家李静的对话《眺望 21 世纪的第一个汉语词》中，明白地说："词语的曹雪芹运动才是语言自身生命的生成。"词语必与生命关联，尤其是诗人的生命。

四、记忆中的个人经验

我熟悉的任师作品大多集中在 20 世纪 80 年代中期，认知构成也与此相关。直到近年读到任师此前此后的部分诗作，这种认知构成才得到必要的调整。这些包含历史记忆与个人经验的诗成为他文学在场的实实在在的物质证明。

组诗《第三个眼神》是任师写于 21 世纪的诗，其中写到"9·11"事件，写到曼德尔施塔姆，写到人类的其他严峻时刻。其中的记录与思考让人震惊的程度如同我初读昌耀先生的诗时的反应。（从 20 世纪 50 年代中叶到 70 年代末叶，昌耀先生和任师是当代中国最重要的两位诗人）不说记录部分，单说任师的思考就是独立而深刻的。他对思考的强调在《我的三个文学世纪》一文中随处都有显示，比如"奇怪的是，《荒原》引起我的不是想象而是思索"。同时他的思考诚实可信，比如"我承认我没有读完《荒原》，《四个四重奏》也只看了几行"。如此诚实值得当代读者严肃对待。

任师有两部 20 世纪 80 年代之前的诗歌合集。

一部是《黑陶罐》。由记忆碎片组成的黑陶罐，既具有文明特征，同时又有编年史意味。其中写于 1956 年的《地平线》是让人惊诧的早熟作品，这么说是来自和同时期其他作品的比较，因为我对当年的中国诗歌有一点微不足道的了解。诗中写道，"地平线限制不了我们的视野／那不过是天和地虚设的界限"。任师 19 岁就已经站在地平线之上。

另外一部是《词语化石 1966—1976》。其中 1967 年写出第一稿、2007 年写出第二稿的《1967：我悲怆地望着我们这一代人》，应该算是任师的早期代表作，其意义如同 20 世纪 80 年代的《初雪》。此诗的标题虽然得自莱蒙托夫，但是我更愿意把它视为任师和昌耀先生这一代人的《嚎叫》。其超越性（不是超验性）让人毛骨悚然，充满敬意。而其他相关作品，同样值得今天的读者反复思考。

记忆中的童年与故乡作为历史性质偏弱的异域，主要与它们的隐蔽性相关，但它们自身恰恰体现出历史的时间性和空间性。在任师的个人生活史上，这两个关键点总是让人唏嘘不已，其重要程度与他 80 年代的爱情不相上下。

组诗《乐善桥》写的是古稀之年的任师探访 6 岁与 10 岁的童年以及回忆中的故乡邛崃。参考这组诗的《序》中道及的童年往事和家庭往事，就不难理解任师对美和圆满的极度向往。他的故乡尤其童年相当特殊，对他的人生与诗的决定性作用也是惊人的，甚至可以极端地说，任师的诗之所以具有今天的面貌几乎都与他的童年关联。这个面貌也包括他的恋爱方式以及婚姻本身。

任师 10 岁离开故乡，从此成为异乡之人。对此，我们可以从任师的文章和其他诗中获得相关的注释与见证。时间在前进，而故乡却原地未动,"只有我身后的群山 不肯退转 / 还拥着一个个十一岁的早晨"(《远方》)。故乡永远停留在任师的记忆之中,而慰藉则是故乡存在的实际意义,如同鲁迅先生在小说《故乡》中书写故乡之萧索,正是由于童年记忆的烛照。

五、古典以及借题发挥

任师在组诗《司马迁的第二创世纪》中与 9 个古典人物隔空交谈,既有写实的一面,也有借题发挥的一面。这种一人双面的复合特色显示着任师强悍的诗学抱负。

这种交谈方式的综合性还表现在历史、认知以及想象等诸多方面,同时它也构成任师的美学方式。读者可以将诗与历史记载合并观察,作为阅读的预设基础。随着观察的深入,我们还可以发现这就是任师的表达焦点,而副标题的设计又清晰地将之显示出来。比如《高渐离》的副标题是:"挖掉眼睛的一刹,他洞见了一切",既显示诗的主题走向,也符合"盲者一览无余"的洞见。

任师对古典人物的借题发挥至少围绕着战争、转换和残缺三个方面展开。

孟子说"春秋无义战",扩而广之,大多数战争没有正义可言。诗中的"虞姬"即便在反对暴政的战争中,也以"婉转在她的喉间"的婉转,显示其异于战争本身的强大存在。虽然出现了"力 全部静止 / 在她的曲线"这种理想化的情景,但是"死亡的河"却彰显出残酷的真相，况且"人类衰老而战争年轻"（《孙膑》）。我仍然记得任师读这句诗时的表情和解读。人类经历这么多历史教训仍然不能避免战争，不是愚蠢可以阐释的。而简狄吞玄鸟之卵而生契[1]，暗示生命孕育与文明诞生的迹象，但死亡与战争的阴影之网依旧笼罩着简狄，正如任师在《汉语红移》中说的，"丽达和简狄，当然相同的美丽诞生相同的恐怖：战争，毁灭，死亡"。（西方天鹅与丽达如同东方玄鸟与简狄）而褒姒之无辜更是众所周知，说她"一笑倾人国"不过是一个历史笑话。此诗为她辩护的不只是战争责任问题，还有笑本身具有的美的威力、破坏力问题。"嫣然的战争"美丽而暴烈，既具有美的强度，也是摆脱实际战争对褒姒纠缠的机会。

《伍子胥》以黑发／白发与白昼／黑夜的转换方式，将伍子胥的历史故事转译成一个大彻大悟的生命故事。不仅气魄如山岳，"一夜摇落黑发上的全部太阳"，而且深刻如渊薮，"一个白洞／昭关　每一个黑夜　陷落"。《项羽》是对司马迁《史记·项羽本纪》的致敬。写项羽的诗非常多，但任师的《项羽》具有自己的特色，比如"可以长出百家的头／却只有一颗　心"。心比头珍贵，头可断，但是心却永远不死，而且"心　安放在任何空间都是自由的"。这句诗我特别喜欢，像电影《勇敢的心》中华莱士临终前喊出的"自由"一样深深刻在我的心中。《庄子妻》的转换是交互式的，"他　是她的鲲鹏／她　是他的蝴蝶"，鲲鹏与蝴蝶体量差距极大，交互起来比较复杂，任师独辟蹊径，侧

1　契，商部落始祖，后世尊称其为"商祖""火神"。

重双方以对方为生存目的，"为她 一个生命力学永远的动词"，"为他 一个生命美学变幻的名词"，动词与名词，力学与美学，犹如藤树互缠，暗示着此爱绵绵无绝期。

身体残缺反而是精神完整的开始，如《高渐离》之盲目，《孙膑》之断足。"断足 他完全放出了自己"，残疾关闭身体的某一机能，就会打开另外一个机能，这种逻辑并非出自想象。

司马迁所受宫刑造成典型性残缺。宫刑即阉割，是去除男性生理特征的刑罚。任师对司马迁被阉割的理解异于常人，"他被阉割 / 成真正的男子汉 / 并且 美丽了每一个女人"，因阉割而变成真正的男性，这是对只具生理特征而无精神特征的男性批判或者文化批判。"美丽了每一个女人"略有理解难度，精神性质的男性特征有其固定领域，并不能取代其他方面尤其生理方面的效能，但从修辞角度理解相对容易。男性被阉割，并没有变成女性，而是成为任师认知的"无性"。这种无性固然存在"压迫"与"撕裂"的行为过程，但是它的构成却显示出英雄与美人的联合性质，"第二次他从撕裂自己 分开了世界 / 一半是虞姬 / 一半是项羽"。从任师的历史观来看，司马迁被阉割意味着"第二次诞生"，意味着"第二次创世纪"，而现在的阅读则"给他们第三次生命"。把被阉割和阅读相提并论到这种层级，显示出任师对阅读现状的判断与对阅读本身的期待已经达到极深的程度。至于由残缺而完整，这种牺牲和代价不是普通人能够承受的。

六、造像与造象的实质

任师擅长造像与造象，无论表面的像，还是实际达到的象（包括元诗或者思想体的终极面容），其中象征性和意象性以及最后构成的哲学意义的象，都是他竭力表达的东西。直观作品就是组诗《女娲11象》（最初是《女娲6象》）。前7象写女娲，后4象是扩展。如果这是一个圆，也是一个开放性的圆。

女娲是中国上古传说中的创世者，主要功绩是造人与补天。由此联想，这组诗与中国文明起源以及创世相关。为什么是11象而不是12象和9象（关于数字12和9的文化应用已有很多研究）？是不足（相对于12）还是超越（相对于9）？这个问题暂时留在心中。"象"是图像，也是理解，更是哲学概念的"象"。"11象"是11种与女娲关联的形象与理解，每一象都由副标题指明运思方向。

《象1》描述女娲的经典形象人首蛇身。它以第一人称宣叙女娲身体由人类和野兽两个部分构成。这种状况不是先天呈现的，而是一个生长发展的过程，开始全是野兽，然后从野兽之中发展出人类的部分（不能引申为一种精神进化论）——"我终于从野兽的躯体上／探出了人的头"，代表精神的头比代表物质的身体更重要，头的长出代表着人类意识的觉醒。从野兽到人类，是文明的起源。但此时人类的头需要野兽身体的支撑，这种心理厌弃实则依赖的矛盾让人类感到疲倦，"我只能在野兽的脊骨上／第一次支撑人的头颅的重量／但是我拖着庞大兽身的／头，爬行的肢体拖着我的／思想，也贴着地面爬行"。这就是觉醒的痛苦和艰难。

《象2》描述女娲恐惧于野兽身体会吞噬人类头颅，恐惧于兽性战胜人性，"……蛇身的恐惧 / 将吃掉自己长出的异己的头"，排异不仅是生理方面的。死七十次（不是中国文化常用的九九八十一次），野兽部分才能死绝，爬行的半兽人（比《魔戒》的半兽人更原始）才能彻底成为站立的人类。《象3》描述世界开始的景象，"我与世界一同开始"，"我"（也即女娲）与世界是不同的两者，又是同构的一体。《象4》描述女娲造物与造人。与基督教文化的上帝一样，女娲也是用7天创造万事万物，第7天造出男人与女人，他们合在一起构成完整的生命，似乎比以亚当肋骨制造夏娃公平得多。《象7》描述女娲补天事迹。"抛出我的头颅和身躯有多大 / 天的缺失就有多大"，原本天有缺失女娲才去补，但是诗中因果关系似乎颠倒过来，"我"（女娲）才是天缺失的原因。此处值得反复深思。

《象5》《象6》略微特殊。前者围绕斯芬克斯之谜展开中西思考，确定对中国文化的拥抱；后者赋予女娲思想以现代性，如副标题所示，"五十万年前的头盖骨下二十一世纪的思想"。这足以证明任师视野开阔。《象10》比《象5》《象6》走得更远。"墨写的黄河"是任师重要的诗学概念，它是地理的黄河，也是文化的黄河，甚至可以说任师之诗就是墨写的黄河。

《象8》《象9》似乎游离于女娲主题之外，但是仔细深思，又与之关联。前者描述后羿射日与嫦娥奔月。这是男人和女人的传说，太阳与月亮的传说，爱情与婚姻的传说，力量与寂寞的传说。"他射日，射出也同时射落 / 自己……"，"她飞天，奔月 /

也飞离不出阳光",壮举背后各有各的隐痛。《象9》描述老年刑天焕发少年心性只是源于"张开肚脐的嘴唇,一声 / 自己的语言……",语言真可谓青春的复苏灵药。

《象0》最奇特。其中至少有两个扩展:一是把本来是《象11》的诗命名为《象0》,终点也是起点;二是干脆跳出女娲范畴,写普罗米修斯、释迦牟尼代表的两种文明。但是女娲之后的庄子却让我们看到了第三种文明:中华文明。普罗米修斯是"无穷尽的死亡喂养的生",释迦牟尼是"佛掌上的罪与赎,无涯",庄子是"无极,无极之外复无极"。"无穷尽""无涯""无极"是三种极端的境界。其中任师对庄子倍加推崇:"庄子的鲲鹏和蝴蝶一旦飞起,中国任何的想象似乎就再也飞不过它们的翅膀了。"(《汉语红移》)

11象表面是纯粹中国的,实则却是中西融合。李怡称任师的"两两兼顾而又双重超越"为"任洪渊的新策略",这正是任师的雄心:他试图以一己之力打通诗与文明乃至宇宙之间的秘密隧道。

七、结语

任师的广博深远我只能言说皮毛。比如《原子云 原始着那片云》,我只能理解到这一步:天空是陈旧的,自己书写、创造的云是新鲜的。这些尚未陈旧的事物中包括"陶潜的停云"和"王勃的落霞",包括被各种书体解构的文字之云。但是对原子云本身我只能望洋兴叹。再比如《那几声钟，那一夜渔火》，我知道它和张继《枫桥夜泊》关系密切，任师予以偏移与创造。第一层创造与现代汉语关联，第二层创造与语义翻译关联。在张继那里渔火是这样的，"江枫渔火对愁眠"；而在任师这里渔火另有一番模样，"那一夜渔火犹自燃着……/ 一个秋深过一个秋 / 在我的身上堆积"。"对愁眠"变成秋天在身体上的堆积，愁的重量感跃然纸上。只有现代性才能将古典诗的核心魅力唤醒，犹如任师对美与生命的双重拥抱，本质也在于现代性。

2021 年 4 月 7 日—11 日

从语言本身入手更新汉语言说方式
——任洪渊诗的意义与问题

荣光启

一、"在语言中改变世界"

    诗人任洪渊先生蜚声汉语诗坛应该是在《女娲的语言》正式出版之后 [1]。大约十年前，这本看起来颇为单薄的黑皮书开始广泛流行。黑色的封皮，也许暗喻诗人所认为的人的生命在本体上的黑暗。中国神话中的创世相传由女娲完成，"女娲的语言"指的

1　1937 年出生的任洪渊先生的诗与诗学合集《女娲的语言》于 1993 年 9 月由中国友谊出版公司出版，诗集里最早的诗作作于 1956 年，可见其创作生涯起步很早。而在同年 5 月人民文学出版社出版的洪子诚、刘登翰著的《中国当代新诗史》中，只在"崛起的诗群（上）"前一章的"'迟到'的诗人"一节提到"任洪渊"的名字。据该书第 362 页：七十年代后期至八十年代初，当代中国诗坛"还出现了一群已经不算年轻的陌生的诗人名字。……他们重续自己十几二十年前的诗歌追求时，在艺术经历上，他们属于新进的'年青'一代，而在年岁上，却已跨入中年。他们是'迟到'的一代。……这一群诗人有刘湛秋、刘祖慈、林子、阿红、王燕生、任洪渊等"。作为一本在当代诗坛可能影响最广也最具权威性的诗歌史，似乎是为了补偿当初对任洪渊诗未予介绍的遗憾，在十余年后的修订版中，该著作给予了任洪渊一种特别的评价："他的作品（诗和理论文字）不多，……但这也许胜过另一些人的'车载斗量'。"［洪子诚、刘登翰：《中国当代新诗史（修订版）》]。此前，程光炜所著的《中国当代诗歌史》也对任洪渊给予了一定的介绍。

是与西方"上帝的语言"对等、与创世同在的语言，原初的语言，唯有这种语言可以点亮生命的黑暗。翻开第一页，就能读到诗人那激动人心的"哲学导言"："非常好，我 13 岁才有父亲，40 岁才有母亲。大概没有什么情结或者恨结束缚着我的童年。我不必害怕，因为我没有母亲可恋，也没有父亲可弑。那么长久地，我连找都找不到他们，又有什么罪恶的恐惧需要逃避……"诗人自身这种人生经历和特殊文化境遇相互阐释的诗学文字，在个人传记、诗与诗学三者之间，有一种特别的魅力，让人不免也发出"非常好"的感叹。

也许正是这种长久的童年的孤单让诗人产生了历史、文化上的断裂意识与创造意识。而在那个特殊的时代，在理性秩序的禁锢中，一次与"F.F"的相遇、一次由女性眼眸带来的生命的微颤就可以轻易突破那无边的禁锢。那双眼睛是"洪水后最早的黑陶罐存下的一汪清莹"。对于精神的突围，诗人更专注于与生命本身的美丽的相遇，在生命与生命相互碰撞的亮光中建造一个自己的世界。在那个集体沉默、腐朽的年代，诗人竟然以这种生命意识的自觉获得了"没有第一次青春的第二次青春"。诗人在自身的经历中明白："生命本体是一块黑色的大陆。生命也和太阳一样，不能被照亮，只能自明。"而一岁女儿 T.T 对于月亮命名式的呼叫，则启示了诗人：生命自明的光源正是"语言"。在女儿第一次对着月亮的叫喊中，诗人感到："在她的叫声里，抛在我天空中的那么多月亮，张若虚的，张九龄的，李白的，苏轼的，一齐坠落。……她把语言不堪重负的历史和文化的陈旧意义，全部丢在她童年世界的外面……那是她自由创造的语言：是生命的天然声韵、节奏和律动。"

　　似乎正是这些特殊的个人际遇和情感经历，决定了诗人对待世界的方式。如果说与父亲、母亲的关系和境遇削弱了诗人对历史和文化的寻根情结的话，那么 F.F 和 T.T，一个引导诗人沉入生命本体的状态，一个则启示诗人寻找那照亮生命的语言之光。虽然这种个人经历中的事件只是象征性的，但我们还是可以窥探到任洪渊独特世界观的来源。这个人敏锐地看到："生命的自由"只在生命本身；而这种自由的获得，需要的是胜过漫长历史中的文化。之所以不说"摆脱"而是"胜过"，是因为"人不能不是一种文化形式——上升为文化的生命和转化为生命的文化"。而语言的边界决定了生命的边界，生命的形式受制于一个人在语言中对世界的理解程度。所以对于诗人而言，他要做的事情就是"把马拉美的'改变语言'与马克思的'改变世界'改变成他的在语言中改变世界"。[1] 唯有通过在语言中创造语言，通过改变历史、文化的既有陈述，才能获得真正的生命自由，那个不为既有历史、文化所"覆盖"的自由的、创造的言说者——"主语"才能真正诞生。在与语言的搏斗中，诗人通过一系列的诗歌写作，迎来了汉语的"新世纪"——他将 1988 年所作的一组诗作命名为《汉字，2000》，也许正是如此期盼。这些诗作，深刻表达了诗人对于被"覆盖"在悠久而沉重的历史、文化下的"汉字"的焦虑：

1　任洪渊：《墨写的黄河：汉语文化诗学导论》，北京：北京师范大学出版社1998年版，第57页。

......

鲲

鹏

之后　已经没有我的天空和飞翔

抱起昆仑的落日

便不会有我的第二个日出

在孔子的泰山下

我很难再成为山

......

非　圣

非　道

非　佛

我只想走进一个汉字　给生命和死亡

反复

读

写 [1]

　　为了更新语言、寻求新的自我，诗人力求"在语言中改变语言，并且在语言中改变人和世界"[2]，让"词语击落词语"、实现对

1　任洪渊：《女娲的语言》，北京：中国友谊出版社公司 1993 年版，第 21—22 页。

2　任洪渊：《墨写的黄河：汉语文化诗学导论》，北京：北京师范大学出版社 1998 年版，第 18 页。

336

世界的"第一次命名"[1]。诗人努力使自己的"每一个汉字"不被抛进"行星椭圆的轨道",而是让它们"相互吸引着",拒绝任何形态的历史、文化的"牛顿定律"[2]。"在'历史的复写'与'生命的改写'之间,一个人突然截获了'主语诞生'的时刻"。这种重新叙述历史其实是一种"历史的覆写",以新的个体性的话语覆盖既有的历史陈述。这个"主语诞生"的时刻,对诗人而言,是一种"生命的辉煌时刻。那一刻,以往的一切文本解体了,词语追逐着词语,进入新的位置、轨道、空间,重组语言的新秩序。……以前,我总在寻找那个先于、高于生命的主体'我';现在,这个拥有全部词语又属于全部词语的主语'我'诞生了。从本体论向文本论迈出了一步,我们更靠近了生命／文化的转换"[3]。对汉语的自觉意味着诗人在本体论上的自我想象在具体的文本操作上找到了可能的方法。

二、"生命只是今天"

确实,当代中国诗人中少有人像任洪渊这样以如此明确的对汉语的自觉意识来对待诗歌写作。眺望汉语的新世纪的焦虑,来

1　任洪渊:《女娲的语言》,北京:中国友谊出版社公司1993年版,第20页。

2　任洪渊:《女娲的语言》,北京:中国友谊出版社公司1993年版,第17—18页。

3　任洪渊:《墨写的黄河:汉语文化诗学导论》,北京:北京师范大学出版社1998年版,第17—18页。

自诗人对自己这一代人悲剧命运的感受，因为在诗人看来，一切都需要依赖语言来完成，"语言（尤其是汉语）运动的轨迹才是呈现生命的疆界"[1]。诗人已意识到他们这一代人身上的多重悲剧：文化的滞重与生命自由言说的丧失、永恒时间对有限的个体空间的埋葬、历史的漫长的身影对今天的自我的覆盖……而对于这三重悲剧，诗人在他的《哲学导言》里，给予了充满希望的明确回答[2]：

1　任洪渊：《女娲的语言》，北京：中国友谊出版社公司 1993 年版，第 24 页。

2　不过，我们也可以看看与这种对人的主体性如此自信、如此高扬自我的当下感觉、对人类历史和现代文化如此乐观的认识相参照的一种认识——德国思想家瓦尔特·本雅明（Walter Bebdix Schonflies Benjamin, 1892—1940）的世界观——"在本雅明看来，人'道'，即人的语言、人的法则、主体的诞生，标志着人类与自然、与世界分裂开来，随着人类理性的进化和征服自然过程的发展，人与万物血脉相连的生命纽带被斩断……本雅明把这些'蠢行'叫作'堕落'。'堕落'在此被注入了文化哲学的含义，按照这一含义，人类被逐出天堂，进入历史，因此'他命中注定要用自己的血汗从土地中获得生计'，自然从此后被人类主体对象化、物化，成为被征服和改造的客体。启蒙理性把这一切叫作'进步'，而本雅明却'逆历史潮流而动'，不承认这是'进步'，而称之为'灾难'。……'原罪'……开启了以波德莱尔所说的'破碎性、瞬间性、偶然性'为特征的现代化进程，因此历史的所谓不断进步必然只是一场不断堆积'废墟'的风暴，朝着天堂相反的方向吹去，使两者的距离越来越远。"参阅郭军：《序言：本雅明的关怀》，转引自郭军、曹雷雨编：《论瓦尔特·本雅明：现代性、寓言和语言的种子》，长春：吉林人民出版社 2003 年版，第 4 页。"他命中注定要用自己的血汗从土地中获得生计"来自《旧约·创世纪》第三章第十七节上帝对犯罪后的亚当的宣判，中文和合本译为："你必终身劳苦，才能从地里得吃的。"

（后现代主义文化）是生命中时间意识的又一次高涨，现代人用自己的"现代"霸占全部历史的时空：无穷无尽的解构与重组，把以往文明的一切，连一块残砖断瓦都不剩下，作为新的材料，构筑自己"永远现在时"的生命世界。的确是生命的。……不是文化的碎片掩埋了人的尸骸，而是人的生命又一次复合了支离破碎的世界。因为我在这些碎片上触摸到的，往往不是死灰般的冷寂，却常常是生命震撼的力度和热度。

无时空体验也许是生命最神奇莫测的秘密了。当生命在这一瞬间突然明亮起来，时间和空间对生命整体的无穷无尽的切割与分裂便消失了……这一瞬间就是此刻就是最初就是最终。这一片空间就是此地就是来处就是归处。这是生命最纯净的显现：是创世也是终古。

生命只是今天。

历史只是穷尽今天的经历。……生命在今天历尽。历史在今天重写一次。

那么明天呢？明天已在今天过完。

在"生命／文化""时间／空间""今天／历史"这些对立的命题上，诗人态度鲜明地倾向于"生命""空间"和"今天"，而对于通常显现人类精神深度的诸命题——"文化""时间""历史"，诗人认为必须对其重新"改写"。

可以说，任洪渊的哲学是一种凸现个体当下真实生存状况的生命哲学。它关心的是个体生命在当下的真实性，将生命的自由维系在当下的身体感受上，在心灵沉浸于时间、空间消失的瞬间澄明上。不同于一般哲学家和诗人的是，他试图用他的诗歌写作来阐释他的哲学——准确地说，是阐述他关于生命的意识、观念。任洪渊与其他当代中国诗人的区别，首先也正表现在他对待"文化""时间"和"历史"的态度上。

朦胧诗的代表诗人舒婷的《神女峰》[1]是一首传达时代女性心声的经典之作：

在向你挥舞的各色花帕中

是谁的手突然收回

紧紧捂住了自己的眼睛

当人们四散离去，谁

还站在船尾

衣裙漫飞，如翻涌不息的云

江涛

　　高一声

　　　　低一声

　　美丽的梦留下美丽的忧伤

1　阎月君等编选：《朦胧诗选》，天津：春风文艺出版社 1985 年版，第 93 页。诗作后注明此诗作于"1981.6 于长江"。

人间天上，代代相传
但是，心
真能变成石头吗 [1]

沿着江岸
金光菊和女贞子的洪流
正煽动新的背叛
　　与其在悬崖上展览千年
　　不如在爱人肩头痛哭一晚

　　心不能变成石头。肉的心变成贞节的石头，这是人在"贞
节"的文化话语中的极端异化。舒婷在这个游览事件当中完成了
一次对中国女性命运的思索与顿悟，她由此豁然开朗，江边平常
的风景在她的眼里有着与象征"贞节"的神女峰截然相反的意
味——"正煽动新的背叛"。而最后两行，诗人似乎是对中国所有
身处男权话语压迫中的女性呼喊，与其在那文化的高台上死守贞
节，将肉身真实的生存"展览"成一具石头，不如活出真实的自
我，大胆追求自己的所爱。而一年之后，当任洪渊游览神女峰附
近一个类似的景点时，也写下了一首《巫溪少女》[2]：

1　在一年多之后作家出版社出版的《五人诗选》中，此节后面多了两行——
"为眺望远天的杳鹤／而错过无数次春江月明"。见《五人诗选》，北京：作家
出版社 1986 年版，第 297 页。
2　诗前有言"巫峡旁的大宁河谷也有一尊守望成石头的少女像"。诗后注明
此诗作于"1982.6.30 巫溪舟中"。见任洪渊：《女娲的语言》，北京：中国友
谊出版社公司 1993 年版，第 116—118 页。

……

一个已经够了。……

……

望夫石

神女峰

阿诗玛的黑色的石林

爱，也过于沉重

我的土地，再也担负不起一个

冰冷在石头上的期待和欢呼

你是我的发现。我创造了你

一块风雨雕刻的岩石

复制了我心中的形象

瀑布般自由飘泻的长发

青春流动的曲线，和天然的体态

再不要那属于神话的

云与雾的遮掩

我还给了你一双眼睛

像她的一样，深邃，辽远

以及敢于正面直视的大胆

她头脑中苦恼的思索

也不可捉摸地藏在你的眉尖

……

你是我留下的一尊塑像

一个憧憬

一个美的观念

作为我的纪念碑，代表今天

　　虽然对关于贞节的文化话语的批判是一致的，但在对待"历史"的态度上，我们可以看到两人的不同。舒婷以她女性特有的细腻描述了自己感伤的心情，也以决绝的口气表达了女性对男权文化的抗议。但不管怎样，我们还是能感到诗人那沉重的忧伤，最后的畅想似乎只是历史的漫长阴影里的一点微光。这首诗也只是历史的延续和余音。而在任洪渊的诗里，我们发现了诗人迥然不同的处理方式。在批判了"望夫石""神女峰"这些文化景观的沉重之后，诗人瞬间转换了思维方式，不再考虑文化和历史对肉身的石化，而是将自我的生命灌注在冰冷的石头当中，使石头在想象中成为一种新的事物，这种事物现在只与"我"有关、只与"今天"有关。诗人在想象中改造了那块石头。

　　如果说，舒婷的诗作是一种思索的话，那么任洪渊的诗作似乎是思索之后的行动：彻底走出"历史"，将这悲剧的石头当作"历史"死亡的纪念碑和新的自我诞生。"在这块土地上，我们生存的困境，不在于走不走得进历史，而在于走不走得出历史。……我们总是因为寻找今天的历史而失掉历史的今天……总是回到历史中完成自己，而不是进入今天实现自己。我们的生命在成为历史的形式的同时丧失了今天的形式。我们生命的一半，流浪在历史的乡愁里，另一半，漂泊在空幻的未来。就是没有今天。"[1]任洪渊的"生命只是今天"的哲学可谓为喜欢沉浸在"历史"愁绪中的当代诗歌，提供了一种新的个体经验，这种经验专注的是个体当下的生存状态、新的自我在写作的"现在时"中的实现、主语"我"的意识的突出。这种"走出"历史、以一种决绝的想象"改写"历史、完全以想象中的"今天"的生命状态为展现目标的诗歌，无论在意象、语言和抒情方式上，比许多缠绵于历史、文化的深度与细节的诗作读起来要气势逼人、简明易懂，也更激动人心。

可能也是对这种生命哲学和个体经验的自信，使任洪渊站在文化和历史废墟上的写作和同时代一些以历史和文化为抒情契机的写作区别开来。有论者这样评价任洪渊的"女娲的语言"："从朦胧诗中客观派一支'呼唤史诗'和'远古梦想'的'文化诗'，到'新诗潮'中的整体主义和新传统主义，中国远未发育的神话乃至传说被一再复写放大，对其中微言大义的发掘揣测和反复改写，成为诗人们文化寻根和重振传统的主要内容，甚至连太极、阴阳、五行、八卦之类，也给诗人以原型的灵感和智慧的快乐。个人与世界被纳入各种森然可畏的黑格尔主义或逻各斯中心主义的体系图式之中。现代诗人们对必然的认识，让我们感到的不是自由，而是沉重和无望。……任洪渊对女娲神话的解读和解构，让我们松了一口气。……诗人所要找回的'女娲的语言'，不是

1　任洪渊：《女娲的语言》，北京：中国友谊出版社公司 1993 年版，第17页。

'发思古之幽情'的玄想玄念，也不是某种神圣使命或终极关怀的'新的宗教'，而是一种比现象学还原更彻底、更纯净的'人只还原自己就足够了'的原生的存在状态，是剥离一切'整体化原则'的必然律和外在时空限制的'纯粹生命体验'。"[1]任洪渊本人对同时代诗人建立在"历史""文化"基础上的写作持怀疑态度，譬如他质疑江河的组诗《太阳和他的反光》："……回到东方远古的超越，始终是现代灵魂的一个冒险。也许，江河自己也不清楚，他达到的，到底是一种超越冲突的宁静和俯视苦难的庄严，还是湮没了现代人生命冲动的静止和寂灭？"[2]他这样看待杨炼的诗歌成就："杨炼在异国他乡写出了他半生最好的诗：'回不去的时候　回到了故乡'，这是他在他的敦煌半坡龙山殷墟甚至八卦上永远写不出来的。"[3]

江河、杨炼等的"历史－文化"之诗从诗学上来说，是当代诗歌由过去的与意识形态对抗向诗歌本体建设的转移，诗人试图在真实的世界之外创造另一个自足的世界。用杨炼的话说，这样的诗"是一个智力空间，是通过人为努力建立起来的自足的实体。一个诗人仅仅被动地反映个人情感是不够的，在现实表面滑来滑去……诗的能动性在于它的自足性，一首优秀的诗应当能够

1　伍方斐：《生命与文化的诗性转换：任洪渊的诗与文人后现代主义》，《今日先锋》，1996年第4期。
2　任洪渊：《墨写的黄河：汉语文化诗学导论》，北京：北京师范大学出版社1998年版，第252页。
3　任洪渊：《墨写的黄河：汉语文化诗学导论》，北京：北京师范大学出版社1998年版，第28页。

把现实中的复杂经验提升得更有普遍意义，使不同层次的感受并存，相反的因素互补，从而不必依赖诗之外的辅助说明即可独立"[1]。这种诗歌写作试图建造新的诗歌话语空间，使当代诗歌的功能回到诗歌本身，脱离了曾经的社会、历史甚至个人对诗歌的功利性要求。这种诗歌写作至少在当代诗歌回归本体的路途上是有意义的，我们不能因为它们涉及易经、八卦等传统文化中的命题就给予嘲讽。也许江河的《太阳和他的反光》在任洪渊眼里算不得好诗，但无论如何，这组曾经引起诗坛振奋的诗作即使在今天也是值得一读的：

> 上路的那天，他已经老了
>
> 否则他不去追太阳
>
> 青春本身就是太阳
>
> 上路的那天他作过祭祀
>
> 他在血中重见光辉，他听见
>
> 土里血里天上都是鼓声
>
> 他默念地站着扭着，一个人
>
> 一左　一右　跳了很久
>
> 仪式以外无非长年献技
>
> 他把蛇盘了挂在耳朵上
>
> 把蛇拉直拿在手上
>
> 疯疯癫癫地戏耍

1　杨炼：《青年诗人谈诗》，北京：北京大学五四文学社 1985 年版。

太阳不喜欢寂寞

蛇信子尖尖的火苗使他想到童年
蔓延地流窜到心里

传说他渴得喝干了渭水黄河
其实他是把自己斟满了递给太阳
其实他和太阳彼此早有醉意
他把自己在阳光中洗过又晒干
他把自己坎坎坷坷地铺在地上
有道路有皱纹有干枯的湖

太阳安顿在他心里的时候
他发觉太阳很软，软得发疼
可以摸一下了，他老了
手指抖得和阳光一样
可以离开了，随意把手杖扔向天边
有人在春天的草上拾到一根柴火
抬起头来　满山遍野滚动着桃子[1]

有学者认为《太阳和他的反光》"以生命和宇宙的境界，宁

1　上海文艺出版社编：《探索诗集》，上海：上海文艺出版社 1986 年版，第
71—72 页。

静、朴质而又优雅的语言，把几千年历史与现实的对峙化作了一幅可以称得上辉煌的感性而又是形而上的图景"[1]。既"感性而又是形而上"，这是非常到位的评价，"感性"由诗人当下的生存感受而来，"形而上"意味来自诗人对"历史－文化"的想象。这里的"太阳"还是"夸父追日"神话中的那个太阳吗？为什么"老了"才去"追太阳"？"仪式以外无非长年献技""太阳不喜好寂寞""把自己斟满了递给太阳"是否暗示一种时代场景？而在真正追上太阳的时候，"他老了"，也发现其实"太阳很软"。"手杖""柴火"、那满山遍野的桃子是否暗示生命的疲倦、死亡与更新？这里的太阳是否有青春理性和时代权力等多种含义？这里是否也有北岛、顾城等人的诗歌所言说的"一代人"的命运？任洪渊一直期望"我们"这一代"逐日"的人"还是抱起我们自己的，当然不是屈原曾经在崦嵫山上抱起的那个。太阳是今天的"[2]。很难说在这首诗里就没有江河这一代人的自我和"今天"，只不过他是将个人的情感经验放在与"历史－文化"对话的语境中呈现的。倾心于古典"太阳"在现代的"反光"，确实是一种冒险，很可能被这"太阳"消融当下的自我，但也未尝没有可能收获太阳及其反光之间的幽暗地带。而个体生命复杂的情感经验，也许在这种语言的幽暗地带能更好地传达出来。

1　王光明：《现代汉诗的百年演变》，石家庄：河北人民出版社2003年版，第541页。

2　任洪渊：《女娲的语言》，北京：中国友谊出版社公司1993年版，第167页。

三、诗与"诗学"的纠缠

确实，出于个人气质和哲学意识上的原因，任洪渊特别担心这种与"历史－文化"太靠近的写作会使个体生命"在成为历史的形式的同时丧失了今天的形式"。所以当他面对历史之时，他试图以自我在"今天"迫切需要的一种意识来重新"改写"历史，使历史呈现新的面貌。女娲的"创世"是第一次，他的组诗《司马迁的第二创世纪》则在讲述司马迁进行的第二次"创世"。借着历史上一个个死难或残废的传奇人物，诗人想象在"今天"、在死亡与新生之间、在时间空间消融状态中获得自由的个体生命应有的状态。司马迁，这个被阉割的男人，用文字建造了一个生动而真实的历史世界，他"美丽了每一个女人"，也成了"真正的男子汉"[1]；项羽的兵败乌江不再是耻辱，自杀只是让内心获得自由的一种方式："他把头颅的沉重　抛给那个 / 需要他沉重的头颅的胜利者""心　安放在任何空间都是自由的 /…… / 可以长出百家的头 / 却只有一颗　心"[2]；逃亡在昭关口一夜白头的伍子胥，度过了一生中最黑暗的岁月，但那"最黑的一夜辉煌了一生"[3]；毁坏了面容的聂政，其实是"毁坏了死亡的脸"，那"毁灭

1　任洪渊：《女娲的语言》，北京：中国友谊出版社公司1993年版，第25页。

2　任洪渊：《女娲的语言》，北京：中国友谊出版社公司1993年版，第28页。

3　任洪渊：《女娲的语言》，北京：中国友谊出版社公司1993年版，第29页。

完成的形象",才是"最真实的 自己面对自己"[1];高渐离,"挖掉眼睛的一刹,他洞见了一切"[2];腿的残疾没有使孙膑变得软弱,相反,"断足 / 他完全放逐了自己 穷追 / 天下的男子 没有一支大军 / 逃出他后设的 / 三十六计"[3];虞姬的歌声不是柔弱,更不是失败,恰恰相反,在她的歌唱中强大的秦帝国"崩溃的回声滚过月边 / 推倒了十二座金人 / 力 全部静止 / 在她的曲线"[4];褒姒也不是一个祸国殃民的女子,"等她一笑 / 一丛丛无花期的花 开了 / 烽火 // 男人的桃花 // ⋯⋯等她烂漫 / 男人 烽火桃花 / 嫣然的战争"[5]⋯⋯

一个个"历史"或"文化"中的人物在这里被重写,读者读到了一种少见的如此激进的历史和文化想象方式。可以看出诗人走出"历史"专注"今天",倾心于那种生死明暗交汇时空消融的生命极致状态,可能在诗人看来,这种极致状态才是生命自由的真正实现。在一个个人物形象身上,我们可以看到那种二元对立的生命状态,但在对立的两种状态之外,产生了第三种境

1 任洪渊:《女娲的语言》,北京:中国友谊出版社公司1993年版,第31—32页。

2 任洪渊:《女娲的语言》,北京:中国友谊出版社公司1993年版,第33页。

3 任洪渊:《女娲的语言》,北京:中国友谊出版社公司1993年版,第35页。

4 任洪渊:《女娲的语言》,北京:中国友谊出版社公司1993年版,第38页。

5 任洪渊:《女娲的语言》,北京:中国友谊出版社公司1993年版,第41—42页。

界：虽然生命充满死亡、残缺、悲伤和羞辱，但人物最终如蚕破蛹，摆脱这些看起来叫人痛苦不堪的状态，进入了瞬间的澄明之境。"痛苦／穿破痛苦的中心／一只红蝴蝶／伤口　通明了所有的界限"[1]，所有的生命最后均消融"在日神的光之上／在酒神的醉之上"，"无时空体验"，"逍遥"，极乐，自由。这种绝望中诞生、置之死地而后生的审美方式和想象方式，很容易让人想起鲁迅说的"……于浩歌狂热之际中寒；于天上看见深渊。于一切眼中看见无所有；于无所希望中得救……"[2]让人在这个一切价值面临重估、充满文化碎片的"后现代文化"时代，多少多了一些活下去的信心和勇气。也许我们确实很乐于相信这个时代的个体命运真的是这样——"生命只在今天"，摆脱历史因袭的重担，在一个个无时空体验的瞬间，身体和生命自由地绽放。不过，如此地以"历史－今天""绝望－希望"的对立方式来想象世界，是否对历史真实、现实世界的把握有失简单？毕竟这种决绝地对待世界的方式总是让人生疑。鲁迅曾经告诉我们："绝望之为虚妄，正如希望相同！"[3]也许，我们还是应该在"绝望"和"希望"之间，以更复杂的思忖来对付人生、历史和世界的某种"虚妄"。

　　这种生命哲学使任洪渊的诗为当代诗歌提供了一种重新书写

1　任洪渊：《女娲的语言》，北京：中国友谊出版社公司1993年版，第44页。

2　鲁迅：《野草》，北京：人民文学出版社1973年版，第40页。

3　鲁迅：《野草》，北京：人民文学出版社1973年版，第18页。

历史、文化的视角和新的个体经验，使我们在阅读中有一种"改写"历史、实现"今天"的自我形象的心灵震颤。可能正因如此，有论者认为"他的诗……有浓郁的浪漫主义气质"[1]。但这种浪漫主义使我们不能不承认诗人对待历史的想象在"历史－今天""绝望－希望"向度上过于简明，省略了历史真实和现实世界的诸多复杂性，这让我们不能不对任洪渊的诗生出一些遗憾。而这种遗憾，很大程度上因为诗人更多地将诗歌写作当作他的"哲学""文化诗学"的另一种阐述。

正如有论者指出的："任洪渊的诗和诗论，处于相互印证、阐释的'互文性'关系中。他的诗，基本上是在解释他的诗学理论，表达他对于如何使'汉语诗歌'获得生命活力的设想。因而，它们也可以称作'元诗歌'，或者说是以诗的方式写的诗论。"[2]问题正在这里，任洪渊的诗其实更是一种诗学理论，是关于汉语如何言说当下个体生命、如何建构个体生命自由的一种构想。而伟大的诗学构想不等于优秀的诗篇。在诗与诗学相互阐释、相互印证的写作中，真正启人深思的是他的诗学理论。当任洪渊说"我只喜欢记下已经变成感觉的汉字。我想试试，把'观念'变成'经验'，把'思索'变成'经历'，把'论述'变成

1　程光炜：《中国当代诗歌史》，北京：中国人民大学出版社 2003 年版，第322 页。

2　洪子诚、刘登翰：《中国当代新诗史（修订版）》，北京：北京大学出版社2005 年版，第 147—148 页。

'叙述'"[1]，他确实做到了。我们在读他的《找回女娲的语言：一个诗人的哲学导言》《我生命中的三个文学世纪》等篇章时，深感他的写作已经把"把'观念'变成'经验'，把'思索'变成'经历'，把'论述'变成'叙述'"，但这是任洪渊的诗学理论写作，不是他的诗歌写作。他的诗由于要竭力辅助阐述他的诗学理论，而陷入他的二元对立的哲学观念当中，尽管有许多令人叫绝的意象和语词，但仍有不少观念化的倾向。正如《女娲的语言》是他的第一本文集也是一本诗与诗学的合集一样，他的诗与诗学纠缠得太深，忽略了诗本身看待世界和自我的复杂性。他现在的诗更多是指向一种理想的汉语言说方式、语言效果，说是"元诗歌"不无道理。"元诗歌"能挑动许多批评家、理论家的热情，却未必是真正"好"的诗。洪子诚先生的目光确实尖锐："任洪渊的问题可能是，在用诗充分阐释他的诗学理论之后，诗歌写作将向何处，又如何进一步展开？"[2]毫无疑问，任洪渊是当代中国最优秀的诗人之一，但他的许多诗作确实又尚未"展开"。

1　任洪渊：《墨写的黄河：汉语文化诗学导论》，北京：北京师范大学出版社1998年版，第15页。

2　洪子诚、刘登翰：《中国当代新诗史（修订版）》，北京：北京大学出版社2005年版，第148页。

四、尚未"展开"的诗歌

事实上对于诗歌写作，任洪渊一开始就有比同时代人更接近诗歌本体的认识。他反复提及从汉语本身入手，变革汉语的言说方式。这种对汉语的自觉，使他可以不依赖自身所处时代那种从街头和广场游行、演讲中获得激情的方式，而可以在生命和语言的相互发现、双向建构中营造一个自足的世界。也正因为这一点，虽和北岛们同时，诗人却完全有资本和"崛起的诗群"保持距离，用他自己的话说"侧身走过他们的身边"[1]。由于独特的个人气质和"执着于对汉语陌生化效果的追求"，有文学史学者这样评述他，"任洪渊不是那种在时代的社会思潮里脱颖而出的诗人，相反，他游离于社会现象之外……20多年间的社会思潮几乎没有在他的诗作中留下'痕迹'。他有自给自足的精神世界，对诗歌语言独特的认识。所以，诗人和他的诗，多少给人一种'隔世'的感觉"[2]。专注于自己诗歌世界的建立和对汉语的独特追求，虽使他在漫长的时间里不够声名显赫，但这种"隔世"带来的却是文字的"传世"，很多人在他的诗学和诗面前一再驻足，并由之展开诗歌、语言、文化和美学等多方面的有趣

1　任洪渊：《墨写的黄河：汉语文化诗学导论》，北京：北京师范大学出版社1998年版，第21页。

2　程光炜：《中国当代诗歌史》，北京：中国人民大学出版社2003年版，第322页。

话题[1]。

任洪渊的写作一直贯穿着汉语文化的历史脉络，他说自己"在汉字书写的墨写的黄河中"。"墨写的黄河"——"黄河"依旧流淌在正在书写的血与墨之中，这是我们无法逃脱的命运，我们的写作注定无法与以"黄河"为象征的汉语文化体系和"现代－后现代"的历史语境脱离干系。在时间的向度上，尽管当下的生命状态和生存处境是最应当关注的，但能否因此认为"生命只在今天"？任洪渊写道："墨写的黄河永远流着今天，过去和未来都流进今天：在每一个汉字上，我侧身走过同时代人的身边，相问相答；在每一个汉字上，我既与过去的每一个书写者未期地相遇，又是对未来书写者的不期的期守，未来有多远，我的期

1　在诗坛之外，任洪渊的诗与诗学也受到文艺界、美学界的关注。除前面涉及的伍方斐文外，还有文学批评家认为任洪渊的诗歌写作是"一种对母语生命的新的沉醉，它是我们第三世界文化特性的展示，也是我们全球性后现代文化氛围中展示一个第三世界民族的全部可能性的契机"。（张颐武：《母语的召唤与任洪渊的诗歌写作——"后新时期"诗歌的一种走向》，《文艺研究》，1993年第5期。）有美学家认为"诗人的这种类似知识考古学的文学表达倾向……在目前的文化语境中，对历史的再表达，可以看作对现代化进程强大压力的一种抵抗，也是对膨胀得已经失去控制的形象体系的一种重新凝聚"。（王杰：《审美幻象研究——现代美学导论》，桂林：广西师范大学出版社，1995年版，第238页。）有文艺理论家认为任洪渊的诗歌语言是一种"自为语言"（"为语言自身的语言"），作为对"西式语言形象的一种反拨，诗人厌倦了西式语言，毅然返回汉语——汉字的未被污染的原初层次去寻觅，显示出这样一种语言倾向：只有原初的童真语言，才可能为无家可归的当代人寻到新的生存根基。从而有原初式语言形象"。（王一川：《自为语言与文人自语——当代先锋文学对语言本身的追寻》，《南方文坛》，1997年第1期。）

守就有多长，是预约又是先期的回声。"[1]专注于汉字，使他与同时代人区别开来，使他可以走入诗歌的本体建构自己的话语空间。而他的汉字，既是与历史未期的相遇，也是对未来不期的期守，历史和未来都凝聚在今天的现实经验的言说当中。这种对待生命、时间和历史的态度才是一个现代诗人最合宜的心态，它无疑比《哲学导言》中"生命只是今天／历史只是穷尽今天的经历……生命在今天历尽。历史在今天重写一次／……明天已在今天过完"这种容易令人误解也让人心悸的宣告更适合当代诗歌。

　　当下的汉语诗歌写作不是历史意识过剩，而是这种意识太淡漠了，以至于许多诗歌成为一种单向度的东西，完全是当下肉身的一些口语化即兴随感。在这方面北京师范大学在当代诗坛可谓风光无限，从伊沙到沈浩波等"下半身"诗人群体的主力，都出自这个学校。不知他们是否受到了任洪渊先生的影响（至少伊沙是非常尊敬任先生的），也不知他们是否真正领会任先生"在语言中改变世界""生命只在今天"的哲学？伊沙、沈浩波等的口语诗在当代诗坛已是"在'牛×'的路上一路狂奔"。而他们当中有人对肉身生存的膜拜也是到了极致，准确说是对肉体的膜拜。（甚至连"肉体"一词也羞于提及，干脆就说"肉"。）沈浩波曾提出："诗歌从肉体开始，到肉体为止。"在另一处，沈浩波解释说："这里的'肉体'，说的就是我们自身的那'一堆烂肉'，

1　任洪渊：《墨写的黄河：汉语文化诗学导论》，北京：北京师范大学出版社1998年版，第2页。

即最纯粹的'我'、最本质的'我'、最原初的'我'、最动物性的'我'！""没有什么能拯救我们，我们也没有什么可以被拯救的，我们不过就是一堆肉而已。""最原初的'我'""反对上半身"……这些说法似乎与任洪渊先生的"寻找生命的本原"，以及他关于20世纪以降是一个"心对头""生命对理性"战争的时代的论述大为相似[1]。如果真的是大有关联，也不知任先生对这些后辈的言语、行为有何感慨。

在任洪渊的诗集里，还是那种从个体生命的感性出发，将当下的个体感受放在与"历史""明天"的对话中的诗作既触动人心又余味悠长。他1985年的诗作《她，永远的十八岁》[2]即使今天看来都是一首汉语诗歌的经典之作：

她

十八年的周期

最美丽的圆

太阳下太阳外的轨迹都暗淡

如果这个圆再大一点　爱情都老了

再小　男子汉又还没有长大

准备为她打一场古典的战争的

1　任洪渊：《女娲的语言》，北京：中国友谊出版社公司1993年版，第170页。

2　任洪渊：《女娲的语言》，北京：中国友谊出版社公司1993年版，第49—50页。

男子汉　还没有长大

长大
力　血　性和诗
当这个圆满了的时候
　　二百一十六轮满月
　　同时升起
地平线弯曲　火山　海的潮汐
神秘的引力场　十八年
历史都会有一次青春的冲动
　　《红楼梦》里的梦
　　还要迷乱一次
　　桃花扇上的桃花
　　还要缤纷一次

圆的十八年　旋转
圆了泪滴　眸子　笑靥
圆到月月自圆
月月同圆
月圆着她　她圆着月
一重圆弥散一重圆　变形一重圆
　　　　　　　　圆内圆外的圆
阳光老去　陈旧的天空塌陷

旋转　在圆与圆之间

年岁上升到雪线上的　智慧
因太高太冷　而冻结
因不能融化为河流的热情　而痛苦
等着雪崩
美丽的圆又满了
　　　二百一十六轮满月
　　　同时升起

　　诗人写一个少女，以月为喻，却是一枚从未有过的新月、圆
月。少女的美妙年岁、爱情的新鲜度、"青春的冲动"、胜过时间
无情流逝的想象、对衰老的感叹……人生的诸般经历与情感体验
在诗行中真实可感。"十八岁的少女"，这个最容易过度流露情
感、陷入平庸抒情模式的题材，在这首诗里却有着新鲜而又令
人震颤的言说。这美妙的年龄正如那"最美丽的圆"，恰到好
处。在未来的向度上，"再大一点　爱情就老了"；在历史的向度
上，"再小……/ 准备为她打一场古典战争的 / 男子汉　还没有
长大"。"……十八年 / 历史都会有一次青春的冲动"，"历史"
在"今天"复活，"红楼梦""桃花扇"以及所有的爱情故事鸳
梦重温，所有的时间向现在涌来。在"十八岁的世界"面前，
时间"老去"，"陈旧的天空"塌陷，一切才刚刚开始。诗作的
结尾无疑是最打动人心的。人不可能不生活在日渐衰老的命运
中，面对"她"的"十八岁"，"年岁上升到雪线上的　智慧 / 因

太高太冷　而冻结",而青春的心,希望生命永远只在"今天",不为"历史"掩埋也不被"明天"欺骗的自我,为自己"不能融化为河流的热情　而痛苦"。一般沉醉于灵魂感伤的诗人,也许在"痛苦"处无能为力,而诗人任洪渊却在想象着一场生命的"雪崩"!

尽管诗人可能不满于 T.S. 艾略特的"历史意识",但这首诗的魅力恰恰来自当下的个体感受与历史场景和未来时间想象的对话。诗人曾这样赞誉中国古典名著《红楼梦》:"一方方黑色的汉字,在一个个少女的红唇上吃尽胭脂,绯色地飞起,追着银河外的星群红移。语言的新空间。"[1]对这首诗而言,许多词语也是饱蘸历史、文化的汁液,更重要的是,这些词语是向着当下的情感经验"飞起"的,现在这一瞬间凝聚着过去,也想象着未来,在时间里以语言创造着一个新的关于爱情、关于少女、关于人生的"新空间"。

任洪渊是个真正具有诗人的想象力和青春激情的写作者,面对他那以自由的语言释放身体的感性,寻求"生命的自由"的诗学意愿,面对他那些与诗学相互阐释的诗、诗文相合的诗学,我们虽然感到他的文字中有许多未能展开和过于激进的东西,但其中那种混合着"力　血　性和诗"的青春冲动和东方智慧也弥足珍贵,他身上那种涌动的诗人激情和哲学家气质在当代中国诗人中更是罕见。

1　任洪渊:《墨写的黄河:汉语文化诗学导论》,北京:北京师范大学出版社1998 年版,第 158 页。

（附记：2020 年 8 月 15 日，读到李怡教授纪念任洪渊先生的文章，惊悉先生病逝。我与任先生有过几次交集，印象最深的一次是 20 年前在广西师范大学任教时，我们教研室请他来给研究生上课，课程结束之后大家还一起去旅游。先生好像是在武昌上的中学，成长经历中有深切的武汉记忆。我到武汉大学之后，他通过谭五昌兄联系上我。去年夏天，我们通过电话，任先生说有时间要回来看看，好像是希望一起在武汉到处走走。很可惜未能成行！谨以此旧文追思先生！）

荣光启，武汉大学文学院教授，任洪渊先生的学生，首都师范大学 2002 级博士研究生。

自己的人文，自己的诗学

徐江

对于每一个以文字为生的人来说，置身在一个传媒的时代，实在是既轻松又不幸的。"轻松"是因为众声喧哗，谁也无法再用诸如"一言兴邦（或丧邦）"之类的传统说辞，来判定某个作者的文字；"不幸"则是指资讯集市上人头攒动，个体的声音再高亢，也不过是芸芸众生自信满满、信誓旦旦中的普通一声。

每个人都在认真说话，每个人都在充耳不闻中自说自话，这恐怕是媒体进入娱乐时代、网络进入后博客波段的今天，人类言说的真实写照。如果说三十多年前美国新闻界对"水门事件"的系列报道，因偶然彰显了现代新闻工业的唯利是图对文明进程所具备的负负得正效应，而让人对语言的正义开始生出些许渺茫的期待，那么九年前历历在目的"9·11"报道，以及后来对美国伊拉克战争乃至世界各地重大灾变的电视和网络全程直播，却渐渐有了一种融严肃、严酷为节目、娱乐的"轻盈"……

庄重和严谨不再是我们这个时代各国语言的首选品质，在一浪浪视频冲击波的面前，语言们无一例外地循着下意识，向亲民和可消费的方向迈进，并渐渐把靠迎合得来的赞许，理所当然地视作自身先天的品性。它很乐于被这个媒体时代消费，也乐于去消费自身——在"美国偶像""苏珊大妈"的祖国们是这样，在"超女""快男"的此地也照例如此。而伴随着传媒、消费、娱乐精神对语言的狂欢式开采，作为语言记载形式的文字，也渐渐开始了自我愉悦和自我放任的旅程。除了自轻自贱地满足于被用作单纯的表达工具，语言和文字本身的意义何在？它们的使用者——尤其是我们这些本土的使用者，有没有必要在役使它们的同时，在它们身上探寻一下母语、人类语言和智慧生成之间的微妙关系？这类简单的古典式提问，在今天已渐渐成了一种指向智识人群的疑问甚至责难。还好，我的这种责难，由于任洪渊先生新近问世的《汉语红移》，得到了缓释。

《汉语红移》是一部无法用只言片语界定的著作。它的发源首先是基于作者作为诗人、学者，对语言所做的思考。这种思考不只涉及语言与写作关系的认识，也涉及语言在本土与全球人文环境的历史流变中，正在承载和即将承载的宿命和使命。更重要的是，它让这样一种思考，在历经阐释和结构的雷区后，重新回到了"语言肇始于肉身""文字肇始于个体生命体验"这一20世纪80年代文化界曾生吞活剥地舶来却远未及深入探寻、一度甚至半途而废的思路上来。

从某种程度上来说，今天的任洪渊比20世纪80年代的那些启蒙者（任先生本人就是当初那个群体中相对隐性的一员）走得更远，也更沉潜。在当初更为显赫的文化界同道纷纷转变精神走向，追赶更新的时髦理念，或是堕入自以为更艰深的救世经院话语深渊的这二十余年里，任洪渊以回溯汉语源流的方式，一路悉心逆拾、探查母语千百年来在每个历史和人文转向路口的遗失。在论及汉语使用越来越偏重于现世、疏于发展想象力的轨迹时，他提出了一个惊人的节点："周代替商，中国失去了一次伟大的文化机会——黄河文明压过了南中国精神。除了我们这些留在地上的被青铜禁锢的身体，一个自由无羁的神话时代埋在地下了。那些巨大的龙蛇，还有那么多庞大到直接撞击大地的太阳、月亮，都影子般窒息在千座万座楚墓里了。"而在谈到当汉语文化面临外来文化碰撞所具备的潜能时，他提出了一个值得保守者和时髦追逐者同时反省的课题：为什么佛教进入中国后，汉语能够开启出"禅"这样的文明奇葩，而之后的一千五百年间，汉语文明虽迭遇异质文明冲撞，却再无力结出同样文化重量的果实……

　　人类所有因先前文明所起的质疑，都有可解的脉络，那就是——探究当下文明所面临的困境和潜在的、新的辉煌增长点。任洪渊所找到的，是一条开放式的路径，这一路径始现于对东西方语言和文明百余年处境的对照思考："现代化汉语走进逻辑后的年代，也正是拉丁诸语返回逻辑前的年代。"对尚未彻底遗弃古汉语文明余荫的当代国人来讲，这种逆行的追逐是否还能像期盼中那样有效地滋养自身，还是会仅仅为人们带来另一重传统的桎梏？而即便是前一种乐观的结果，恐怕这类滋养也已经不能在那种书斋式的线性追逐与承继过程中产生了，它们太需要依赖举一反三的智慧和知行同步的反应能力。在任洪渊看来，这种智慧和能力的源头，是人们切实回到生命本体——就像曹雪芹在《红楼梦》中所做的那样，以少年贾宝玉吃尽胭脂式的亲吻，去对敌当时积威千百年的礼教和世故。

　　在"词语红移的曹雪芹运动"（简称为"汉语红移"）这个论述者自创的术语中，"红"既暗含了《红楼梦》高出其他汉语小说的那种标举"天然"的灵魂品质，也涵盖了"吃尽胭脂"这一生命个体举动背后所隐喻的青春、诱惑和"迷狂——飞升"！人类生活在一个概念／理念压死人的世界，我们置身于这个新老概念／理念相互纠缠、攻讦的媒体／网络／图像年代，唯一能把大家的心智从诸元嘈杂的魔境解救出来的，恐怕仍是最容易放任我们，同时却也是最不容易欺诈我们的"生命本体／身体"（注意不是作为身体一部分的感官，更不是器官）……

《汉语红移》问世的另外一种价值，是它有助于读者进一步反思和解读近十多年来文化界对"生命本体／身体"的误读与妖魔化，也有助于开启被这些误解与妖魔化吓坏、进而逃向书斋和线性思维的各色"文明道统维护者"的心智，"是到了把艾略特和斯蒂文斯，把帕斯捷尔纳克和布罗茨基，把博尔赫斯和帕斯……还给他们的法语德语俄语西班牙语的时候了"，我不认为这仅仅是出自一位诗人和教授的智慧优越感，它们背后蕴藏的，是一位在先锋派纷纷堕落成为媒体和娱乐帮闲时，兀自坚守的人文主义者对母语乃至文明道义的承担。当然，这种承担也包括了在唯理／唯物质时代对诗歌的坚信。这种坚信之于环境的懵懂，呈现出非常有趣的局面，很像任洪渊一次在大学回答理工科学生对母语和言语困惑时的情景——

"你的词语也能诱惑我们的物理学和数学吗？或者说，我们的物理学定理和数学公式也需要你的词语自由吗？"有学生问。

"谁能够告诉我，现代物理学基本粒子quark（夸克）这个诡谲名字的来历？"

全场静寂。

"20世纪60年代，美国加州理工大学，盖尔曼在发现'夸克'

的物理学论文中说，他是从乔伊斯的小说《芬尼根的守灵夜》中找到了他的神秘'夸克'——'Three quarks for Mister Mork'。10 年后，20 年后，命名一个物理学定理或者一个数学公式的时候，到我的诗中寻找你明天的词语吧，我已经为你准备好了全部名词动词形容词。"

这不只是一个汉语诗人的自信，也是来自本土人文的自信。

（此文发表于 2010 年 6 月《北京日报》）

任洪渊老师诗作赏析

南人

很少有哪一个少女的身姿不被乐善桥曲线无情解构

任洪渊

6岁走过，10岁走过
他在桥上停步，回步，重温什么
那是偎在桥栏臂弯的感觉？
那是依在桥栏怀抱的感觉？
一条温暖在石头上的线

偎依，母腹内的记忆
婴儿期的第一个姿势
他偎依着、呼吸着、吮吸着的曲线
动脉一样流动在自己身上
没有臂弯里的童年，怀抱里的童年
在石头的桥栏，他寻找回自己
第一个姿势，生命展开的第一条线

他在成长，桥线在延长
同一条偎依拥抱的线在成长与延长

正像偎依与拥抱是一个姿势的两面

从偎依到拥抱不过是一次转身

也就是面向与背向的不断转向

在转身、半转身、转身与半转身之间

从第一个主动姿势，偎依

到第二个主动姿势，拥抱

似乎看不出多少形体的差异，动作的难度

——祝福偎依中拥抱中的人

偎依吧，拥抱吧，偎依拥抱与拥抱偎依吧

浮动在白沫江上的桥线，水线

他的第一个美学符号

江水流多远，桥线就有多长

不论从近旁从远方，在他的视域

如果站在桥上，很少有哪一个少女的

身姿，不被乐善桥曲线无情地解构

无论多少 S 都同样危险

美丽的，敢不敢接受白沫江邀请

走过他的桥上，或者桥畔？

也许白沫江桥在等你，你走来

桥线，水线，又一次因你改变

邛崃山中的落照反照在江间

任洪渊先生是伊沙、徐江、侯马、朵渔、沈浩波和我等北师大诗人共同的老师。

任老师的诗有自己的美学符号，这些美学符号是理解他的诗的钥匙。

《很少有哪一个少女的身姿不被乐善桥曲线无情解构》这首诗的美学符号，就是曲线。有一次聊天时我问任老师："极简地来说，人类是否用两种符号就可以标明，男性为直线，女性为曲线？"任老师点头。

知道了这条曲线，再品读这首诗，你只须关注这条曲线在诗中的变化和延伸，即可发现生命的顿挫与飞升。

童年时（6岁），"他"即遭遇与母亲的分离，对母亲的记忆只剩下几条曲线：母腹中的记忆，是子宫那条曲线——生命中的第一条曲线；婴儿期的哺育，是乳房那条曲线；个体成长中，动脉成为母体曲线的连接和延伸；离开母亲后，数不尽的思念和回忆，是年轻漂亮的母亲伫立乐善桥头的身影被时光刻进桥栏的那条曲线——"他"生命中的第一条曲线此刻被永久定格。

儿童与少年总会被时间拉扯着长大，长成男人的"他"第一次发现了曲线里隐藏的秘密：男人一生中最重要的一件事，不就是从第一条曲线（母爱）的偎依中长大、出发，去找到又一条曲线（爱人），然后紧紧拥抱、长相厮守吗？诗人在这里像魔术师一般，通过偎依与拥抱两个动作，瞬间完成了从依恋母亲到追求爱情的切换，一次背向、面向的转换，偎依母亲的男孩突然长成了拥抱爱人的男人。这次转换中男人像接力棒一样，在一条曲线和另一条曲线之间迅速完成了传递与交接。

在两条曲线的交接中，接力棒一样的男人由弱到强、由细到粗、由软到硬，终于长成一个真正的男人。如果此刻你恰好在人生赛场的看台上看到这完美的交接，那就鼓掌吧，欢呼吧！如果身边恰好有属于自己的曲线，那就偎依吧，拥抱吧，祝福吧！

母亲的曲线，刻入桥栏的曲线，随着白沫江上的桥线、白沫江的水线不断延长，江水流多远，桥线就有多长。而在时间的长河里，有多少美，能美过这历史中频繁走来的记忆深处的美，能美过这河水中不断翻新的不同样貌的美？再美的曲线、S线，最多不就是白沫江水线中的一段，乐善桥桥线中的一条？

读到这里，时间似乎把一切都解构成了齑粉，刀刻的生命会如此落寞收场？一生中攒下的曲线会像一闪即逝的烟花般凋零？

回到标题，"很少有哪一个少女的身姿不被乐善桥曲线无情解构"，是"很少"，而不是"绝对没有"。任老师诗中的"他"真可谓人老心不老，如今八十多岁高龄的"他"，是不是还在盼着一位少女、一条S线再次伫立桥头，将十岁和七八十岁的"他"同时照亮，或是让记忆中黯然失色的曲线重新勾勒，焕发完美，让桥线、水线又一次因"她"灿烂地盛开一次，让邛崃山的落照（诗人自比）也把持不住地成了老不正经，一气冲到这江畔、桥畔，展开又一次的吸吮和拥抱？

这哪里是一轮落日呀，这分明是又一轮随时准备冲向又一条新曲线的朝阳！

这个"她"，被任老师和乐善桥共同等到了吗？

评完这首诗，我想起一首他写给人生中遇见的又一条曲线——"她"的诗：《她，永远的十八岁》（备注：钥匙是"圆"）。

18 年间攒下的 216 轮满月同时升起！ 任老师啊，这女人和爱情到了你这里，被你搞得这么浪漫，这么姿态万千、惊天动地，你让我们这些后生再怎么下笔呀？ 奈何？又奈何不得！ 任洪渊，一位一次次被曲线偏爱和拯救的诗人。

任洪渊汉语文化诗学的本土性反思
——兼及任洪渊的诗歌创作

赵思运

任洪渊似乎从来都不是大红大紫的学者和诗人，正如他特别偏爱的一句话，他是"侧身走过同代人的身边"的人。他总是在别人顺流而下的时刻，上下溯源，侧身旁观，唯此，方可洞悉历史真相与文化真相。他的三部曲：《女娲的语言》《墨写的黄河：汉语文化诗学导论》《汉语红移》，将汉语置于法语、德语、英语、俄语的视野之内，通过对古代汉语的再解读，让东西方语言、文化、诗学、哲学等层面互相发现、互相体认、互相激活，逐渐清晰地呈现出汉语文化诗学的个案，为汉语诗学的发展勾勒出一幅醒目的剪影。同时，任洪渊以形质兼美的诗作，充分践行了他的文化诗学理想。其论其诗，形成精妙的互文关系，相得益彰。

一、任洪渊汉语文化诗学的发生

任洪渊的汉语文化诗学，指的是以汉语为载体、以诗性智慧为核心的文化哲学，具有属人的性质，而不是语言的工具哲学。其逻辑起点是人与语言同在，倡导"词语的器官化和器官化的词语"[1]。正如卡西尔所言:"心智把词语和意象都用作自己的器官,从而认识出它们真实的面目:心智自己的自我显现形式。"[2]

任洪渊的汉语诗性文化哲学建立在对于工具理性进行反思的前提之上。他质疑"所有的历史都是工具史"的历史观对于人和工具关系的荒谬倒置,指出我们的生命不能仅由工具和工具理性来界定,"完整的生命还有头脑,心灵,上半身,以及,下半身"[3]。工具具有可复制性,但是,那不可重生性、遗传性和移植性的,才是生命的第一要义。在最初的意义上,"物"应该趋向于"物的人化",使"物"具有属人的性质。然而,在历史的进展中,物已不再是从第二自然返回到第一自然,因而造成的悲剧境遇是——人既迷失了自我主体,又迷失了对象。

任洪渊的汉语文化诗学的诞生,也根植于他个人的精神人格的发生,根植于任洪渊独特的人生命运的体悟。任洪渊 1937 年阴历八月十四日生于四川邛崃白沫江乐善桥上游的一处民居里。"他出生的时候,父亲在国民党的成都监狱。不满周岁,父亲已经远在太行山抗日根据地。他的童年父亲不在场。"任洪渊被指命里"上克父母","6 岁,就面对母亲青春自祭的悲剧"。"一个生来没有母亲情结没有父亲仇结的男孩,怎样非弗洛伊德地长

---

1 任洪渊:《汉语红移》,北京:北京师范大学出版社 2010 年版,第 231 页。
2 [德]恩斯特·卡西尔:《语言与神话》,于晓等译,北京:生活·读书·新知三联书店 1988 年版,第 115 页。
3 任洪渊:《汉语红移》,北京:北京师范大学出版社 2010 年版,第 31 页。

大？"[1] 在任洪渊的人性基因里，有两大特点：第一，正如他的名字的构成一样，他对水、雪等意象十分敏感，此乃自恋式审视的表现。第二，他强烈的自卑情结与天才情结交织。自卑情结导致他的内敛性格，而天才情结的郁结带来强烈的自恋倾向。无论是在蜀才小学还是在平落小学，无论是在敬亭中学还是武昌实验中学，他的成绩总是出类拔萃的，这就养成了任洪渊的天才情结，"不管是自我肯定中的群体认同，还是群体认同中的自我肯定，他开始在数学中寻找自己的角色、位置、名义、身份，甚至身世的谱系"[2]。对于一个与父母无法沟通的孤独的孩子来说，他特别注重孤独空间里的内倾性体验，特别注重在幻想世界里重构自己的精神空间，以文字作为自我精神的载体。在平落小学，任洪渊开始了他的"有声书写"，"也就是说，即使在他日的文本上，他的词语不仅是写给眼睛看的，也同时是说给耳朵听的，是笔下的，也同时是上口的——他的词语继续响在动在书页间，也可以随时从书卷回到唇齿中，因为那是始终带着他的呼吸、心跳、体温的词语"[3]。他的带有自叙传色彩的诗歌《1972：黄昏未名湖》（一稿写于 1972 年，二稿写于 2012 年）即是一个很好的佐证。具有天才情结的任洪渊写下这样的句子："从我天骄的风姿，风华，风仪 / 到天成的人格，天纵锋芒的词语"。这个天才的孤高自恋的诗人面对未名湖的时候，就像在水边自恋的少年那喀索斯，未名

---

1 任洪渊：《他从几代人的身旁走过：任洪渊小传》。

2 同上。

3 同上。

湖就是一个纯美象征。未名湖也跟任洪渊的名字一样"含水"，未名湖是烟波的西施，"多一半是个体之上的家和国"。这高度人格化、象征化的未名湖，以"爱的绝对命令""以身体的语法和身体的词法／给我的名词第一次命名／动词第一推动，形容词第一形容"，成为任洪渊确证自我精神人格的唯一载体——"我守住满湖未名的涟漪，和她／等待我命名的眼波，守住自己"。诗中隐含的天才情结借助那喀索斯原型，展开了个体主体性反思与确证。

　　任洪渊把"语言文字"视作自己的生命载体和生命器官。在他看来，词语是身体的、器官的、生命的。他的汉语文化诗学萌芽的发生实乃基于个体的生命发育。也正因此，他才做出如此精彩的判断："那种仅仅是哲学的概念分娩概念，诗学的意象孕育意象，都不过是名词命名名词、动词推动动词、形容词形容形容词的逻辑生殖与想象生殖，一种语言衰退的单性繁殖。……无性的写作和文本是生命残败的写作和文本。"[1]任洪渊的汉语诗性文化哲学，凸显了语言的"主体性"，他说："人在语言的复写／改写中。一个主语诞生的时刻，也就是所有经典和神圣著作中的语言世界颠覆的时刻。回答'我'的召唤，从一切以往文献的瓦解里，自由的词语环绕着'我'重新确定自己的位置、结构、运行的轨道和空间。'我'召回了属于自己的全部名词、动词、形容

1　任洪渊：《汉语红移》，北京：北京师范大学出版社 2010 年版，第 247 页。

词，在语言中改变语言，并且在改变语言中改变人和世界。"[1] 任洪渊一直看重萨特的自传，而萨特自传的书名就叫《词语》，凸显了词语的"主体"性质。

作为文化诗学理论家的任洪渊和作为诗人的任洪渊，是同步发生的。他的文化诗学理论与他的诗歌创作也是同步发生的。二者可以进行互文解读。正是因为任洪渊如此清晰的哲学思考，他的诗歌创作才豁显出自我主体性。他的《象1 人首蛇身》(1983年一稿，1994年二稿)写道：

> 人首 / 蛇身 / 我的遗像，刻在 / 远古的墓壁和石器上 / 害怕遗忘 /…… / 我终于从野兽的躯体上 / 探出了人的头 / 我在太阳下看见了自己 / 太阳在我的眼睛里看见了太阳 // 我靠爬虫的蠕动 / 靠野兽的爪和蹄 / 走出洞穴 / 走出森林 / 我不得不借助野兽的腿 / 逃出兽群和野蛮 / 我只能在野兽的脊骨上 / 第一次支撑人的头颅的重量 / 人首蛇身 /…… / 在人和兽之间 / 我已经抬起的头 // 不能垂下，这一轮反照自己的太阳[2]

诗中以第一人称"我"，个人的主体性借助"人首蛇身"的神话原型审视自己，使自我主体性得以确认并彰显。很多时候，

1　任洪渊：《汉语红移》，北京：北京师范大学出版社 2010 年版，第 246—247 页。
2　任洪渊：《任洪渊的诗》，北京：北京师范大学出版社 2016 年版，第 145—147 页。

任洪渊笔下的文化意象与诗人自我主体构成了主客交融的物我合体，"自然的人化"充分实现了"人化的自然"。比如：

> 土地伸展，伸展成我的 / 肌肤，温暖在风外在霜外 / 草木蔓延，蔓延成我的 / 黑发，在我的头上摇落星月和四季 / 雨露，一滴一滴，滴落成清泪 / 从我的脸上开始洗雪，恸哭，悲悼 / 天空上升，上升 / 我眼睛的天空 / 我的天色与眼色，一色 / 我的天象与心象，同象 / 我的天际就是我的额际，无际 / 没有最后的边疆 // 天 / 地 / 太阳 / 展开了我的形象[1]

> 我看见了我的天地，叫出了我的天地 / 我的天地看见了我，叫出了我 // 我的身体与天地一体，同体延伸 / 天地的边际就是我肌肤的边际 / 万物在我的脸上寻找它的表情 / 在我的肢体寻找它的姿势[2]

任洪渊的诗均为"有我之境"，无论是对物象的状写，还是关于文化原型的隐喻，都带有鲜明的属人性质，刻印出诗人个体灵魂搏斗的痕迹，呈现出丰沛的自我主体形象。

---

1 任洪渊：《任洪渊的诗》，北京：北京师范大学出版社 2016 年版，第 151 页。
2 任洪渊：《任洪渊的诗》，北京：北京师范大学出版社 2016 年版，第 7—8 页。

二、汉语诗性智慧自由空间的开启及所受阻拒

确立了汉语文化诗学的属人性质这一逻辑起点之后，任洪渊对汉语智慧的发展历程做了精确的概括。他发现了汉语智慧在与其他语言的相遇中开启的三度自由空间，并由此发现了当下汉语的症结。

中国曾经的龙飞凤舞气象已经消失，在《易》确立了理性秩序和"礼"之后，老子庄子的蝶、鲲、鹏，飞越了青铜代表的秩序，以"道"的羽翼开启了汉语的第一度自由空间。

在魏晋时期，汉语和梵语相遇形成了充分中国化了的佛——红尘之禅，禅悟开启了汉语的第二度自由空间：汉语的"无"与梵语的"空"构成对应，从老子的"无形""无名"，庄子的"无待""无言"，到慧能的"无念""无相""无住"，形成了中国道的"无"，与印度佛的"空"构成智慧的异国同构。任洪渊独出心裁地发现，佛教一旦中国化，乃成为禅，汉语的根性不在于所谓的超脱的"神"，而在于尘世之禅悟。禅悟的核心在于尘世中人的解放。这也是中华文化之精髓。"无佛、无庙、无经，也无仪式的禅，一下解救了对林泉与科第两不忘情的中国士与仕。"[1]

汉语诗性的第三度自由空间的开启，是汉语红移。红移（red shift）在物理学和天文学领域，指物体的电磁辐射由于某种原因波长增加的现象，在可见光波段，表现为光谱的谱线朝红端移动了一段距离，即波长变长、频率降低。任洪渊由物理学和天文学

1　任洪渊：《汉语红移》，北京：北京师范大学出版社 2010 年版，第 223 页。

领域的"红移",移用到汉语裂变时《红楼梦》对于词语生命的擦亮与彰显,十分恰当而精妙。任洪渊大胆断言:"《红楼梦》是18世纪中国的遗嘱。"[1]之所以有如此断语,我们可以在任洪渊的私人阅读中找到答案。他说:"直到这一天,我竟在50岁后把曹雪芹的《红楼梦》读成了一部20岁的书。词语从《红楼梦》里红移——温润的薛(薛),静静堆起无边缭乱的红芍药(史),开到最灿烂的泪花(林),以及石头吃尽胭脂的红玉(宝玉),突然苏醒了中国人的词语生命。词语的曹雪芹运动开始了。"[2]正是《红楼梦》赋予了那块石头在秩序之外反秩序的自由和空间,赋予它生命的原欲和情根,以生命的"情"对抗儒的"礼"、道的"无"、佛的"空"。曹雪芹不屑于将情根升华到圣爱,而是执着于尘世之爱,执着于生命向下的还原。正是曹雪芹,激活了最古老的汉语世界。汉语的生命之源究竟在哪里?任洪渊在"情本体"的《红楼梦》里找到了答案。

任洪渊一直倡导"一场汉语红移的曹雪芹运动",再次用汉语对世界言说。但是,曹雪芹的汉语红移运动被20世纪西方主流语言学的工具理性与逻辑思维强行中断。中国传统文化没有创立古希腊哲学的"形式逻辑体系",也没有文艺复兴之后自然科学的"实验实证的因果论"。因此,任洪渊追问:"为什么汉语自身或者没有完成,或者不能完成,或者无须完成由象到形而上的

---

1 任洪渊:《汉语红移》,北京:北京师范大学出版社2010年版,第252页。
2 任洪渊:《汉语红移》,北京:北京师范大学出版社2010年版,第249页。

抽象？"¹到了 20 世纪，西方的语言转向与汉语传统语言的再次相遇，为汉语的第三次自由空间的开启，提供了启示。如何在殖民文化、后殖民文化语境下，重建、发掘、光大汉语诗性智慧？如何在现代主义、后现代主义语境下，重建本土文化诗学传统？任洪渊在新儒学／新国学与现代主义／后现代主义的二元对立中，拓展出第三选项——"汉语文化诗学"。

任洪渊在法语、德语、英语、俄语的视野之内，通过对古代汉语的再解读，提出了一个关乎汉语未来的问题：在巴尔特回到古代汉语的智慧时，我们的现代汉语如何回应巴尔特，如何回应古代汉语的智慧？任洪渊在自问："谁家汉语？为什么我们的汉语天传失传，却传人传外？这不是我们在问巴尔特、德里达，也不是巴尔特、德里达在问我们，而是我们在问我们自己。"²

三、在西方的语言转向中重新发现汉语诗性智慧

正是基于个体的生命体验和语言的这种属人性质，也正是基于汉语的诗性智慧和西方语言哲学的转向，任洪渊建构了古今中外互参的理论反思视野，在中国和西方两条相异的发展路向对比中，展开反思。他的言说理路是在西方的语言转向中，重新发现汉语诗性智慧。言说方法是对西方现代文化哲学与古代汉语文化

1　任洪渊：《汉语红移》，北京：北京师范大学出版社 2010 年版，第 41 页。
2　任洪渊：《汉语红移》，北京：北京师范大学出版社 2010 年版，第 219 页。

典籍进行互文式解读与互文式发现。

西方现代哲学发展的趋势是不断打破逻各斯中心而走向非逻各斯中心，重新回到原初的文化源头。当中国现代思想在注目于柏拉图的理念、亚里士多德的逻辑之时，西方现代哲学却在返回"原初的存在"去寻找意义——卡西尔的"先于逻辑的表达方式"回到隐喻和神话，海德格尔的"先行结构"回到"亲在"(dasein)的"此在"家园，维特根斯坦回到"一种语言方式也就意味着一种生活方式"，胡塞尔转向"直观"理论。西方现代语言的表达式由逻各斯中心表达方式转型为隐喻、神话，回到"思想"单元之前的"生命"单元，在"语言"中找回身体与生命的载体。20世纪的西方哲学都试图在苏格拉底前神话时代的希腊去寻根。尼采凭借"最内在的经验发现了历史所具有的唯一譬喻和对应物"——"酒神现象"，由此开启了20世纪隐喻和象的非逻各斯的精神史，他竭力礼赞酒神狄奥尼索斯的生命感觉的释放[1]：尼采找到了酒神狄奥尼索斯，激活了酒神精神；弗洛伊德找到了俄狄浦斯，披示出恋母弑父情结；加缪找到了西西弗斯，点燃了生命意志的反抗精神；马尔库塞找到了俄耳甫斯的歌声和那喀索斯的影子；叶芝找到了丽达与天鹅……他们都在重返希腊，回归苏格拉底哲学前的神话的希腊，寻找生命和命运的表达式。

任洪渊对于西方现代文化哲学的语言转向的发现与概括是独

1　[德]尼采：《悲剧的诞生——尼采美学文选》，周国平译，北京：生活·读书·新知三联书店1987年版，第351页。

特而准确的。尤其重要的是，任洪渊同时还发现，西方的这种转向最终与古老的汉语文化殊途同归。东西方话语产生了互相体认、镜鉴、会通的效果，这也为古代汉语诗性智慧在当代的挥扬提供了镜鉴资源。任洪渊有一个重要发现："汉语前文字最早的一些符号，竟与拉丁字母如此相似，仿佛出自同一只手天工的写意，它们简直是神迹而非人迹。最后，汉字终究赋形为'近取诸身'的象形，除了汉语是生命第一经验和人体直观的象的语言，不可能有第二个理由。"[1]

海德格尔和德里达都非常崇尚和神往古老中国"不闻逻各斯"和"发展在逻各斯中心体系之外"。海德格尔通过对70多个希腊词语的词源学考古，对90多个拉丁词语的义理疏证，对150多个德语 sein（存在）语族的词形重构与再命名之后，慨叹时间是无法界定的，时间是不"存在"于外在的形式，而只存在于"在"。他发明了一个概念 dasein（亲在、此在）。"海德格尔从时间的地平线上旷无所终的倦游回返语言原初的家园，简直是一条无距离的归途。时间和语言是海德格尔的同一个家。他也只有一个、只需一个家。"[2]任洪渊特别欣赏陈嘉映与王庆节的一段论说：

> 就字面上说，"dasein"是由"da"和"sein"构成的。"da"在德文中，指某个确定的地点、时间或状况。但在本

1　任洪渊：《汉语红移》，北京：北京师范大学出版社 2010 年版，第 75 页。
2　任洪渊：《汉语红移》，北京：北京师范大学出版社 2010 年版，第 172 页。

书中，海德格尔强调"dasein"的"da"不是存在在"这儿"或"那儿"，而是"存在本身"。就是说，"dasein"把它的"da"带到其随处之所在，"dasein"所到之处皆变成"da"。

"dasein"总是对自己有所确定，但无论"dasein"把自己确定为什么，作为确定者的"dasein"总是超出那被确定了的东西的，这就是所谓"existentia"（去存在、去是）对"essentia"（本质、是什么、所是）的优先地位。[1]

关于这一段讨论，任洪渊说："我几乎读成了现代汉语版的《老子》'第82章'。"[2] 任洪渊进而指出，这段话"引我像是走出德意志西南的原始黑森林一样，走出了《存在与时间》，没有迷失在它浩繁的卷帙与德语语法严密的逻辑里。其实，回头一望，海德格尔的'da'，不就是老子'曰逝''曰远''曰反'的'曰'？"[3]

很有意思的是，无论是海德格尔对于时间的理解，还是巴尔特对于语言的理解，都不约而同地捻出一个词语——"地平线"。海德格尔在慨叹："时间本身是否公开自己即为存在的地平线？"[4]

---

1 陈嘉映、王庆节：《存在与时间·关于本书一些重要译名的讨论》，转引自［德］马丁·海德格尔《存在与时间》，北京：生活·读书·新知三联书店1987年版，第516—517页。

2 任洪渊：《汉语红移》，北京：北京师范大学出版社2010年版，第168页。

3 同上。

4 ［德］马丁·海德格尔：《存在与时间》，陈嘉映、王庆节译，北京：生活·读书·新知三联书店1987年版，第513页。

巴尔特这样表述语言结构："像是一条地平线，也就是，既是一个界限又是一块栖止地。"[1] 在这个地平线上，巴尔特寻找到一个词语：写作的"0"度。"0"既是栖息地和终结，亦是开始的界限。他由写作的"0"走向符号学的"空"。巴尔特以"脱衣舞的幻灭"作为隐喻，表达了语言逐渐摆脱"文化"服饰的束缚，而彰显自身的"肉体的绝对贞洁"，在"0度"写作中彰显语言自身的原初存在。巴尔特说："脱去了不协调的和人为的衣衫使裸体意味着女人的一件自然的衣服，从而最终相当于重新恢复了肉体的绝对纯洁。"[2] 他又以"埃菲尔铁塔"为象征体，彰显符号学的"空"："一个词就是一座空的埃菲尔铁塔，空到没有内部和外部，没有表面和深度，你在外部已经进入内部，你走进深度时已经走出表面。空，结构着又解构着自己的语言世界。"[3] 巴尔特的"0"和"空"，在实质上接通了老子的"名"和庄子的"卮言"。由此观之，现代汉语确实已经到了向后寻找到自己演万物化万物的"虚"与生万物灭万物的"无"的时候了。

德里达的哲学思想的核心关键词是"解构"（deconstruction）。他以逻各斯的语言方式去反抗与拆解语言的逻各斯，一方面建构在场与缺席、中心与边缘等二元对立的范畴，另一方面又在解构这些二元对立的范畴，竭力携带着词语做一场"越野的浪游，

1　[法]罗兰·巴尔特：《符号学原理：结构主义文学理论文选》，李幼蒸译，北京：生活·读书·新知三联书店1988年版，第67页。

2　[法]罗兰·巴尔特：《符号学原理：结构主义文学理论文选》，李幼蒸译，北京：生活·读书·新知三联书店1988年版，第34页。

3　任洪渊：《汉语红移》，北京：北京师范大学出版社2010年版，第45页。

无羁的，不后顾也不问所终的浪游"[1]。他发现词语具有一种不断"移心"（decentering）、不断"划界"（delimiting）的"错位的力"（a force of dislocation），不断把旧文字书写成新文字，构成了词语运动的"踪迹"（trace）。这种由词语的"延异"（différance）、"播散"（la dissemination）和"涂改"（sous rature）形成的新文字具有文体的不可规定性，既非哲学，亦非文学，实乃跨文体之先河。因此，作为诗人学者的任洪渊，一针见血地认定："而语言的'延异''播散'只属于诗，只属于先于逻辑或者后逃离逻辑的诗。"[2]德里达深深知道，人们的书写最终都会陷入"无"，而且，正是在"无"中，诞生出生生不息的新的书写语言。他说："'思想'（'思想'即被称作'思想'的词）意味着无；它是名词化（substantified）的虚空，是无派生物的自我同一，是力的'延异'的效果，一种话语和意识的虚幻王国。"[3]"是从'无'的意识中，一些事物获得自身的丰富，发生了意义，取得了形状，并由此引出全部语言。"[4]德里达正是在"无"中，从逻各斯的终点返回到智慧的起点，返回到卡西尔的"先于逻辑的概念和表达方式"，返回到海德格尔的"先行结构"，返回到萨特的"先于反思的我思"，返回到伽达默尔的"先入之见"。

当弗朗索瓦·于连在古代汉语中发现了迥异于苏格拉底式

1 任洪渊：《汉语红移》，北京：北京师范大学出版社 2010 年版，第 46 页。
2 任洪渊：《汉语红移》，北京：北京师范大学出版社 2010 年版，第 208 页。
3 ［法］德里达：《立场》，美国芝加哥大学出版社 1967 年版，第 47 页。
4 ［法］德里达：《书写与差异》，美国芝加哥大学出版社 1978 年版，第 8—9 页。

逻辑的庄子式隐喻而回到希腊原型的时候，任洪渊从现代法语中的 3 个关键词——罗兰·巴尔特的写作理论的"0"、符号学的"空"、德里达书写的"无"——回到老子的"无名"和庄子的"无言"。任洪渊对二者进行了互文性的解读，并多有互文性发现。巴尔特的"0""空"，德里达的"无"，都与古典汉语中老子庄子的"无名""无言"产生了原初意义的同构。巴尔特的"0""空"，在"转译"着老子的"名可名，非常名"，在"转译"着"无，名天地之始；有，名万物之母"[1]。当德里达在法语中找到书写的"踪迹"时，任洪渊找出庄子的"文"做互文式解读："夫六经，先生之陈迹也，岂其所以迹哉！……夫迹，履之所出，而迹岂履哉！"[2]对德里达的观点，任洪渊"接着说"，捻出了老子的"逝""远""返"和庄子的"无适"这四个词语所蕴含的永远运动着的"之"字，来回应德里达："之，一：'逝'——是那运行不止的；二：'远'——是那没有最后边界的；三：'返'——是那不断回返原初的；四：'无适'——语言与世界相遇，语言的命名、再命名，也是那不能最后抵达的。"[3]德里达一直在挣脱语言的逻各斯的核心企图，不正是老子庄子汉语里的"逝""远""返""无适"吗？罗兰·巴特写作的"0"、符号学的"空"，德里达书写的"无"，与老子的"无名"、庄子的"无言"

---

1 任继愈译著：《老子新译》，上海：上海古籍出版社 1985 年版，第 61—62 页。

2 陈鼓应注译：《庄子今注今译》，北京：中华书局 1983 年版，第 389 页。

3 任洪渊：《汉语红移》，北京：北京师范大学出版社 2010 年版，第 48 页。

产生了文化通约。

　　汉语文化智慧的发展演变与西方文化哲学的语言趋势，构成了十分有意味的"逆向"路径。感性而生机氤氲的汉语曾经是气韵生动的龙飞凤舞文化，经由生生不息的"易"文化，构成了变动的秩序。儒家和道家的双头理性之后，20 世纪的中国一直崇尚工具理性和逻辑理性，各种主义之头，一直到现代主义、后现代主义，频繁换代导致汉语智慧无法回归自己的面孔。而西方越来越走向感性和生命观照，打破逻各斯中心主义的牢笼，重返希腊神话时代的生命呈现方式，这着实与中国古代汉语在很大程度上是同构相通的。诗性文化的核心要义在于"属人"性质，在于人的生命的擦亮。从语言原初意义的角度看，所有的语言都是殊途同归。因此，当西方哲人深情回眸古希腊的神韵时，任洪渊在深情回眸龙飞凤舞、回眸人首蛇身的女娲，回眸庄子的鲲鹏超越。任洪渊呼吁"回到自身：回到女娲的人首蛇身，回到语言的直接现实；始终是野兽脊骨上抬起的人的头颅，也始终是人的头颅下蛇身蜿蜒的岩洞、林莽、野性和血性"[1]。汉语与拉丁语的相遇与对话，使现代汉语重新激活更加自由的生命感，从而语言自身也更加自由灵活。

1　任洪渊：《汉语红移》，北京：北京师范大学出版社 2010 年版，第 66 页。

四、任洪渊汉语文化诗学的文体表达式

任洪渊汉语文化诗学极具文体特色。他一方面是一位优秀学者，致力于汉语诗性文化哲学本土性的理论反思；另一方面又是一位出色的诗人，将其学术思考通过诗歌创作加以实现。二者具有互文性。任洪渊将汉语学、文化学、哲学、自然科学等诸多元素浇筑出一个文化诗学体系，融逻辑性、形象性、抒情性、想象性、科学性为一体，体现了诗性（文学色彩）、哲性（思辨性）、科学性（科学发展的佐证）的高度融合，构成了任洪渊汉语文化诗学独特的诗性表达式。你肯定讶异于任洪渊丰富的自然科学知识：克劳修斯、普朗克的物理学的熵理论，普里戈金的热力学的耗散结构理论，哈恩的现代物理学的裂变理论……比比皆是。他从粒子的运动与词语的运动比较中，发现了共同的"无序、逆向的撞击"导致的"裂变"，将天文学、物理学的"红移现象"恰切地移用到汉语文化诗学，创造出"汉语红移"这一关键词。

作为一位出色的诗人，任洪渊的理论文体毫无滞涩之感，反而是诗意盎然，情采飞扬。下面一段论述性的文字，就体现了典型的任氏风格：

> 巴尔特文本／本文、语言结构／词语自由的分裂与对峙，都出于法国人的天性：一方面，当巴尔特把文本与语言结构的统治秩序决绝地称作"并不阻止人说话，而是强迫人说话"的"语言法西斯"的时候，他是罗伯斯庇尔的

后代，语言的雅各宾，他的词语洋溢着 1793 年的激情，他必然把一切文本、语言结构的权势与暴力当作巴士底狱，丹东的断头台，拿破仑大炮轰击的雾月，等等；而另一方面，当巴尔特把突破文本的本文与解构语言结构的词语自由，倾心地称作"语言的永久革命""语言的乌托邦"的时候，他又是傅立叶的后代，语言的法郎吉，他的词语沉浸于 1516 年的梦幻，他必然把本文与词语的自由当作最后的乌托邦、永远的乌托邦，在言说中或者在聆听中，让任情游戏的词语来来去去，带去什么，又带来什么。一个传统。巴尔特一旦意识到"文学中的自由力量……取决于作家对语言所做的改变"，照我的理解，他也就把马拉美的"改变语言"与马克思的"改变世界"改变成他的在语言中改变世界。[1]

在整饬缜密而又富有雄辩色彩的行文中，诗思泉涌，想象飞扬。

任洪渊曾经评价过德里达的文体风格："德里达的文本时时间有诗的意象甚至诗的断章。……但是，他宁肯让它们是些散乱在哲学文本中的诗行，而没有独立成为诗的文本。这并非诗人德里达的失败，而是哲学家德里达的胜利。"[2]这简直就是任洪渊的夫子自道。他的《汉语红移》是一部社会科学著作，又恰当地镶

———————
1　任洪渊：《汉语红移》，北京：北京师范大学出版社 2010 年版，第 195 页。
2　任洪渊：《汉语红移》，北京：北京师范大学出版社 2010 年版，第 208 页。

嵌进自然科学的元素，同时又是一首长篇散文诗。哲学文体、文论文体、散文诗文体多元兼备。这部著作如果与《任洪渊诗集》进行比较，就会发现他的《汉语红移》中的诗行都与《任洪渊诗集》构成了互文关系。我们举例进行比较。先看《汉语红移》中的一个精彩段落：

既然王维的落日，已经永远圆在一个下降的高度，从此，我的每一次日出都在王维的落日下。王维必定是从生存的起点就向往终结的虚无，他才把一轮落日升到如此的高度，并且升得如此圆满，以至成了一个无边的圆。王维的圆，已不在世界之上和生命之外，所有的高度、方向、时间和空间，都沉落在这个圆的无边里。落日向外辐射的光，渐渐内聚，一团自圆、自照、自我熠耀的燃烧。碰响万物的喧嚣，也慢慢沉寂，一种倾听自己的恬静，无思、无言、无问也无答的沉默。王维落日圆的宁静与浑茫，是他的生命达到的无边的空明，却也同时给自己和自己之后的生命设下了一个逃不掉的美的围困：一座光明的坟。因为这是终结。它已静美到不能打破自己。它再也没有第二次的开始和第二度的完成。我的太阳能撞破这个圆吗？我的黄河能涌过这个圆吗？文字一个接一个，灿烂成智慧的黑洞。这是被阅读与被书写的生命虽生犹死的时刻，不得不死的时刻。

我要从我的天边抛下王维的落日。

词语的落日只能由落日的词语击落。[1]

再看一下他对应的诗歌作品《文字 灿烂成智慧的黑洞》：

王维的长河落日依然圆在黄昏
被阅读与被书写的　落日的落日？

当王维把一轮　落日
升到最高最圆的时候
长河再也长不出这个　圆
黎明再也高不过这个　圆

在日落长河的十字上　无边的圆
所有的高度　方向　沉落在圆的无边
自圆　自照　自我熠耀的燃烧
无思　无言　无问也无答的沉默

空无中的空明　逃离不出的
美的围困　一座光明的坟
终极　完满到不能破出自己
没有第二次的开始第二度的完成

1　任洪渊：《汉语红移》，北京：北京师范大学出版社 2010 年版，第 244—245 页。

文字　一个接一个

灿烂成智慧的黑洞

我的太阳能撞破这个圆吗？

我的黄河能涌过这个圆吗？[1]

其诗充满着思辨智慧和文学理性，而其论则洋溢着鲜明的意象和飞扬的想象，犹如美文。二者相得益彰。

五、任洪渊提供的镜鉴与思考

现代汉语诗性智慧如何在后现代社会消费与狂欢主导的文化语境下，确立汉语的主体性？在汉语的改写中，在生命的阅读与书写中，如何使现代汉语与古典汉语在诗性智慧层面产生对话？现代汉语诗性智慧如何在回应西方语言哲学的转向中，确立汉语的主体性？在汉语中，英语的庞德找到了诗歌的意象，俄语的爱森斯坦找到了电影蒙太奇，德语的布莱希特找到了戏剧间离，法语的德里达找到了逻各斯中心体系之外的解构理论依据。而汉语的我们，又会在我们的汉语传统中找到什么？"面对斯芬克斯的死亡之问"，任洪渊做出了中国式的回答：

1　任洪渊：《任洪渊的诗》，北京：北京师范大学出版社 2016 年版，第 138—139 页。

我回答／我以人首蛇身和洪波九曲的黄河／回答，反照天空的龙／同风，同云，同天地同四季追赶太阳的运行／我是天宇第一次找到人身形态的生命／／我回答／龙远去，隐去／我以不远不淫的蛇线，运转／成不绝不断的线"—""——"，运转／成互动两极的点"："，运转／成起点重合终点的圆"☯"，运转／一从一，到一／一切实现与完成在此一身与一生／／我回答／我以长过岁月的蛇线回答，以黑陶云纹青铜雷纹的回环，回答／以钟鼎甲骨上汉字点画的纵横，回答／以没有开始没有终极的墨色一画，回答[1]

　　在《女娲的语言》里，任洪渊就提出了重返原初语言的自觉。回到嫦娥奔月，回到后羿射日，回到刑天舞干戚，寻找中华民族文化原动力的生命力。"原初"指的是什么？在《汉语红移》里，任洪渊给出了清晰的答案，那就是词语的曹雪芹运动，这才是最终答案。因此，任洪渊特别珍视那篇代表作《词语击落词语　第一次命名的新月　给女儿 T.T》，其中一个重要的原因就在于：这是一首元诗，一首关于诗歌的诗歌，关于语言原初表达之诗：

　　　那么多文字的／明月　压低了我的星空／没有一个／陨／

1　任洪渊：《任洪渊的诗》，北京：北京师范大学出版社 2016 年版，第157—158 页。

蚀 // 等你的第一声呼叫 月亮 / 抛在我头上的全部月影 / 张
若虚的 / 王昌龄的 / 李白的 / 苏轼的一齐坠落 / 天空是你的
第一弯 / 新月 由你升起 // 词语击落词语 你 / 一个主语诞
生 / 经典 文献 神圣著作 / 崩溃 / 你召回自己的名词 动词
形容词 / 词语围绕你的位置 轨迹 遥远碰响的距离 / 语言
的新边界 // 你童稚的姿势 还动词第一动力 / 手指及物 每
一天 / 在你的手掌上成形 从未完成 / 你还名词第一次命名
你的命名 / 还形容词的第一形容 你的形容 / 你的世界的面
貌 / 你的面貌 / 你叫出事物的名字 / 你的名字 // 你的新月 自
圆 / 在你的天空 // 几千岁的童年 从今夜终止 [1]

  同样一个月亮，在历史的不断复写过程中，被涂上了厚重的
文化釉彩，逐渐失去了月亮最初的能指，而陷入了所指的汪洋大
海之中。正是小女儿对月亮的第一次命名，才使得王若虚王昌龄
李白苏轼的月亮黯然失色。正是这个幼儿重新擦亮了"月亮"的
能指，实现了语言的主体性。

  我们处于两种传统中，也就是黄灿然说的双重阴影里——一
是中国为代表的东方传统文化，二是西方主流语言如德语、法
语、英语、俄语等改写的西方现代文化传统。一方面，我们无法
回归东方传统，成为自己的"异己"；另一方面，我们是西方文
化的"他者"和陌路人。如何找到自己的文化自信？一个有效的

---

1 任洪渊：《任洪渊的诗》，北京：北京师范大学出版社 2016 年版，第
131—133 页。

途径，寻找西方文化和汉语源头的共同性——隐喻的世纪，象的世纪，回到前逻各斯。早在 20 世纪 30 年代，废名、何其芳、戴望舒等人都曾将诗歌的触角延伸到法国的兰波、马拉美等的视野里，同时，再度与晚唐时期的诗歌相遇，重新指认玉谿诗、金荃诗、白石词、梦窗词，意图使现代汉诗与晚唐温李—南宋姜吴传统进行对话、激活、超越，但他们在对历史的复写、重写、改写中，并未建构起汉语新诗的主体性。

经过 20 世纪 20—30 年代和 80 年代两次文化领域的"西寻故乡"，柏拉图、黑格尔的理念和亚里士多德的逻辑主导了中国的文化思潮。20 世纪 90 年代"新儒学""新国学"掀起热潮，但是这些喧嚣带有更多的功利色彩、投机色彩以及非学术性、表演性。这种国际化幻觉和投机主义的所谓本土性，都是一现之昙花。唯有植根汉语智慧的开放性的本土性，才能够避免将"汉语世纪"视为一个简单的口号。任洪渊在学术研究和诗歌创作双重领域，做出了卓绝的努力，他双脚跨在汉语文化和西方文化逆向发展的两条河岸，在两种文明之河的滋养下，从他的人性基因里生长出来的汉语文化诗学，带着任洪渊个体特有的生命温度，伴随着他特有的灵魂悸动。他以学术与创作互证的方式，彰显出汉语诗性文化哲学的魅力。从 1994 年到现在，他一直呼吁："是该继续曹雪芹词语红移运动的时候了，在这个世纪末。"[1]二十余年已经过去了，他的呼吁仍然孤掌难鸣。

1　任洪渊：《汉语红移》，北京：北京师范大学出版社 2010 年版，第 257 页。

赵思运，文学博士，诗人，浙江传媒学院文学院教授。出版专著《百年汉诗史案研究》《中国大陆当代汉诗的文化镜像》《何其芳人格解码》等。有诗作被译为英语、意大利语、奥地利语、韩语、土耳其语等。

图书在版编目（CIP）数据

一个人的创世纪：任洪渊纪念文集 / 李静编. —
成都：四川文艺出版社，2022.6
ISBN 978-7-5411-6364-7

Ⅰ.①—⋯ Ⅱ.①李⋯ Ⅲ.①任洪渊（1937–2020）—
纪念文集 Ⅳ.①K825.6–53

中国版本图书馆CIP数据核字（2022）第081651号

YIGEREN DE CHUANGSHIJI: RENHONGYUAN JINIAN WENJI

一个人的创世纪：任洪渊纪念文集

李静 编

出 品 人　张庆宁
品牌策划　磨铁读诗会
责任编辑　邓艾黎
特约监制　里 所
装帧设计　周伟伟
责任校对　段 敏

出版发行　四川文艺出版社（成都市锦江区三色路238号）
网　　址　www.scwys.com
电　　话　010-82068999（发行部）　028-86361781（编辑部）

印　　刷　嘉业印刷（天津）有限公司
成品尺寸　140mm×210mm　　开　本　32
印　　张　12.75　　　　　　　字　数　290千
版　　次　2022年6月第一版　　印　次　2022年6月第一次印刷
书　　号　ISBN 978-7-5411-6364-7
定　　价　62.00元

任洪渊全集（即将陆续出版）